# 増補版 民衆の教育経験

戦前・戦中の子どもたち

大門正克



岩波書店

# 目　次

# はじめに

## 「民衆の教育経験」とは

「民衆の教育経験」に即して近代日本に問いを発すること、これが本書の課題である。「民衆の教育経験」とは、あまり耳慣れない言葉かもしれない。ここでの「教育経験」とは、人びとが教育をどのように受けたのか、また教育を受けたことがその後の人生にどのような影響を与えたのかを考えるために用いた言葉である。日本近代の歴史のなかで教育を受ける機会は、初等教育から高等教育までいくつもの階梯があったが、本書でもっぱら問題にするのは、そのうちの初等教育である。小学校四年制ないし六年制までの義務教育、あるいはそれに高等小学校の四年制ないし二年制を加えた初等教育は、当時の教育階梯全体からみれば限られているし、現在の教育経験や教育水準とくらべれば、いっそう問題が限定されるように思えるかもしれない。だが、日本近代の歴史のなかで、教育はことのほか大きな比重をしめており、そのなかで初等教育の普及のもつ意味は決して小さくなかった。「民衆の教育経験」という側に視座をおき、そこから日本近代の歴史的意味を考察すること、日本近代に問いを発すること、本書ではそうした課題にとりくみたいと思っている。

本書の課題をもう少し具体的に設定すると、それは次の二点になる。一つは、学校教育を家族とのかかわりで考察することであり、もう一つは、学校教育の受容過程をていねいに検討することである。学校教育の受容過程には、統合の側面だけでなく、反発や対抗、とらえ返しなど、複雑な反復関係が含まれていた。本書では、これらの反復関係を「教育経験」というレベルに位置づけて検討する。そのためには、学校教育を直接受けていた過程の検討と、さらにはその後の長い歴史過程を視野に入れた考察の両方が必要となる。「教育経験」をとりあげるためには、いわば虫の目と鳥の目の両方が必要であり、双方の側から複眼的に考える必要があると思っている。

以下、二つの課題について、少し詳しく敷衍しておこう。

## 「生活極めて困難故に本人を要す」

まず、最初の課題を位置づけるために一つの史料を紹介する。

しばらく前に、東京西郊に位置する田無市で田無小学校の史料を読んでいたときに、くり返し出てくるある言葉に目がとまった。その言葉とは、「生活極めて困難故に本人を要す」というものであり、一九〇一年から一九一二年までの不就学の申請書に書かれていたものであった。「生活極めて困難故に本人を要す」。この言葉が指摘しているのは、単に生活が貧しいということではない。そうではなく、生活が貧しいので「本人を要す」るということだ。つまりここでは、生活上どうしても子ども自身が必要なので不就学を認めてほしいと望んでいるのである。

この史料が書かれた当時、つまり日清・日露戦争期とは、いままで、就学率が上昇して初等教育が定着したときだと指摘されてきた。実際、『文部省年報』をみれば、一八九五年から一九〇一年、一九〇五年にかけて、男子の就学率は七七%から九四%、九八%に上昇し、女子の場合も四四%から八二%、九三%へと急上昇している。二つの戦争をへるなかで、日本全国の子どもは津々浦々、男女を問わず小学校に通うようになった、これが教育史上の「常識」だったといっていいだろう。だが、すでに批判されているように、『文部省年報』の数値にはさまざまな疑問がある。(1) それのみならず、右の例にみられるように、初等教育が定着したと考えられていたそのときに、「生活極めて困難故に本人を要す」という理由で不就学を申請し、それが認められる事態が存在していたのである。しかもその例は決して少数ではなく、一九〇一年当時、田無小学校の不就学者は学齢児童の二割に及ぶ九六名もが存在していた。(2)

それでは二割もの子どもが生活上必要とされる状況とはどのようであったのか。この点について就学猶予の申請書には、納税額が少ないことに加えて、「小児あり」、「一家多人数」、「戸主五四歳」「戸主人力車夫」といった理由が書かれている。生活が貧しく、幼児や高齢者をかかえて多人数で暮らしているために、生活上どうしても子どもを要する、これが申請書に描かれた子どもの家庭環境であった。田無町でこの申請書が認められたということは、「生活極めて困難故に本人を要す」という内容が保護者だけでなく、行政の側からも認められていたことを意味するだろう。生活上子どもを必要とした時代、それが不就学の理由としてまだひろく認められていた時代、これが田無町の日清・日露戦争期だったのである。

田無小学校の不就学者はその後徐々に減少し、一九〇四年には五六名、一九〇七年には五二名、一九一〇年には二四名、そして一九一二年には六名にまで減少した。このように田無小学校で不就学者がほとんどいなくなったのは、第一次世界大戦が始まる直前のことであった。

## 史料の意味すること

ここで紹介したのは、二〇世紀初頭のある地域における小学校と民衆のかかわり方を示す史料だが、この史料には近代民衆の教育経験を考えるための大事なヒントが含まれている。

ヒントの一つは民衆の教育経験を考える視点についてである。小学校教育の定着を考えるうえで、この史料は家族に視点を定めることの重要性を示唆している。ここでいう家族の視点には、さらに次の二つの意味がこめられている。一つは小学校教育に対して家族がどのような意向をもったのかを検討することである。ここで家族の意向とは、家族の生活水準と階層性、家族労働や家事・育児・老後の介護などにおける子どもの必要度、親の学校教育観、子ども本人の意思などを指す。小学校教育が定着するためには、これら全般における家族の意向が重要な意味をもっていたと考えるべきだろう。もちろん戦前に小学校教育が定着する過程では、政府や行政・学校による就学督励や国家主義的な教育内容も重要な意味をもっていた。しかし、戦前の小学校教育といえども単純に政府や行政の主導のみで定着したわけではない。民衆の教育経験を考察するためには、行政の動向や教育内容に加えて家族の意向を検討する視点をもつことが大切だと考える。

　ただし、右に述べた家族の意向をいわゆる近代家族の問題にすぐ引きつけ、都市新中間層の家族にみられた問題としてのみ理解すると、学校教育の歴史的検討をせばめてしまうことになるだろう。学校教育と家族の関係を考えるためには、もっとひろい歴史的文脈を設定する必要があるのであり、冒頭の史料もそのことを要請していると考えるべきである。ここでいうひろい歴史的文脈とは労働と扶養をめぐる歴史的変化のことであり、家族と学校教育の関係もその変化のなかで考察する視点をもつ必要がある。これが家族の視点の二つ目である。労働と扶養に視点を定めるとき、人びとの生き方は近代から現代にかけて大きな変化をとげたことに気づく。近代までの長い歴史のなかで、人びとは生きていくうえで決定的に重要な労働と扶養を主として家族で担ってきた。生活のための労働だけでなく、子どもや老人の扶養も担ったのが家族だったのであり、家族はその意味で人びとが生きていくうえでもっとも基礎的な単位だったといっていい。もちろん人びとの労働と扶養にあたっては、家族だけでなく地域も重要な役割をはたしたが、家族こそは労働と扶養のもっとも基礎的な単位だったと考えてさしつかえないだろう。

ところでこのあり方は近代から現代にかけて大きな変化をとげる。それは労働のあり方が家族労働から雇用労働へと変貌したように、家族のなかにあった労働と扶養の機能は徐々に家族外へと移行していったからである。この移行のあり方やテンポは実際には多様であり、一時に急速に変化した国もあれば長い時間をかけてゆっくりと変化した国もある。また家族にかわって労働や扶養を担うようになった単位には、企業や国家、労働組合などがあり、実際には国によってその組み合わせが異なる。これらの変化のありようを検討することはそれだけで一個の独立した課題であり、本書の課題を超えるものであるが、ここで注目したいことは学校教育もまた労働と扶養の歴史的変化と大きくかかわっていたことである。子どもを学校に通わせることは、家族内の子どもの労働を減らすことにつながったが、そのことを巨視的にみれば、労働と扶養において家族がもっていた機能をなだらかに変化させることにもなった。その意味で学校教育がどの程度の影響力をもって近代の民衆をとらえたのか、学校教育がその社会のなかでどのような位置にあったのかは、家族の歴史的なあり方を考えるうえでも重要な意味をもっているのである。

## 史料の意味するもう一つのこと

冒頭の史料についてもう一つ、時期区分に関する点を考えておきたい。田無小学校の不就学史料が示唆するのは、戦前の小学校教育の定着にとって重要な画期となったのは日清・日露戦争期というよりも、第一次世界大戦後ではないかということである。少なくとも受容する側の視点を含めて教育を考えようとするとき、第一次世界大戦後の画期性に注目する必要が出てくるように思われる。

ところでここで示した視点は特定地域の史料にもとづくものであり、一般性がどの程度あるのか定かではない。そこでこの視点の意味を敷衍するために、以下には本書の課題にかかわる二つの研究を紹介することにしたい。

一つは土方苑子『近代日本の学校と地域社会』である。[3]「長野県埴科郡五加村の五〇〇〇人の子どもたち」という英語のサブタイトルをもつこの本は、一八九〇年代から一九三〇年代の五加村の子どもの一〇代までのライフストーリーを跡づけようとした画期的な著作であり、土方はここで「女子」と「不就学」の二つに徹底してこだわることで、

『文部省年報』にもとづく従来の就学率理解に大きな異議を唱えた。五加村でも確かに日清・日露戦争期になると女子の未就学が減少し、男子だけでなく女子も六歳になると小学校に通うようになったが、他方で日露戦後には家計補助や子守を理由にした女子の中途退学者(不就学)が膨大に出現し、女子の多くは卒業を待たずに尋常小学校をやめていた。この傾向は一九二〇年代半ばまで続き、五加村の女子の不就学が減り、卒業まで尋常小学校に在学するようになったのは、一九二〇年代も末のことであった。このように土方は、人びとにとって小学校が大きな意味をもつようになったのは、日清・日露戦争期よりももう少し後の時期であることを指摘したのである(4)。

もう一つは、「壮丁教育調査」を用いて全国各地のリテラシーと初等教育の就学状況を検討した清川郁子の研究である(5)。これによれば、明治前期に就学普及が進んだ地域は松本・飯田・仙台などの地方都市であり、明治後期になると農村部がこれにつづき、大都市では大正・昭和初期になってようやく不就学がほぼ完全に消滅した。初等教育の普及は大都市からではなく農村から完了する、そして都市部も含めれば義務制就学は「昭和初期」に普及完了するというのが清川の研究の結論であった。近代日本の教育については、女学校や中学校・高等学校への進学の印象が強いからか、あるいは現代的イメージの投影なのか、ごく漠然としたイメージとして都市の方が農村よりも教育水準が高いという印象があるように思われる。だが、こと初等教育に関しては逆であり、初等教育の定着はむしろ農村で先行して大都市では遅れたことを清川論文は指摘した。清川論文の重要な問題提起がここにあるといっていいだろう。

土方と清川の研究を参考にすれば、小学校教育と民衆のかかわりにとって第一次世界大戦後が重要な画期となっていたことが想定できよう。また土方の研究からは、小学校教育を家族とのかかわりで検討するという本書の視角の有効性を確認することができる。さらに清川の研究は、小学校教育の普及・定着を考えるうえで、農村と都市という地域区分が必要なことを教えている。この最後の点に関しては、もし仮に清川がいう通りに初等教育が普及したならば、農村部と都市部でなぜそのような地域的格差が生じたのかということを検討する必要があるだろう。この課題をはたすためには多くの分析が必要だろうが、私は農村と都市の家族のあり方を分析することが、一つの重要な検討課題だと考えている。

## 初等教育をめぐる研究史

ところで、小学校教育と子どもに関する研究史をふり返るとき、右のような問題設定は必ずしも共通認識になってきたわけではないことに気づく。小学校と子どもに関する近代史の研究は、いままで、①教育勅語体制論、②児童＝「子ども」の発見、③近代家族論による子ども像、④児童生活史の四つの視角からおこなわれてきた。①については日本教育史研究の分野で分厚い蓄積があり、教育勅語と教科書国定化、教科書の内容などをもとに、日清・日露戦争期には子どもに国家主義的な教育内容を修得させる体制が小学校で整備されたとする[6]。これ対して②では「子ども」を近代の産物ととらえ、学校に通う児童の誕生こそ近代の「子ども」の成立だと説く[7]。②の「子ども」観は国民国家論と共鳴し、小学校は子どもの身体に規律を与え、国民としての自覚を身につけさせる場になったことを強調する[8]。③はこの一〇年ほどの間に盛んになった研究であり、近代日本の家族をもっぱら近代家族ととらえ、近代家族とのかかわりで子どもを位置づけるものである[9]。これに対して④では、生活に着目して児童の状態を描こうとする[10]。

　これらの研究はそれぞれ学ぶべきことがあるものの、制度・イデオロギーの分析に重点をおいた①や、P・アリエスやM・フーコーの影響をもとに近代的な「子ども」が創り出されたことを原理的に強調する②では、教育が民衆に受容される際の多様な反発や対抗、融合の過程を歴史的に解明することはできないように思われる。また③の近代家族論は、近代日本の家族研究に新しい論点を提供するものだが、しかし今度は逆に家族研究がもっぱら近代家族論に収斂する傾向が強くなり、その結果、日本の家と欧米の近代家族を等置するような指摘すらあらわれている[11]。このことは近代日本の子ども研究にも影響を与え、最近では近代家族論にもとづく子ども観の研究が多くなっている[12]。都市の近代家族だけで議論を構成せずに、近代家族の射程を明瞭に設定する必要があるだろう。これに対して、④では逆に子ども観の変化が念頭におかれていないので、学校教育によってどのような子どもが創りだされたのか、そのもとでの子ども観はどのように変化したのかという重要な局面を描くことができていない。制度やイデオロギーの分析、あるいは近代の原理的解明で事足れりとせず、教育の受容過程をていねいに分析することにこそ歴史研究の役割があると考える[13]。

　ところで、右の①と②の研究は、①天皇制＝日本特殊性を強調するか、②近代一般を強調するかで、方法を大きく異にするようにみえる。事実、国民国家論による日本近代史の読みかえは、従来の日本近代史像に大きな影響を与えている。しかし、ここでのテーマに関していえば、実は両者のあいだに深い共通性があるように思われる。共通点は二つある。一つは方法に関する点であり、大きな枠組みの相違にもかかわらず、両者はともに子どもが教育される過程に焦点を合わせていることである。教育には原理的に「教育される」という性格が備わっているが、①②の場合、小学校教育の主語は何といっても国家(学校)であり、①では天皇制国家が子どもを臣民に訓育する過程が、②では国民国家が子どもを将来の国民に育てる過程が描かれる。臣民化か国民化で異なるものの、子ども(民衆)を受身形で描く点で両者には深い共通性がある。

　①②のもう一つの共通点は時期区分に関する点であり、両者には小学校教育が日清・日露戦争期に一応の確立をみる点で共通の理解が含まれていた。この点で方法の相違は

あっても、いままで日清・日露戦争期は初等教育の一応の確立期と考えられてきたのである。だが本書では従来の時代認識と異なり、小学校教育の受容にとっては第一次世界大戦後が重要な時期だと考えている。

## 学校教育の受容過程を検討する

さて、すでに右の研究史整理でもふれたが、冒頭で述べた、学校教育の受容過程を検討するという本書のもう一つの課題について言及しておきたい。近代日本の子どもは学校で国家主義的な教育を受け、身体や言語・時間などの規律を身につけさせられて、臣民化、国民化の訓育を受けた。そのことはまちがいのないことだろう。だが、子どもが学校教育から受容したものはそれだけでなく、読み書き能力や文化・文明との接触、立身出世熱など、多様な影響を受けたことに留意すべきである。これら全体を教育の社会的機能と呼ぶならば、学校教育は第一次世界大戦後になるとさらに多様な社会的機能を発揮し、都会熱・教育熱と一体になった都市への社会移動や、地域社会の担い手形成など、新たな影響を与えることになった。とくに大正デモクラシー期の民衆運動にみられた文化的性格(文芸誌の発行、読書熱、討論など)は、教育の影響力の強さを示すとともに、日本の民衆運動の大きな特徴でもあった。このことは、教育の受容過程が単なる統合の側面だけではなく、それをとらえ返す過程があることをよく示している。統合や対抗、とらえ返しを含む、教育の受容過程の複雑な反復関係に焦点を合わせる必要があるだろう。以上のことはまた、子ども観の検討にあたっても親や教師をとりあげるだけでなく、子ども自身の教育観(自己認識)を検討する必要性を示しているといっていいだろう。

第一次世界大戦後にあらわれた教育のとらえ返しは、しかし、その後の戦時期に新たな展開を示し、戦時下の子どもは少国民への統合を徹底してはかられることになった。国民学校から学童集団疎開に至る時期の教育経験は、戦後になってからくり返し問い直されたものであり、教育経験という視座を設定した本書にあっては、固有の検討が必要な課題である。それはまた戦時期をどうとらえるのかという課題にも通じるものであり、本書では、戦時期に一つの力点をおいて教育経験を検討することにしたい。

## 本書の四つの課題

以上をふまえたうえで、民衆の教育経験を探るという本書の課題を改めて四点に設定し直しておきたい。

まず第一は、何といっても家族とのかかわりで初等教育の意味を考えることである。ここでの家族には、家族の生活水準や階層性、家族労働や家事・育児・老後の介護などにおける子どもの必要度、親の学校教育観など、家族の側の意向が全体として含まれている。これらの家族の意向と、政府や行政・学校による就学督励や国家主義的な教育内容をあわせて検討したときにはじめて、小学校教育の定着の意味を解明することができるように思われる。

第二は、右に述べた教育の受容過程をていねいに検討することである。

第三に、農村と都市の二つの地域を設定し、両地域において学校教育と家族・子どもがどのようにかかわったのかを考察する。農村部としては長野県埴科郡五加村、山形県西置賜郡豊田村を、また都市部としては東京府豊多摩郡中野町、東京府北区滝野川、東京府豊島区高松をとりあげ、さらに都市近郊農村として東京府北多摩郡田無町を例示しよう。農村と都市で子どもという空間・時間がいかに成立したのか、あるいは子ども観がいかに形成されたのか。都市部の子ども観についてはすでに沢山美果子の一連の研究がある(14)。ここでは沢山の研究にも学びながら、農村と都市の子ども像を対比させてみたい。近代日本において重要な問題であった農村と都市の関係は子ども像にも連動していたのであり、先の清川郁子の研究もふくめて農村と都市の関係は子ども像の研究の重要な一論点だと考えられる。

第四は、子どもを男女で一括せずにジェンダーの視角を含めて検討することである。この点は必ずしも十分に検討できないかもしれないが、心がけたいと思う。

以上四つの視角によって、学校教育と〈家族・子ども・地域〉のかかわりを検討すること、それが本書の課題である。この課題設定は、教育を制度やイデオロギー、原理からのみ考えるのではなく、人びとの生の営みとのかかわりで考えることであり、民衆の教育経験を歴史的に検討するための大事な視点だと考えている[15]。

なお本書の時期区分(対象時期)を示しておけば、(1)初等教育が普及した日清・日露戦争期、(2)定着した第一次世界大戦後から昭和恐慌期まで、さらに(3)少国民が形成された戦時期の三期となる。

## 本書執筆の動機

ところで私はなぜ本書を書こうと思ったのか。本書執筆の動機を三点述べておきたい。

私はいままで農村社会を対象にして日本近代史を研究してきた。農村社会を分析する私の主要な視点は階層と家族であり、農民家族経営のあり方を歴史的に検討することが私の重要な課題の一つであった。日本の近現代社会は、戦後の高度成長期を境にして、家族労働の比重の高かった社会から雇用労働の比重の高い社会へと急激に変化した。この変化はどのように生じたのか、この変化のもとでそれまでの家族のあり方はどのように変わったのか。こうした論点に接近するためには、農民家族のあり方を歴史的に考察し、農民家族における労働と生活の意味を確定することが欠かせない課題だと思っている。日本近代史研究において農村史研究は分厚い蓄積をもっているものの、農民家族の歴史的研究は思いのほか少なく、むしろ近年ようやく研究の機運が高まってきたといえる。[16] 私自身は、農民家族経営の特質を明らかにするためには、農業労働・家事・副業のそれぞれに対して、父母や老人、青年、娘、子どもなどの農民家族の構成員がどのようにかかわったのかを解明する必要があると考えており、いままで農村青年や農村女性に視点を定めた研究をおこなってきた。[17] その一環として、農村の子どもや老人に視点をすえた農民家族研究の必要性を感じており、本書はそのような問題関心の延長線上にある。また農村の子どもを検討する際にとくに教育とのかかわりに注目したのは、農村青年を検討して以来、一九二〇年代以降の農村社会では思いのほか教育への関心が強く、学校教育との結びつきが農村社会や家族のあり方を変動させる重要な契機になっていたと考えているからである。その意味で本書は私にとって近代民衆の教育経験を問う研究であると同時に、子どもの視点から農民家族のあり方を考察した研究だということができる。

本書執筆の二つ目の動機は、農村と都市の関係の把握にかかわっている。第一次世界大戦後から第二次世界大戦後の高度成長開始頃までは、日本社会のなかに農村と都市の格差、相違が厳然と存在していた時代であった。この時期、農村と都市は単に存在していたのではない。両者の格差や相違からは、社会移動や都会熱、反都市主義など、さまざまな関係がつくりだされ、さまざまな議論があらわれた。農村と都市の関係をどのように考えるかが、当時の人びとの自己認識にとって重要な課題だったのであり、その点は子どもをめぐる議論にも反映していた。本書では、農村の子どもと都市の子どもを単に比較するのではなく、子どもの検討を通して、当該時期の日本社会の特質を考察することもめざしている[18]。

本書執筆の三つ目の動機は、近年の戦時期の研究方法とかかわっている。「戦時動員体制論」として提起されている新しい研究方法は、国民総動員の結果、戦時期には社会の「平準化」や「制度化」「近代化」が進行したととらえるものであり、戦時期を国民国家の一統合過程として位置づけた[19]。だが、すでに指摘したように、この見解には事態の一面化があり、戦時期には平準化が進行する側面とともに、強制的な動員によってかえって差異や格差が浮き彫りにされる側面があったことを忘れてはならない。差異化と平準化が激しくくり返されたのが戦時期の大きな特徴であったことを明記すべきである[20]。

あるいはまた、この研究では戦時期の民衆の統合される側面、あるいは民衆が平準化される過程を描くことが多く、強制的な統合にともなって民衆がかかえこんだ矛盾や、平準化と差異化のあいだに生じた軋轢、ズレなどに焦点を合わせることは少ない。この点についてもすでに指摘したことだが[21]、戦時下の民衆もまた矛盾的関係のなかに位置づける必要があるのであり、そのための対象や史料、方法が求められている。先に、「教育経験」という視点から戦時期に一つの力点をおくと述べたが、そうした問題設定の背後には、右のような研究史への批判がある。

# 第1章　就学と進路をめぐる動向——農村と都市

## 1　日露戦争前後の不就学——東京府田無町の例

### 不就学者と家族

まずはじめに、本書冒頭でとりあげた東京府田無町を例にして、日清・日露戦争期から第一次世界大戦後にかけての就学状況をやや詳しく検討する。田無町は、青梅街道沿いの町場と町場の背後にひろがる農村部からなる地域であり、一八九三年に神奈川県から東京府に編入されて東京府北多摩郡田無町となった。

**表1**と**表2**は、田無尋常高等小学校に入学した児童が、その後在籍し、卒業するまでの推移を示したものであり、ここから入学者の卒業人数(卒業率)を推定することができる。残存する史料の関係で、入学者数は一九一二年からしかわからないが、日露戦後の一九一二年に入学した田無町の男子は八割程度が卒業しており(一九一八年卒業)、日露戦後にはすでに男子の初等教育がほぼ定着していたことがわかる。これに対し、日露戦

**表1**　田無尋常高等小学校卒業率の推移（男子）

| 年 | 1912 | 13 | 14 | 15 | 16 | 17 | 18 | 19 | 20 | 21 | 22 | 23 | 24 | 25 | 26 | 27 |
|---|---|---|---|---|---|---|---|---|---|---|---|---|---|---|---|---|
| 尋常１年 | 48人 | | 34 | 36 | 48 | 30 | 44 | 41 | 46 | 54 | 38 | 33 | 49 | 52 | 48 | 51 |
| ２年 | 39 | | 33 | 31 | 37 | 47 | 29 | 43 | 39 | 45 | 52 | 38 | 32 | 48 | 50 | 49 |
| ３年 | 34 | | 44 | 34 | 30 | 38 | 50 | 31 | 44 | 36 | 45 | 49 | 39 | 35 | 48 | 48 |
| ４年 | 32 | | 41 | 44 | 32 | 32 | 36 | 45 | 28 | 42 | 36 | 45 | 49 | 44 | 33 | 49 |
| ５年 | 39 | | 34 | 38 | 39 | 29 | 29 | 36 | 45 | 26 | 41 | 35 | 46 | 50 | 42 | 31 |
| ６年 | 36 | | 30 | 33 | 36 | 39 | 27 | 29 | 34 | 44 | 30 | 41 | 39 | 45 | 47 | 42 |
| 卒業 | | | 34 | 30 | 33 | 31 | 38 | 26 | 27 | 30 | 41 | 28 | 39 | 35 | 43 | 44 |
| 卒業率 | | | | | | | 79% | | 79 | 83 | 85 | 93 | 89 | 85 | 94 | 81 |
| 高等１年 | 19 | | 28 | 17 | 21 | 23 | 33 | 18 | 25 | 20 | 33 | 23 | 37 | 29 | 34 | 32 |
| ２年 | 12 | | 18 | 21 | 15 | 18 | 18 | 27 | 15 | 24 | 17 | 25 | 19 | 33 | 24 | 30 |
| 卒業 | | | 13 | 16 | 21 | 15 | 17 | 18 | 27 | 14 | 23 | 17 | 25 | 18 | 30 | 24 |

出典）田無尋常高等小学校『学校一覧表』
注）卒業以外は，在籍者数

**表2**　田無尋常高等小学校卒業率の推移（女子）

| 年 | 1912 | 13 | 14 | 15 | 16 | 17 | 18 | 19 | 20 | 21 | 22 | 23 | 24 | 25 | 26 | 27 |
|---|---|---|---|---|---|---|---|---|---|---|---|---|---|---|---|---|
| 尋常１年 | 38人 | | 40 | 33 | 36 | 42 | 39 | 35 | 45 | 44 | 48 | 33 | 37 | 36 | 48 | 46 |
| ２年 | 32 | | 32 | 39 | 33 | 35 | 39 | 41 | 34 | 46 | 45 | 42 | 33 | 40 | 37 | 48 |
| ３年 | 28 | | 35 | 32 | 39 | 34 | 34 | 40 | 38 | 35 | 46 | 43 | 42 | 37 | 39 | 37 |
| ４年 | 32 | | 28 | 34 | 26 | 37 | 34 | 36 | 37 | 39 | 36 | 47 | 45 | 45 | 36 | 37 |
| ５年 | 24 | | 26 | 24 | 26 | 19 | 35 | 33 | 38 | 38 | 39 | 40 | 54 | 49 | 43 | 36 |
| ６年 | 26 | | 19 | 25 | 23 | 26 | 16 | 30 | 34 | 34 | 35 | 40 | 36 | 48 | 46 | 44 |
| 卒業 | 19 | | 16 | 16 | 23 | 20 | 23 | 16 | 31 | 29 | 28 | 29 | 38 | 31 | 43 | 40 |
| 卒業率 | | | | | | | 61% | | 78 | 88 | 78 | 69 | 97 | 89 | 96 | 91 |
| 高等１年 | 5 | | 7 | 4 | 8 | 5 | 7 | 7 | 19 | 13 | 14 | 17 | 19 | 19 | 25 | 23 |
| ２年 | 6 | | 7 | 4 | 2 | 5 | 3 | 7 | 6 | 13 | 14 | 11 | 14 | 17 | 12 | 19 |
| 卒業 | 4 | | 3 | 7 | 4 | 2 | 5 | 3 | 7 | 6 | 11 | 14 | 11 | 14 | 16 | 12 |

出典・注）同前

争後の女子の卒業率は六割程度であり、卒業率が八〜九割にまで到達するのは一九一八年の入学者からであった。また尋常小学校卒業の児童の多くが高等小学校に通うようになるのは、男子で一九一八年頃から、女子では一九二〇年頃からであった。

男女の以上のような差は何によってもたらされたのか。この点を解明するために、田無小学校の不就学者について検討してみよう。(1) 表3は、一九〇一年から一九一二年までの不就学者の推移を示したものである。不就学とは文字通り就学しないことであり、戦前には本人の病弱と保護者の貧窮による「就学猶予」と本人の病気による「就学免除」の二通りが認められていた。(2) 田無の史料では就学免除について不明な年が多く、就学猶予も不明な年(一九〇九年)があったが、判明する限りで圧倒的に多かったのが就学猶予であり、一九〇一年から一九一二年の一二年間の合計は五四六名、うち七九%にあたる四三〇名が女子であった。圧倒的に女子に多かったこと、これが田無町の不就学者の第一の特徴である。

不就学者の原因の一つは家庭の経済状態にあった。就学猶予願を出した保護者のうち、納税額が判明するものをまとめた表4によれば、まったく納税しない者が一七%、納税額三円未満が四一%、三〜五円未満が二四%存在し、全体に低所得者が多かった。就学猶予の申請書をみても、一九〇八年三月の申請者二三名の七割は「無資産・無資力」とあり、ついで「僅の資産」が七名であった(『田無市史』第二巻〔近代・現代史料編〕史料番号

**表 3**　不就学者の推移(東京・田無尋常小学校)

(単位：人)

| 年次 | 就学猶予 | | | 職業 | | | | | | | | | | 就学免除 | | |
|---|---|---|---|---|---|---|---|---|---|---|---|---|---|---|---|---|
| | 男 | 女 | 計 | 人力車挽 | 荷馬車挽 | 大工 | 鍛冶 | 日雇 | 桶職 | 鉛屋 | 木挽 | 営業 | 玩具商 | 男 | 女 | 計 |
| 1901 | 19 | 74 | 93 | 1 | | | | | | | | | | 1 | 2 | 3 |
| 02 | 20 | 59 | 79 | 2 | 2 | | | | | | | | | | | |
| 03 | 16 | 54 | 70 | 4 | 2 | | | 1 | | | | | | 5 | 21 | 26 |
| 04 | 8 | 48 | 56 | | 2 | | | | | | | | | | | |
| 05 | 13 | 51 | 64 | 3 | 3 | | | 1 | | | | | | | | |
| 06 | 16 | 41 | 57 | | | | | | | | | | | | | |
| 07 | 11 | 40 | 51 | 1 | 3 | | | | | | | | | | 1 | 1 |
| 08 | 2 | 28 | 30 | 4 | 1 | 2 | 1 | 1 | | | | 2 | | | | |
| 09 | | | | 1 | | 1 | | | | | | 3 | | | | |
| 10 | 6 | 18 | 24 | 1 | | 3 | 1 | | 1 | 1 | | | 1 | | | |
| 11 | 4 | 12 | 16 | | | 1 | | 1 | 1 | | 1 | | | | | |
| 12 | 1 | 5 | 6 | | | | | | | | | | | | | |

出典）田無町役場『稟申録』二冊
注 1）就学猶予の 1909 年，就学猶予職業の 1906 年，1912 年，就学免除記載のない年はそれぞれ不明
2）職業は判明するもののみを集計した

**表4**　就学猶予願保護者の納税額（田無尋常小学校）

| 年次 | 0円 | ～3円未満 | 3～5円 | 5～10円 | 10円以上 | 計 |
|---|---|---|---|---|---|---|
| 1901 | 7人 | 24 | 17 | 16 | 5 | 69 |
| 02 | 5 | 23 | 23 | 10 | 3 | 64 |
| 03 | 22 | 31 | 22 | 10 | 2 | 87 |
| 04 | 8 | 21 | 13 | 5 | 3 | 50 |
| 05 | 9 | 29 | 11 | 7 | 3 | 59 |
| 06 | 12 | 29 | 9 | 6 | 1 | 57 |
| 07 | 10 | 23 | 9 | 9 | 1 | 52 |
| 計 | 73 | 180 | 104 | 63 | 18 | 438 |
| | 16.7% | 41.1 | 23.7 | 14.4 | 4.1 | 100.0 |

出典）同前
注）納税額とは，地租，府税，町税の合計

207。以下、同書を引用するときは『史料編』207と略記する[3]）。

不就学者の家庭は経済的に貧しかっただけでなく、家族数の多さや小児・病人の存在によっていっそうの生活苦をかかえこんでいた。一九〇一年の就学猶予申請者九三名のうち、「一家多人数」と記載した者は三七名、「小児あり」とした者が三五名いた。また父が死亡ないし不在の児童は五名、父が病気・老年の児童は一〇名存在し、同様に母の死亡・不在の児童は五名、母の病気・老年の児童は八名あった。不就学者の家族数を**表5**から実際に確認してみると三〜七名程度が多く、一家には一〜三名の学齢児童がいて、一、二名の子どもが学校に通っている場合が多かった。

家計の貧しい家庭に育った女子が妹や弟の面倒をみるために、あるいは病気の家族の世話を

**表5**　不就学者の家族構成(田無尋常小学校，1908〜1912年の合計)

(単位：人)

| 人数 | 一家内の現住人員 | 学齢児童数 | 就学児童数 |
|---|---|---|---|
| 0 | | 2 | 31 |
| 1 | | 19 | 43 |
| 2 | 11 | 44 | 27 |
| 3 | 12 | 29 | |
| 4 | 14 | 3 | |
| 5 | 24 | 3 | |
| 6 | 19 | 1 | |
| 7 | 13 | | |
| 8 | 5 | | |
| 9 | 1 | | |
| 10 | 1 | | |
| 11 | 1 | | |
| 計 | 101 | 101 | 101 |

出典)　同前

するために、さらには亡くなった父母や老年の父母に代わって家計を助けるために学校を休まざるをえないものが多く、これが不就学者の大半をしめた。授業料が多くかかるからであろうか、弟や妹が就学するようになると学校を休む場合が少なくなかった。**表2**をふり返ると、田無小学校の女子の学籍数は五、六年生になると大幅に減少している。これは、右のような事情にもとづくことであり、就学猶予の女子には尋常科の高学年になってから学校を休むものが圧倒的に多かった。

女子に不就学者が多かったもう一つの理由として、娘をもった親の多くは小学校教育を必要なものとまだ認識していなかったように思われる。田無小学校には女子の就学率上昇を目的にした科目として裁縫があったが、それは高等科のことであり、高等科に通うことができなかった娘は町に住む和裁の先生などから「お針のけいこ」を受けた。戦前の田無町では、お針の先生が和裁と同時に挨拶やお客の接待、友だちづきあいなど娘に必要な行儀作法を教えていたという。(4)

## 不就学者の職業

ここで不就学申請者の理由をいくつか紹介してみよう。

「戸主人力車夫にして未だ三歳の小児あり故に本人を要す」
「一家多人数にして生活極めて困難故に本人を要す」
「戸主五四歳且つ生活極めて困難故に本人を要す」
「未だ一歳の小児あり且つ生活極めて困難故に本人を要す」
〈一九〇一年〉

「無資力にして人力車挽をなし以て生計相立困難故に本人を要す」
「無資産にして大工職且数人暮生活困難故に本人を要す」
「無資産且父長病にして生活極て困難故に本人を要す」(以上の傍点は、引用者)
〈一九〇八年〉(『史料編』207)

これらの理由から、「小児」や病気の家族をかかえたり「多人数」で暮らす家族の様子が浮かんでくるだろう。不就学の申請書は、それぞれの家族の生活困難な事情を伝え、児童本人が必要なことを訴えて不就学を認めてもらったのである。

ところで、史料のなかには父親の職業がわかるものがあり、ここに掲げた史料にも「人力車夫」「人力車挽」「大工職」といった職業が顔をのぞかせている。職業について判明するものを先の表3に掲載しておいた。これによれば、就学猶予を申請した親には、人力車挽、荷馬車挽、日雇・営業といった交通・雑業にかかわるものと、大工職・鍛冶職・桶職などの手工業を生業とする保護者が多く含まれていた。本章の冒頭に記したように、田無町は青梅街道沿いの町場と農村部からなる地域であったが、不就学申請者に登場するのは農村部の人びとではなく、ほとんどが町場に暮らす人びとであった。日露戦争前後の田無町には、街道沿いの消費生活や交通、物資の流通にかかわる雑業を生業とする人びとがまだ相当数存在していたのであり、不就学者の多さは田無町の都市下層社会的な様相とかかわる事柄にほかならなかったのである。

　田無町役場は、「不就学児童の多きは甚だ遺憾」と認識し[5]、さかんに就学を奨励した。就学督励に熱心であった当時の町長・浦野儀助は、一九〇七年、「普通教育奨励に関する件」で表彰の対象になった。その推薦文によれば、浦野は一八九八年の町長就任以来、「教育事業に対しては一層心を傾け」、「戸毎」に児童の就学を督励したという。しかしその推薦文も次のように文を続けて、不就学者の多さを認めざるをえなかった。就学者は「漸次其の歩合を高めしも、細民多きを以て相当の成績を奏し難きは誠に遺憾なり[6]」(傍点、引用者)。

農村部と町場をかかえた田無町において、農村部ではなく町場に不就学者が多かったことは、小学校教育と家族のかかわりを考えるうえで示唆的である。明治後期の田無町の町場には、街道沿いの雑業に父親が従事している貧しい家庭が数多く存在していた。農民家族のように一家で家族労働(農業労働)に従事する条件をもたず、生活水準が低くて資産もない町場の家族では、小児・病人・老人の世話や家事のために、また家計を補助するために、尋常科高学年の女子を小学校に通わせなかった家庭が少なくなかったのである。都市雑業に従事する親は、生活水準と資産などの経済的条件、家族と労働のかかわり方(家族労働が可能か否か)、家族の世話に必要な人数、親の学校教育観などを判断材料として、どの子どもを小学校に通わせるのかという判断を下した。いいかえればそこで、尋常科高学年の女子を小学校に通わせないという判断がなされたのである。

ところでこののち第一次世界大戦後になると、田無町では女子も含めた初等教育が定着したが、そのことはこの時期になると右に述べた判断材料に変化が生じたことを意味した。右の判断材料のなかで第一次世界大戦後の変化を想定できるのは、生活水準と親の学校教育観であろう。大戦景気を通じてともかくも生活水準が上昇し、子どもを就学させる経済的余裕が生じただろうこと、このことが女子の不就学減少の基礎的要因だと想定できる。しかし小児・病人・老人をかかえて多人数で暮らす家庭環境を考えれば、女子を通学させるようになった背景には親の学校教育観の変化もあったものと思われる。

このように田無町の第一次世界大戦後は、小学校教育と家族のかかわりにとって大きな変化が生じた時期にほかならなかったのである。(7)

## 2　第一次世界大戦後の教育水準

### 農村における教育水準

右の田無町の例に土方苑子・清川郁子の研究を加えて考えると、男女を含めた初等教育の定着は通説と異なり、第一次世界大戦後まで待たねばならなかったということができる。その意味で、第一次世界大戦後は、教育と社会のかかわりを考える重要な画期であった。ここではいくつかの地域を例にして、初等教育が定着した第一次世界大戦後の教育水準を、農村と都市に即して検討しておきたい。

**表6**は一九二五年春に福井県で尋常小学校を卒業した児童の進路を示したものであり、進学先、家業就業、就職のそれぞれについて希望と結果がわかる興味深い史料である。この表には福井市の児童もふくまれているが、すぐあとにとりあげる岐阜県や名古屋市とくらべれば、当時の農村部の状況を反映したものと考えてさしつかえない。

男子の場合、尋常小学校卒業後の進路希望は、上級学校進学六八%、家業就業二二%、就職一〇%であり、実際には進学者が六六%に減り、その分就職者が一二%にふえた。

進学先は高等小学校が圧倒的であり(五二%)、中学校(六%)をふくめた上級学校(中学校、実業学校、師範学校の総称)への進学は一〇%にとどまった。これに対し、卒業後すぐに働く男子は全体の三分の一であり、二割は家業を手伝い(おもに農業)、一割が店員や職工に就職した。

女子の進学希望者は五三%で男子より少なかったが、男子同様に実際に進学できたのは五〇%にとどまった。ただし女学校への進学は一〇%と男子の中学校進学より多く、

**表6** 福井県における尋常小学校卒業生の進路(1925年3月)

| 進路別 | 男子 | | 女子 | |
|---|---|---|---|---|
| | 希望 | 結果 | 希望 | 結果 |
| | % | % | % | % |
| 上級進学 | **67.5** | **65.8** | **53.3** | **50.3** |
| 中学校 | 8.6 | 6.4 | — | — |
| 女学校 | — | — | 12.6 | 10.0 |
| 実業学校 | 4.5 | 3.6 | — | — |
| 師範学校 | 0.7 | 0.4 | 0.8 | 0.7 |
| 高等小学校 | 50.8 | 52.4 | 33.9 | 33.6 |
| 各種学校 | 2.1 | 2.2 | 4.9 | 4.8 |
| 家業就業 | **22.4** | **22.5** | **31.7** | **33.2** |
| 農林業 | 15.3 | 15.0 | 19.9 | 21.5 |
| 就職 | **10.1** | **11.8** | **14.9** | **16.5** |
| 職工 | 2.1 | 2.3 | 8.7 | 9.3 |
| 店員 | 4.6 | 5.9 | 0.1 | 0.1 |
| 徒弟 | 2.2 | 2.1 | 0.9 | 1.1 |
| 女中 | — | — | 1.5 | 1.8 |
| 産婆・看護婦 | — | — | 0.7 | 0.6 |
| 計 | 人<br>9,643 | 人<br>9,649 | 人<br>7,190 | 人<br>7,198 |

出典) 中央職業紹介事務局『職業紹介公報』23号(1925年9月30日)
注 1) 県下247校の調査(今立郡を除く1市10郡)
2) 計にはその他がふくまれる

**表7**　岐阜県稲葉郡長良小学校卒業生の進路(1927年10月調査)

(単位：人)

| 進路別 | 男子 | | | 女子 | | |
|---|---|---|---|---|---|---|
| | 尋六卒 | 高一 | 高二 | 尋六卒 | 高一 | 高二 |
| 上級進学 | **94** | **72** | **3** | **48** | **34** | **19** |
| 中学・女学校 | 10 | 8 | 3 | 7 | 6 | 8 |
| 小学校上級 | 84 | 64 | — | 35 | 23 | — |
| 補習学校女子部 | — | — | — | 6 | 5 | 11 |
| 職業従事 | **5** | **10** | **51** | **24** | **1** | **4** |
| 農業 | 0 | 1 | 15 | 2 | 1 | 0 |
| 農業以外 | 5 | 9 | 36 | 22 | 0 | 4 |
| 裁縫見習い | — | — | — | — | **1** | **3** |
| 計 | 100 | 82 | 54 | 75 | 36 | 26 |

出典）岐阜県稲葉郡長良尋常高等小学校『少年職業指導叢書』第2輯(1928年)
注 1) 高等科2年卒の男子で職業に従事し，かつ自宅にいる者のほとんどは補習学校男子部に入学しているが，本史料では「職業従事」欄に一括されている
2) 進路不明が若干名いる

残りが高等小学校へ進んだ(三四%)。家業(三三%)はおもに農業であり、就職先(一七%)は女工が多かった。

以上の福井県の進路状況とくらべると、岐阜市に隣接する稲葉郡長良村の児童の進路状況には都市近郊的な色彩がつよくあらわれていた。長良村では、岐阜市の商工業の発展によって若年労働力が流出し、小学校卒業後には、「農業に就くものよりも商工業其の他の業に就くもの甚だ多く且郷土に定着するものよりも他郷に出でて職を求むるもの甚だ多い」という状態であった(8)。**表7**によれば、一九二〇年代半ばの同村で男子が職業に従事するのは高等小学校を卒業してからであり、尋常小学校卒

業後には九割以上が進学していた(中学校に一〇%、高等小学校に八四%)。中学校には高等小学校に一、二年通ってから進学するものもあり、進学熱の高まりがうかがえる。高等小学校卒業後の職業従事者五一名の内訳は、農業一五名、農業以外が三六名であり、このなかで家業をついだものは二四名、家業以外の職についたものは二七名であった。家業はおもに農業であり、家に残った男子のほとんどはさらに補習学校に通った。

高等小学校卒業後に働き出した五一名のなかに長男は一三名存在した。そのうち家業をついだ長男は九名、家業以外に職を求めたのは四名であり、家に残った長男が比較的多かった。ただし、尋常小学校卒・高等小学校一年中退後に働き出した長男の場合には、七名のうち五名が家を離れており、長男全体を合わせると二〇名のうち九名が家業をつがずに村をあとにしていた。このように長男であってもおよそ半分は村に残らずに(あるいは残れずに)出郷していた。村外の就職先は県内と県外がほぼ半分であった(9)。

これに対し女子の場合には、尋常小学校卒業生が男子の一〇〇名に比して七五名と少なく、卒業後に職業につくものは二四名(三二%)で男子より数段多かった。二四名のうち、家業を手伝うものはわずか二名であり、ほとんどは紡績・製糸など繊維産業の女工であった。就職先は男子同様、県内と県外が半々程度であった。尋常小学校卒業後に高等小学校に進学する女子は四七%、女学校進学が九%であったが、高等小学校卒業後に女学校に入学する女子の割合は男子の中学入学者よりも多かった。また村に残った女子の多くは補習学校に入学していた。

先の福井県とくらべれば、長良村では教育熱・都会熱がともにつよく、進学できるものは中等学校まで進み、村に残って家業をつぐ場合でも高等小学校から補習学校までは通うようになっていた。また男女ともに農業よりは他の職業を、故郷よりは出郷する途を選ぶ傾向がつよく、男子は高等小学校卒業後に、女子の場合には尋常小学校卒業後に働きに出た。

### 農村と都市の比較

表8は一九二五年春に京都府で小学校を卒業した生徒の進路を、郡部と市部に分けて示したものである。まず郡部＝農村の男子の場合、尋常小学校を卒業後、すぐに仕事につくものは二割にも満たず、八割以上が進学している。進学先は高等小学校が圧倒的で、中学進学は七％しかいない。高等小学校卒業後は、農業を中心にした家業に従事するものが四三％、小店員や徒弟、職工などに就職するものが二八％、さらにその他学校を中心にした進学者が二九％となっている。

農村の女子の場合には、尋常小学校卒業後の進学率は七割で男子よりも低かったが、男子よりは上級進学者が多く、女学校やその他学校を合わせると一八％になった。高等小学校へは全体の約半分が進学し、卒業後は家業四六％、進学四一％(内、その他学校三

**表8**　京都府郡部・市部の小学校卒業生進路(1925年3月)

| 進路別 | 男子 | | 女子 | |
|---|---|---|---|---|
| | 尋常卒 | 高等小卒 | 尋常卒 | 高等小卒 |
| | % | % | % | % |
| 進　学 | **82.4 (69.6)** | **29.5 (10.6)** | **72.4 (65.3)** | **41.1 (10.3)** |
| 高等小学校 | 71.5 (34.0) | — | 54.1 (20.7) | — |
| 中学・女学校 | 6.6 (16.3) | 1.4 ( 3.4) | 12.2 (36.2) | 4.9 ( 6.9) |
| 実業学校 | 2.5 (17.7) | 4.4 ( 4.9) | — | — |
| 師範学校 | — | 2.7 ( 0.7) | — | 3.2 ( 1.2) |
| その他学校 | 1.9 ( 1.6) | 20.1 ( 1.5) | 6.0 ( 8.4) | 32.7 ( 2.1) |
| 家業従事 | **9.9 (19.7)** | **42.8 (61.2)** | **17.4 (26.5)** | **46.4 (74.0)** |
| 農　業 | 4.9 ( 0.4) | 32.5 ( 1.6) | 9.6 ( 0.3) | 28.1 ( 0.9) |
| 就　職 | **7.7 (10.7)** | **27.7 (28.2)** | **10.3 ( 8.2)** | **12.6 (15.7)** |
| 小店員 | 4.6 | 15.2 | — | — |
| 徒　弟 | 2.8 | 5.9 | 0.5 | — |
| 職　工 | 0.2 | 2.9 | 1.9 | 4.0 |
| 給　仕 | 0.3 | 1.6 | — | — |
| 事務員 | — | 1.6 | 0.4 | 1.7 |
| 女　中 | — | — | 6.6 | 5.9 |
| 計 | 人<br>1,655 (5,416) | 人<br>953 (871) | 人<br>1,506 (4,759) | 人<br>470 (565) |

出典) 京都市役所社会課『少年職業指導顚末』1926年
注 1) 郡部—少年職業指導連絡希望の48校，市部小学校—市内83校のうちの80校
　2) その他学校は，「美術学校」と「其の他の学校」を集計したもの
　3) ( )内は市部

三%)、就職一三%と、ここでも進学者の割合が男子より高かった。総じて農村部では男子よりも女子の中等学校進学率が高く、女子の場合には高等小学校卒業後に家業につくか、その他学校に進学するかが大きな選択肢であったのに対し、男子では高等小学校卒業後に家業で働くコースを主流としながら、支流として高小卒後の就職とその他学校への進学があった。

これに対し、市部=都市における男子は中学校と実業学校を中心に上級学校に進学するものが三五%に達し、上級学校への進学が農村部よりも数段多かった。都市の男子のライフコースは次の三つ、すなわち(A)尋常卒後に中学・実業学校へ進学する、(B)尋常卒後にすぐに働く、(C)高等小学校卒業後に家業や他の仕事につく、のいずれかであった。女子の場合には尋常卒後の中等学校進学者が男子よりもさらに多く、女学校三六%を中心に四五%に達した。このコースが都市の女子のライフコースの主流であり、これに尋常小ないし高等小を卒業後、家業に従事するコースが加わった。

以上三つの地域とくらべると、**表9**に示した名古屋市の進路状況には都市部の様相がもっとも強くあらわれていた。名古屋市では一九二五年三月に尋常小学校を卒業した生徒のうち、中等学校に進学したものは男子で五七%、女子五〇%とそれぞれ五割に達していた。女子はまた、高等小学校卒業後にも一一%が中等学校に進学しており、名古屋市では男女ともに過半数が中等学校に進学したことになる。これに対し高等小学校への

**表9**　名古屋市における小学校卒業生の進路(1925年3月)

| 進路別 | 男子 | | 女子 | |
|---|---|---|---|---|
| | 尋常卒 | 高等小卒 | 尋常卒 | 高等小卒 |
| | % | % | % | % |
| 上級進学 | **72.9** | **3.6** | **59.3** | **10.8** |
| 中等学校 | 56.5 | 3.6 | 49.8 | 10.8 |
| 高等小学校 | 16.4 | — | 9.5 | — |
| 家業・家事従事 | **11.5** | **43.3** | **29.1** | **67.9** |
| 就　職 | **13.9** | **50.7** | **9.8** | **19.8** |
| 工　場 | 5.7 | 15.7 | 3.5 | 0.6 |
| 商店員 | 5.3 | 22.7 | 0.5 | 4.3 |
| 給仕・書生 | 0.6 | 5.1 | 0.3 | 4.2 |
| 事務員 | 0.1 | 2.8 | 0.6 | 6.5 |
| 計 | 人<br>7,043 | 人<br>2,127 | 人<br>6,486 | 人<br>1,044 |

出典) 中央職業紹介事務局『職業紹介公報』23号(1925年9月30日)
注 1) 名古屋市内の小学校87校の調査
2)「計」および「就職」者の合計にはその他を含む

進学は男子で一六%、女子で一〇%にとどまっていた。この点について史料では、「本市は中等学校の発達して居る関係上高等小学校に入学するものは割合に少い[10]」と指摘されている。

ただし尋常小学校卒業後の上級学校進学者は、男子七割に対し女子は六割と少なく、高等小学校の卒業生も男子二一二七名、女子一〇四四名と相当の開きがあった。したがって名古屋市の女子の進路は、尋常小学校か高等小学校の卒業後に女学校に進学するか、尋常小学校卒業後にすぐ働くか(家業従事か女工が多い)の二つのコースに大別された。

以上みてきた例は、福井県と京都府郡部が農村部を、岐阜県稲葉郡長良村が都市近郊農村を、京都府市部と名古屋市が都市部をそれぞれ代表し、福井県から京都府郡部、岐阜県長良村、京都府市部、名古屋市に向かうにしたがって進学熱・都会熱が強くなっていた。この地域の順番は都市との距離関係にほぼ比例しており、進学熱・都会熱は都市化とほぼ相関することがひとまずわかるだろう。またこの五つの地域の進学状況では長良村と京都府市部のあいだに差があり、中等学校への進学は都市部(京都府市部・名古屋市)と農村部のあいだで大きな格差があった。

以上から、一九二〇年代における一〇代の進路(職業・学校の選択過程)は次のように総括することができるだろう。都市では男女ともに中等学校への進学が増大しており、なかには名古屋市のように中等学校進学者が主流となって学歴社会が端緒的に形成された地域もあった[11]。これに対し農村でもレベルは異なるが教育水準が上昇しており、その水準は都市近郊の農村ほど高く、また都市に接近した農村ほど都市に職を求める傾向が強かった。農村の男子では高等小学校卒業後に実業補習学校に進む途が主流になりつつあり、中等学校への進学者も徐々にふえた。この当時、実業補習学校への入学者は、全国的にも一九二三年の一〇二万人から二九年には一二二万人にまで増加している。村に残った農村青年は一〇代における修養のために就学機会を求め、それらが全体として農村の教育水準を引き上げる要因となった[12]。

これに対し、農村の女子の上級学校進学者の比率は男子より少なかったが、女学校への進学は男子の中学進学よりも盛んであった。これは福井県や岐阜県長良村、京都府郡部のいずれの農村部にも共通する傾向であった。この点はおそらく父母や女子の結婚観、教育観が農村でも変化したこととかかわっており、かつては結婚まで娘を他家に奉公させ、裁縫や料理を身につけさせていた農村の中・上層が、日露戦後にはその役割を女学校などに期待するようになり(13)、その期待が第一次世界大戦後にはさらに拡大したものと思われる。このように男子にせよ女子にせよ、農村の一〇代の進路にとって教育や都市のもつ意味が徐々に大きくなってきたのであり、教育のもつ意味は格差をともないつつも都市と農村の双方であらわれたのである。

# 第2章　国家と学校の望む子ども像——一八九〇～一九三〇年代

## 1　学校の子ども像の形成——日清・日露戦争期

近代日本において、国家と学校はどのような子どもを求めたのだろうか。ここではまず先にも対象にした東京府田無町をとりあげ、ついで他地域とも比較対照しながら、国家と学校の求めた子ども像を確定したい。

### 東京府編入当時の田無小学校

図1は、一八九三年、田無町が東京府に編入されたときの田無小学校略図である。青梅街道と府中警察署田無分署に隣接し、生徒の通学しやすい町の中心地に建てられた小学校は、田無町の新しいシンボルであり、近隣の町村から視察や見学があとをたたなかったといわれている。街道に面した校門をくぐると運動場があり、二七四坪、九〇四平方メートルの面積は現在とくらべてかなり狭いが、当時の運動場では比較的広いほうで

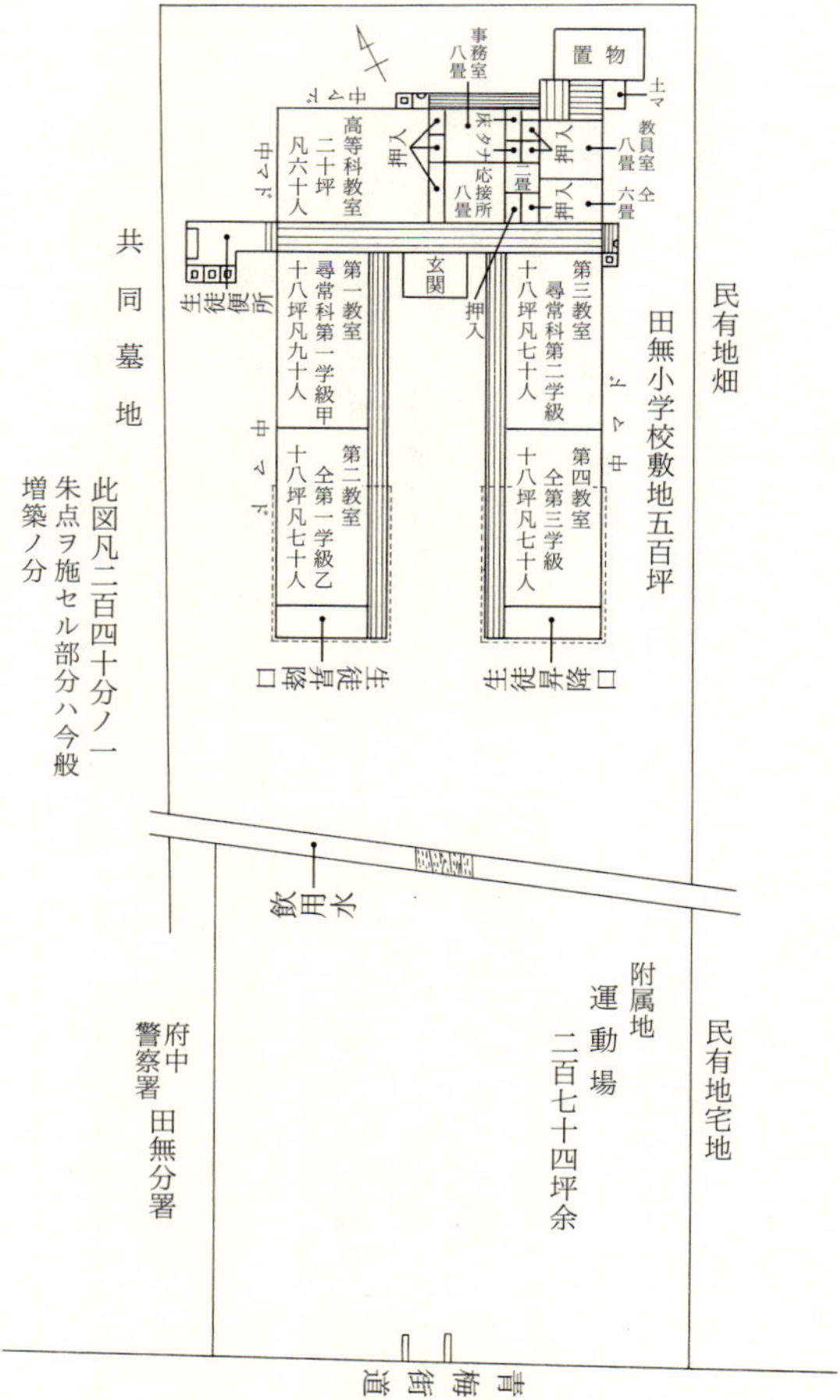


**図1** 1893年当時の田無小学校略図
（東京都公文書館所蔵史料より作成）

あった。運動場と校舎のあいだに田無用水が流れ、学校の飲用水に用いられていた。校舎は兵営式を模したコの字型であり、左右両方に生徒が出入りする昇降口があった。

この当時、尋常科の在籍児童数は男子一三二人、女子一一八人で計二五〇人、高等科は男子三七人、女子二三人の計六〇人であり、生徒は尋常科四つに高等科一つを加えた五つの教室でそれぞれ授業をうけた。教室の大きさは一八〜二〇坪（約六〇平方メートル）で現在とさほど変わらないが、児童数は六〇人から九〇人とかなり多かった。しかしこれは何も田無に限ったことではなかった。戦前の尋常小学校の学級定員は上限が八〇名、教室の広さは四人で一坪であり、田無の教室もほぼその水準にあった。教室の様子が現在ともっともちがうのは、寺子屋のように複数の学年の生徒がまだ同じ教室にいたことであり、高等科では四学年を一クラスに、また尋常科でも四学年を三クラスに分けて授業をおこなっていた。その後、生徒数の増加に応じて、田無小学校の尋常科が各学年一クラスずつに編成されたのは、一九〇〇年のことであった。

東京府編入を機に、田無小学校にはいったん廃止された高等科が再置された。田無小学校はこれ以降一九〇七年まで、尋常科四年に高等科四年を加えた学年で編成され、またそれ以降は小学校令の改正にともない、尋常科六年、高等科二年になった。

編入当時の田無小学校には六名の教員がいた。尋常科の正教員三名に准教員一名、高等科正教員一名、裁縫専科教員一名であり、裁縫以外はすべて男の先生であった。それまで町や村のなかで身につけていた裁縫が田無小学校の科目にとりいれられたのは一八九二年のことであり、高等科で週三時間の授業がおこなわれた。裁縫は、女子の就学率上昇と行儀作法を目的にしたものであったが、当時の田無小学校に和裁用の畳敷き教室はまだなかった。

教室を出ると、廊下をへだてて教員室や事務室、応接室、物置と男女兼用の生徒便所があった。校舎の真ん中には教員や外来者が利用する玄関があり、廊下や教室の窓は障子張りであった。

## 生活のリズム、学校のリズム

明治後期の田無町は、物資や人の集散地であり、また養蚕を中心にした農村でもあった。養蚕などを営む農家には、農業固有の労働リズムと生活スタイルがあった。明治政府は、一八七二年、時間の新しい全国的統一化をめざし、従来の太陰暦に代えて太陽暦を採用した。太陰暦が生産生業と年中行事によって成り立っていたのに対し、太陽暦は国家的行事と学暦によって組み立てられたものであった。役場と並んで学校は、この新しい時間のリズムを地域社会に浸透させる場であり、学校ではそれまでの日常生活と異なるリズムで時間を区切り、教育を普及させようとした。

田無でもさっそく小学校教育に新しい時間が導入された。一八七七年九月一八日は、田無学校(田無小学校の前身)の試験実施日であったが、その前日は恒例の村方鎮守のお祭りにあたった。これに対し、第一一大区学区取締は小学校教育を優先し、村方鎮守のお祭りを延期するように村用掛に要請した(『史料編』200)。だが、太陽暦や学暦による新しい生活リズムは、そうかんたんに地域社会に浸透しなかった。それは何よりも旧来のリズム(太陰暦)が人びとの生業とくらしに密着したものだったからであった。それゆえ田無町でも一九〇一年には、逆に秋祭りの九月一九日を小学校の休業日にすることが決められている(『史料編』203)。

明治後期の田無小学校では、農蚕業で忙しい時期に小学校を休みにしたり、授業を短縮するようになった。養蚕は多くの人手を要したため、春蚕の上蔟《じょうぞく》で忙しい六月には田無小学校の授業が八日間短縮されている(『史料編』209)。このように田無小学校では、地域の生活リズムとの融合をはかり、新しい生活リズムを徐々に定着させていったのである。

## 子どもの生活

ここに田無小学校の子どもたちの写真が二枚ある。一枚は一九一四年の六年生の写真であり(図2)、もう一枚は一九一一年、五年生の写真である(図3)。前者は卒業の記念に写したもの、後者はおそらく日常の合い間に写したものである。この二枚の写真から、

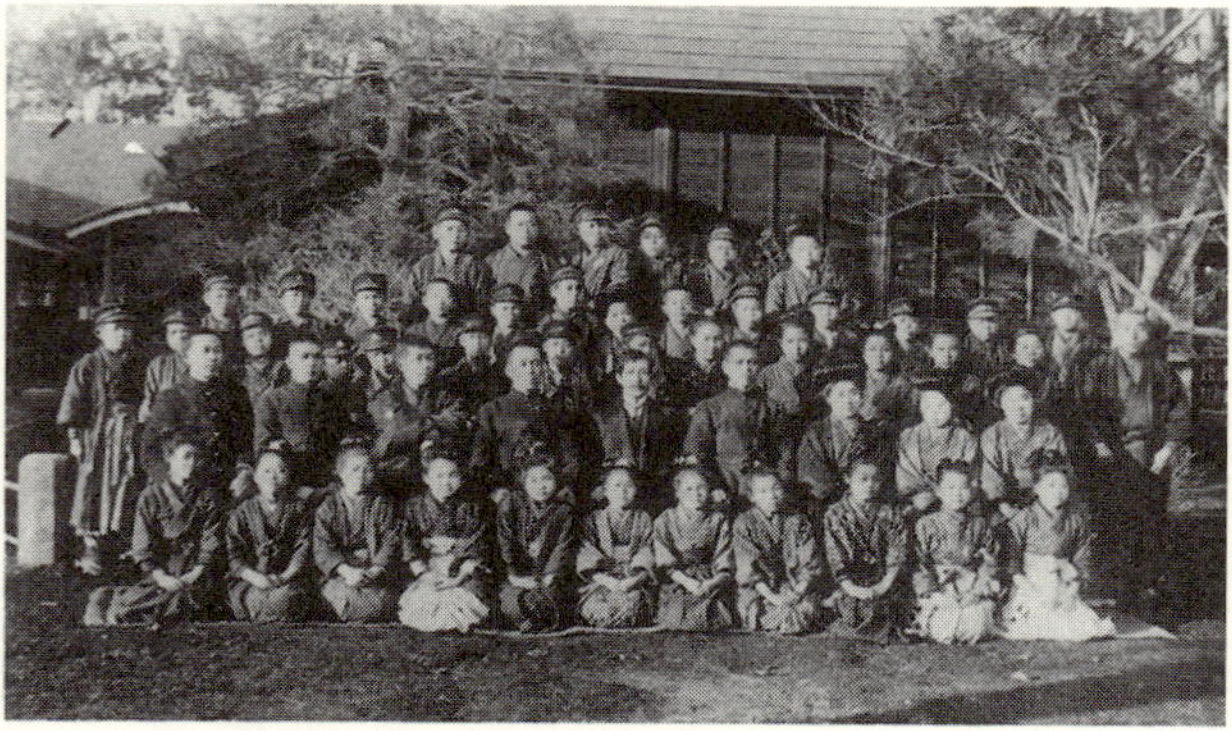

**図 2**　1914 年田無尋常小学校卒業記念写真(『田無市史』第 3 巻, 通史編, 1995 年, 754 頁)

**図 3**　1911 年田無尋常小学校 5 年生の写真(『田無市史』第 3 巻, 755 頁)

当時の田無の子どもたちの様子を垣間見てみよう。

　二枚の写真に写った子どもたちは、明らかに服装がちがう。一枚目の記念写真の男子は全員が学帽をかぶり、なかには羽織袴を身にまとった子どももいた。女子もまたきれいに髪を整え、羽織のほかに袴をはいた子どももいた。しかしこれはあくまでも記念の特別な日の服装であり、二枚目の写真に登場する子どもたちの服装は質素であって、いまの私たちの目には粗末にすら映る。一、二枚目の写真ともに子どもたちはみな綿服を着ているようだが、二枚目の写真の女子の綿服はくたびれており、それ以上に男子の和服は質素であった。二枚目の女子は髪を後ろで結い、男子は全員が丸坊主であった。

　このように二枚の写真には、当時の田無の子どもの特別な日と日常の両方が写し出されている。と同時にもう一つ、二枚の写真ではいずれも男子が女子より多かった。一枚目の卒業写真には男子二九名に対して女子は一五名、また二枚目の五年生の写真では男子四三名に対して女子は二四名しか写っていない。先に指摘したように、この当時の女子は高学年になると家庭の理由で学校を休んでおり、その事情がこの写真にも写し出されていたのであった。二枚の写真にみる当時の教師は、男性が詰襟の学生服のような服を着ており、女性は羽織袴であった。

　田無の小学生の生活ぶりについてもう一点、身体の様子についてふれておこう。現在、田無小学校に保存されている『学籍簿』に「身体の状況」欄が登場するのは一八九八年からであり、身長や体重、胸囲、脊柱、体格、眼疾、耳疾、歯牙《しが》、疾病の項目があった。身体検査が実施され、この欄への記載があらわれるのは一九一一年からであり、また種痘の記録も一九〇八年から登場した。文部省はこれに先立つ一八九八年に小学校への学校医設置を定め、田無小学校にも一九〇三年に西洋医学を修得した塚原知和岐が初代校医として迎えられた。塚原は、これ以降、身体検査や種痘の接種などを実施し、衛生観念の普及をはかった。塚原は、とくに農家で肥料に使う人糞によって児童に回虫が寄生していることを予想し、児童にはじめて検便を実施して相当数の回虫の卵を発見したという(1)。塚原はその後一九二〇年まで長きにわたって校医をつとめた。塚原が赴任し、身体検査が実施された明治後期は田無の学校衛生にとって一つの画期であった。

ところでこの時期の「身体の状況」欄でとくに目を引くのは、目の病気(眼疾)の多さである。おもに一八九八年に生まれ、一九一一年に田無小学校を卒業した生徒四八名のうちで、目の病気をもった子どもは実に三三名、六九%いた(2)。目の病気はすべてトラホーム(トラコーマ)であり、三三名のうちで軽症が二四名、普通が五名、重症が四名であった。トラホームは男子六三%に対して女子の七八%がかかっており、男子よりも女子に多かった。トラホームは、当時の学校衛生でもっとも重視された病気の一つであった。トラホームのほかには、皮膚病の白癬が九名、貧血・湿疹が各一名いた。

## 教室で身につけたもの

明治後期の小学校では、読書・作文・習字の国語が週当り一〇～一五時間、算術が五、六時間、体操・唱歌が約四時間、修身が二時間あり、高学年になるとさらに理科や日本歴史、地理、図画などの科目がふえた。

現在の田無には、戦前の小学校の試験答案や男子の作文が二人分残されている。いずれも、高等科の三、四年生に在学した子どものもので、一九〇〇年頃に書かれたものである(『史料編』201)。一九〇〇年頃に義務教育からさらに高等小学校にまで進級できた子どもはまだ少なかったものの、二人の作文は田無の子どもが教室で身につけたものを考えるのにはよい素材である。

戦前の初等教育を代表する科目は修身である。二人の答案には「私」より「公」を優先して富国強兵の国をつくる必要性が力説されていた。「公益とは自分一人の利を得ることにあらずして多くの人に利を広むる事」であり、「己れの力ある限りは国の為めに尽すべし」。公益には病院や学校もあげられていたが、「公益」を代表するのは何といっても鉄道や機械などの「工業」であり「殖産興業」であった。「公」を代表するのは天皇であり、二人の答案からは当時の天皇制的な国家主義的教育観を読みとることができる。答案には天皇の短歌などをもとに、「陛下」は「文教を重んぜさせ給ひる」、「我等の道徳の資」である天皇などの言葉がくり返しあらわれた。ただし、その修身には国家社会の規範として「公平」という新しい考えも示されていた。「人若し公平ならざれば大なるは国を乱し小なるは怨を招くべし」。

世界の国々や科学への新しい認識を育てたのは地理や理科であった。子どもたちは当時すでに教室のなかで、ロシア、オランダから中国、安南にいたるまで、世界の地理を勉強していた。**表10**に子ども自身の書いた地理の答案を掲げた(『史料編』201)。これによれば、「和蘭王国」(オランダ)の「面積我九州よりも小　耐忍勤勉愛国心に富み航海術に長ず」とあり、「丁抹王国」(デンマーク)は、「我国の九州よりも小アイスランドは冬日僅かに四時間日光を見る、此の島は教育普及して無学者なし」と書かれていた。これに対してアジア各国の記述には蔑視観が色濃くあらわれていた。「支那帝国」は「一般に勤勉」だが「頑固」であり、「朝鮮帝国」は「上下の別甚厳一般に惰弱進取の気象(ママ)に乏しく」、「緬甸」(ビルマ)の「風俗甚だ賤しくて詐《いつわり》多く男女裸体を常とす」、とあった。

これらの教育をうけた生徒の一人は、田無高等小学校の卒業に際して次のような一文を草した。「余が、諸先生の慇懃なる薫陶と、懇篤なる教導とに依って、略々、其理を解するよー(ママ)になった。(中略)嗚呼実に、歓天喜地すべき最大快事である。何、悲い?。勿論、再び慕い先生に、温教を受ける事が出来ないのである」(『史料編』204)。高等小学校まで進学し、学校教育を通じて「其理を解する」ようになった子どもにとって、学校を去ることは何よりも「悲しい」出来事であった。小学校教育は、このようにすでに子

**表10-1　地理の答案（ヨーロッパ）**

| 国名 | 山河等 | ○ハ首府都会 | 物産 | 雑事等 |
|---|---|---|---|---|
| 露西亜帝国 | ボルガ河 ネバ河 | ○聖彼得堡 オデッサ モスコー | 穀物、木材、金、石炭、石油 | 三百年来の新進国　世界陸地の六分の一を占め常備九十万軍艦百余艘　田舎は人民一般に教育なし |
| 希臘王国 | | ○アゼンス | | 敏捷怜悧、文学美術の思想に富む航海商業に長ず欧州にて尤も早く開けたる国 |
| 土耳其 | | ○コンスタンチイプル | | 寛濶なる衣服紅帽を婦人面を顕を恥つ上下の分厳 |
| 瑞典諾威王国 | キオレン山脈 | ○ストックホルム ○クリスチャニア | 木材、鉄、石炭、大口魚、肝油皮革 | 諾威は航海業甚盛なり |
| 丁抹王国 | | ○コーペンヘーゲン | | 我国の九州よりも小アイスランドは冬日僅かに四時間日光を見る、此の島は教育普及して無学者なし |
| 和蘭王国 | ライン河 | ○ハーゲ アムステルダム | 牛酪、乾酪 | 地面の大半は海面より低し面積我九州よりも小耐忍勤勉愛国心に富み航海術に長ず　三百年以前は海上王と称せられ我国との関係最も古し |
| 白耳義王国 | | ○ブラッセル | 鉄、石炭 | 石炭に乏しきを以て水力を利用して工業を起す万国赤十字者（ママ）はゼネバ府に於て始まる |

（以下、欠）

表10-2　地理の答案(アジア)

| 国名 | 山河等 | 但し●は首府　都会 | 物産 | 風俗等 |
|---|---|---|---|---|
| 朝鮮帝国 | 白頭山、長白山、洛東江、漢江、大同江、豆満江、鴨緑江 | ●漢城、釜山浦、仁川、元山、木浦、馬山浦、鎮南浦 | 米、豆類、牛皮、砂金、鉄、人参 | 上下の別甚厳一般に惰弱進取の気象《(ママ)》に乏し |
| 支那帝国 | アルタイ山、天山、昆崙山、興安嶺、黄河、揚子江、白河、珠江、運河、万里長城、洞庭湖、ゴビ大砂漠、西蔵高原 | ●北京、南京、奉天、漢口、重慶、上海、天津、福州、厦門、寧波、広東、香港、奥門、蘇州、杭州、旅順、威海衛、牛荘、売買城 | 大豆、小麦、米、茶、砂糖、鴉片、生糸、石炭、銅、銑 | 一般に勤勉頑固にして外人を卑む広き筒袖に細き袴を著け男弁髪を後に垂れ女は足縮纏す　上下区別甚厳 |
| 安南 | メーキヤン河 | ●サイゴン | 米、砂糖、ゴム、良材、肉桂、鉄、銀 | 衣冠は支那の古制を用に婦人の服は半身をおふもの多し　土人は詩を好み文学に篤し |
| 暹羅 | メナン河 | ●バンコック | 米、銀、鉛、錫、香木、象牙、犀の角、藤席 | 半身を裸体にして行歩跣足するを常とす　檳榔の実をかむに依り唇赤黒にして《(ママ)》け少し |
| 緬甸 | イラツデー河 | ●マンダレイ | 麻布、蜂蜜、象牙、金、銀 | 風俗甚だ賤しくて詐多く男女裸体を常とす |

| | | | | |
|---|---|---|---|---|
| 馬来半島 | | シンガポール | | |
| 印度 | ヒマラヤ山<br>ガンジス河、印度河 | ●カルカッタ<br>コロンボー゜孟買 | 米、棉、木綿、鴉片、茶、香料 | ガンジス河の畔霊地を巡礼して餓死を栄とす　寺院に断食して死を希す　夫死すれば妻も焼死す　掌中に火を点するが如き其の身を苦しむるを以て神意に適すとす |
| 亜細亜露西亜 | ヲビ、エニセイ、レナ、バイカルコ、アラル海、裏海、コーカサス山、ウラル山、サイベリア大鉄道 | ●ウラジヨーストック<br>コルサコフ | 獣皮、木材、金、銀、鉄、白金、硝子、石鹸、蠟燭 | |

（以下、欠）

どもの内面に深く入りこんでいたのである。ただし、この子どもは「温教」を受けられないことを「悲しんだ」ばかりではなかった。この卒業文は次のように結ばれていた。「余は他日、社会に立たば、先生が平素の教訓を守り、国家有為の人物となって、此の大恩を返さなければならぬ、否、返す！　返す！　きっと返す！」。

当時の男子は、日頃教室で「国家有為の人物」になる必要性をくり返し説かれた。それが明治国家の望む男子像であり、男子の子どもに求められた生き方であった。この生徒の卒業文にみなぎる激しい言葉は、当時の教育理念をよく物語るものであった。

ところで学校は子どもに修身の理解や読み書き能力を求めただけでなく、身体や言語、行為の規律を身につけることを望んだ。身体の規律とは先にみた衛生観念であり、言語と行為については当時の「操行考査」に子どもの評価が記されている。田無小学校では『学籍簿』とは別に児童の「操行考査」と「学業成績」をまとめた『小学校教育誌』が毎年作成されている。たとえば一九〇五年度の尋常科第四学年『教育誌』には、「操行考査」として平常言行、勤惰、評定の三つの欄があり、「学業成績」には修身・国語(読方、話方綴方、書方)・算術・唱歌・体操の成績が一〇〇点満点で記されていた。

平常言行は言語と行為に分けて評価が書かれており、勤惰とは一カ月ごとに授業日数・事故欠席・病気欠席を記録したもの、また評定には各学期と一年間の総合的評価がそれぞれ上中下の三段階で書かれていた。たとえば一学期の評定が「上」と書かれた児童の言行欄には、「言語　高調にし明亮《（ママ）》なり」「行為　総て動作を愉快にし且つ敏活にして従順なり」とあり、「下」と評価された児童は、「言語　渋滞して不明亮《（ママ）》なり」「行為　粗暴にして不注意なり」とあった。二学期・三学期の「操行考査」欄は、ほぼすべてが一学期と「同上」と書かれており、その点も含めて考えれば、学校が子どもに「言語」や「行為」の規律を求める度合いはまだそれほど強くなかったように思われる。だが、教育内容だけでなく、言語・行為・身体などの規律を子どもに求める傾向がすでにあらわれていたことに注意する必要があるだろう。身体と言語、行為の規律をもち、「国家有為の人物」を目指すというのが、国家と学校の望む男の子の像であった。

ただし、ここで指摘した国家と学校の望む子ども像には、次の二つの点に留意が必要である。一つは、小学校教育から子どもが受容したものは、規律をもった子ども像だけでなく、実にさまざまな要素があったことである。子どもたちは教室で国家意識から新しい公平観や世界観、脱亜意識、読書能力、向学心、教育熱にいたるまで、さまざまな影響を受けたのであり、学校とは日常の世界と異なり、右のような要素を身につけて社会に出るための時間(空間)にほかならなかった。

もう一つは、当時田無町のなかで義務教育から高等科にまで進学し、卒業できた子どもはまだ多くなく、一方で貧困などによる不就学児童が数多く存在していたことである。とくに男女の就学に大きな差があるのがこの時期の特徴であった。田無町で小学校教育がほとんどの子どもにおよぶのは第一次世界大戦期にいたってからのことであった。

## 2　学校の子ども像の定着——第一次世界大戦後〜一九三〇年代

### 新築された田無小学校

田無小学校は一九二五年に移転し、新築された。移転の理由は、就学児童数の「激増」と校舎の「腐朽」、それに「風紀上教養上」の「遺憾」にあった。かつては、町の中央に位置し、飲用水も利用できる場所が小学校に適当だと考えられたが、その後の町の変化によって、警察署と寺院に隣接し、校庭中央に用水が流れる場所は風紀や教養に問題があるということになった。これに対して新しく選ばれた場所は、「附近一帯静粛」で道徳上「嫌悪」すべきものもなく、「衛生及ひ教育上」適当であり、三方を畑で囲まれて光をさえぎるものはなく、空気は清潔といわれた(3)。

**図4**は新築された田無小学校の図面である。敷地面積三二四六坪、校庭二〇〇〇坪、木造二階建瓦葺の校舎六〇三坪の小学校は、旧来とくらべて格段に整備されたものであった。旧校舎との大きなちがいは教室と学級の編成にあった。それまでの田無小学校では、就学児童四八六名を八学級に編成し、二年生と三年生は二クラスに分けて四〇名から六〇名程度で授業をおこなっていたが、校舎が手狭であったために二・三年生を除く他の学年はすべて一クラスであり、そのため八〇名(一年生・五年生)という大人数のクラスもあった。新校舎ではまず何よりも教室数をふやし(一四教室)、一年生から五年生まではすべて二クラスに編成した。その結果、六年生(七二名)以外の教室はいずれも四〇名から五〇名になった。

新校舎は左右対称の二階建であり、真ん中の玄関左には普通教室が三つあって、校舎左側の袖には普通教室と標本室、理科教室が並んだ。玄関の右並びには宿直室、医務室、

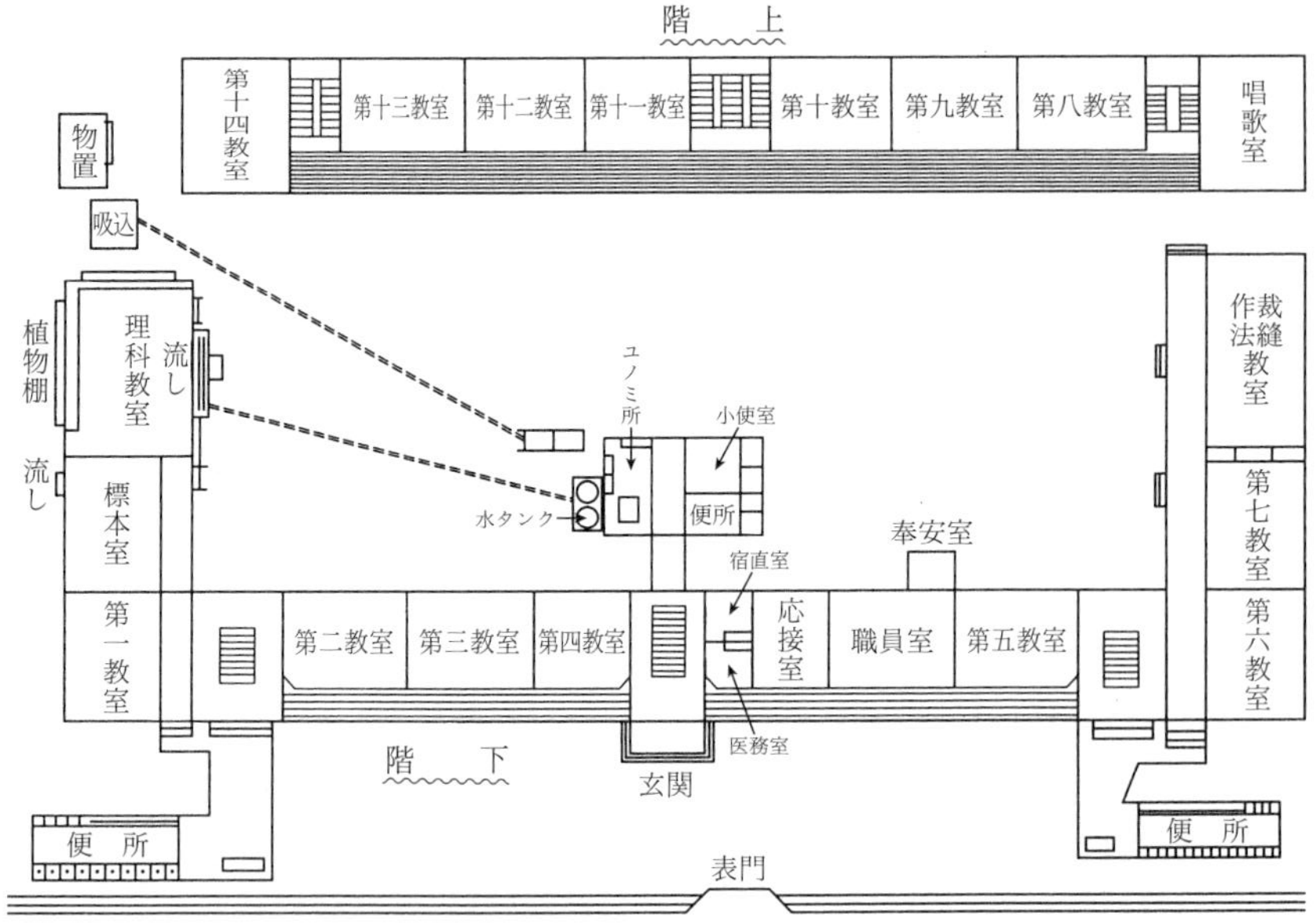


図4　1925年新築の田無尋常高等小学校略図(「沿革誌」田無小学校蔵より作成)

応接室、職員室、普通教室があり、校舎右側の袖には普通教室二つに裁縫・作法教室がつづく。校舎の左右にある階段をのぼった二階には、七つの普通教室と唱歌室がある。校庭には玄関とつながった湯呑み所、便所、小使室があり、職員室に隣接して奉安室がつくられていた。

普通教室の増設とならんで、理科・裁縫・唱歌の各教室と医務室を新設したことも新校舎の大きな特徴であった。理科・裁縫・音楽の各教科は明治期から田無小学校にとりいれられていたが、いずれの教科にもまだ特別な教室は設置されていなかった。とくに裁縫は女子教育の振興、作法見習いとかかわって重視された科目であったが、実際には畳のない普通教室で裁縫をおこなっていた。その裁縫をはじめ、各教科用の教室が用意されたことにより、特別科目は格段と実施しやすくなったはずである。学校に医務室が設置されたのも今回がはじめてであった。

こうしてみると、普通教室に特別教室、医務室などを備えた新築の田無小学校は、第二次世界大戦後の小学校の校舎とほとんどかわらないことがわかる。田無小学校では、新校舎開設後の状況について、次のように記した。「児童を新校舎に移転教育気分の一新を来し日に日に其の向上完成の域に突進し其の効果大なり」(4)。第二次世界大戦後の校舎と当時の校舎が大きくちがう点は校庭に奉安室が設けられていたことである。これは戦前の天皇制的な国家主義教育に起因するものであった。田無小学校に奉安室が設置された時期は残念ながら不明だが、御真影がはじめて置かれたのは一九二九年のことであった。

## 学校生活の一年

第一次世界大戦後になると、田無の子どものほとんどは小学校に通い、少なくとも六歳からの六年間はその多くの時間を学校ですごすようになった。子どもの生活リズムに大きな影響をあたえた学校生活の様子を、田無小学校に残されている一九二九年度の『学校日誌』と「学事状況」などから、同年度を中心にして描いてみよう(『史料編』220)。

田無小学校の新年度は四月一日の入学式・始業式に始まる。四月二日は大掃除、四日には級長選挙がおこなわれ、二時限から通常の授業が始まった。始業式・大掃除・級長選挙は各学期の初めにきまっておこなわれる行事であり、大掃除は行事の前日など年間で都合八回実施された。通常は午前八時に授業が始まり、一学期の終了は七月三一日、二学期は月曜日の九月二日から一二月二四日まで、三学期は一月八日から三月二五日までである。各学期終了の前には一斉考査(試験)がおこなわれ、学期の終業式には通信簿が配られて、三月の卒業式には卒業証書が授与された。

戦前の学校生活の節目には国家的行事が多く組み込まれていた。この年の四月二五日には御真影拝戴式がおこなわれ、四月二九日の天長節には小学校で祝賀式がおこなわれた。秋になると一〇月二日の神宮式年遷宮祭遥拝式、一一月三日の明治節、一一月二三日の新嘗祭と国家的行事がつづき、一月一日には四方拝、二月一一日には紀元節があった。これらの日はほとんどが国家的祝祭日であり、当日は町内の各種団体が小学校に招かれて行事が実施された。

五月二七日は海軍記念日であり、尋常四年生以上と町民が参加して校長の訓話と海軍大学校教師による軍事講話がおこなわれた。また七月二七日には陸軍簡閲点呼を尋常五年生以上が参観し、二月一七日の祈年祭には職員児童が田無神社に参拝した。学校教育の軍事的色彩がしだいに濃くなってきたのがこの年度の特徴であった。

五月と一〇月には、春秋の校外授業(遠足)があり、尋常科と高等科の各学年を四つにわけて各地にでかけた。戦時期に入ると校外授業の目的が変化し、行き先には多磨霊園や多摩聖蹟記念館など皇室関係の場所が多くなった(後掲一七六頁、表21参照)。

五月と六月には校医が来校して恒例の身体検査が実施された。また三月二〇日にはチフスの予防注射がおこなわれ、大掃除や蠅取りなどをふくめて保健・衛生観念の徹底がはかられた。一一月九日には運動会が実施され、一一月二三日の新嘗祭には農産物品評会と児童展覧会がおこなわれている。六月二一日には児童劇「君国の華」を田無館で全児童が観た。また秋には講演や教育講談がおこなわれた。学校関係の行事以外には、九月一九日の田無神社例大祭が休校になり、四月二六・三〇日と一〇月二三日の靖国神社例大祭も一時限に訓話がおこなわれたのち休校になった。

一九二九年度の田無小学校では、日々の授業と試験のあいまに、遠足、運動会、展覧会などの行事にとりくみ、身体検査などによって学校衛生を浸透させていた。国家的行事や軍事的行事の比重が徐々に増大し、小学校は、子どもの生活、時間、身体、意識に大きな影響をあたえる場になっていた。

## 大正期の田無の子ども

現在残されている田無小学校生徒の写真を眺めていると、第一次世界大戦の前後で一つの変化があることに気づく。記念写真が多いため、普段の服装とはややちがうだろうが、それでも一九〇〇年頃から一九三〇年頃までを並べてみると、時代につれて服装も変化したことがよくわかる。

ここに掲げた**図5・図6**は、一九二五年の男女それぞれを写した記念写真である。この二枚の写真で何よりも特徴的なことは、男子四三名中の二〇名は学童服を着用し、女子も四四名のうちの二一名は白い洋服の上着を身につけていることである。女子のなかにはお下げ髪の子どもも目につく。一九一〇年代前半まで、子どもたちの特別の服は袴であり、田無小学校の記念写真に学童服や白い洋服の上着、お下げ髪があらわれるのは、一九二〇年代半ばのことに属する。陸軍の軍服をそっくり真似た学童服が広まったのは、

図 5　1925 年田無尋常高等小学校記念写真(『田無市史』第 3 巻, 791 頁)

図 6　1925 年田無尋常高等小学校記念写真(『田無市史』第 3 巻, 791 頁)

一般的にもこのころであり、その変化が田無の子どもにもあらわれたのであった。

第一次世界大戦後になると、明治期に多かったトラホームが減少した。一九一一年の尋常科卒業生には六九％がかかっていたトラホームは、その後一九一八年になると卒業生六一名の三三％（二〇名）に減少し、一九二一年には一四％（五八名中の八名）、二九年には二〇％（六〇名中の一二名）にまで減少した。トラホームは男子よりも女子の方が幾分多かったが、一九二〇年代になると、学校衛生の浸透のなかで一、二割程度にまで少なくなった。

### 実業補習教育の普及

表11と表12は田無尋常小学校と高等小学校を卒業した児童の進路を示したものである。これに明らかなように、田無では戦時期になるまで中等学校や女学校に進学した子どもは少なかった。一九三〇年代半ばまで、田無の男子の多くは高等科まで進学したのちに家業に従事し、女子も高等科には通うようになったものの、その後はいずれも家業や家事を手伝っていた。

この点について、一九三三年の田無小学校史料は、義務教育の「就学率極めて良好にして」「其終了者の大部分は高等小学校に進む」が、中等学校以上の教育は、「東京に近き町としては概して不振ならずやと思はる」と指摘していた。中等教育不振の理由につ

**表 11**　田無尋常小学校卒業生の進路　(単位：人)

| 年 | 男子 | | | | 女子 | | | |
|---|---|---|---|---|---|---|---|---|
| | 卒業生 | 進学 | | 家業などに従事 | 卒業生 | 進学 | | 家業などに従事 |
| | | 高等科 | 中学校 | | | 高等科 | 女学校 | |
| 1911 | 26 | 19 | | 7 | 19 | 5 | | 14 |
| 15 | 33 | 21 | 3 | 9 | 23 | 8 | | 15 |
| 19 | 27 | 25 | 1 | 1 | 31 | 19 | 3 | 9 |
| 23 | 39 | 37 | | 2 | 38 | 19 | 3 | 16 |
| 27 | 39 | 28 | 6 | 5 | 35 | 23 | 4 | 8 |
| 31 | 42 | 32 | 6 | 4 | 40 | 33 | 1 | 7 |
| 35 | 50 | 39 | 6 | 5 | 42 | 28 | 2 | 12 |
| 39 | 65 | 47 | 16 | 2 | 64 | 42 | 16 | 6 |
| 42 | 74 | 40 | 21 | 13 | 79 | 44 | 19 | 13 |

出典）田無小学校「学校一覧表」各年
注）合計と内訳が合わない年があるが原史料のままとした

**表 12**　田無高等小学校卒業生の進路　(単位：人)

| 年 | 男子 | | | | | 女子 | | | | |
|---|---|---|---|---|---|---|---|---|---|---|
| | 卒業生 | 進学 | 就業 | | | 卒業生 | 進学 | 就業 | | |
| | | 中等学校など | 家業 | 就職 | その他 | | 女学校など | 家業 | 就職 | その他 |
| 1911 | 12 | | 12 | | | 4 | | 4 | | |
| 15 | 21 | 1 | 20 | | | 4 | | 4 | | |
| 19 | 27 | | 27 | | | 7 | | 7 | | |
| 23 | 25 | 2 | 23 | | | 11 | 2 | 9 | | |
| 27 | 30 | | 30 | | | 17 | 2 | 15 | | |
| 31 | 27 | | | | | 22 | | | | |
| 35 | 23 | 1 | 22 | | | 33 | 1 | 32 | | |
| 39 | 56 | 5 | 20 | 29 | 3 | 48 | 5 | 29 | 11 | 3 |
| 42 | 42 | 4 | 6 | 32 | | 50 | 8 | 28 | 14 | |

出典・注）同前

いて、この史料は「農家の子弟多きに依るべし」といい、中等学校進学者は「街道筋商店街の子弟に多く、南方、北方の農家子弟に少」ないと指摘していた(『史料編』222)。これらの史料からすれば、田無の子どもたちのほとんどは小学校卒業後に町に残ったのであり、その点からしても実業補習学校が重要な役割を帯びることになった(以下は、おもに『史料編』227〜234による)。

田無実業補習学校は、一九〇五年に開催された夜学講究会を母体として一九一五年に認可された。当初振るわなかった補習教育は、中村市郎小学校長が学校長を兼任してから成績をあげ、一九一七年の生徒数は七〇名に達して「殆ど欠席者を出さず成績極めて良好」といわれた(『史料編』228)。補習学校は毎年一一月から二月末までの夜間三時間程度開講され、修身、国語、算術、農業の科目のほかに、随時談話会も開かれて青年たちは弁を競った。修業年限は二年間、生徒は二学級に編成された。補習教育には校長をはじめ田無小学校の教員が交代であたった。

田無実業補習学校は一九二五年一〇月に田無町農業公民学校に再編された。新しく出発した農業公民学校は、「農業に関する智識技能」と「国民生活に須要なる教育」を目的にしたものであり、実業補習教育の充実と普通教育の徹底がめざされた。農業公民学校は前期二年間と後期三年間で編成され、そのほかに研究科二年間があった。前期は尋常小学校卒業生を対象にしたものであり、後期は前期修了者と高等小学校卒業生を、また研究科は後期修了者をそれぞれ対象にしていた。開講科目は実業補習学校時代のものに、前期の男女には理科、体育、音楽が加わり、女子にはさらに家事と裁縫があって、高等小学校に近い内容になっていた。この時期には小学校令が改正され、公民教育と職業教育を修得した新しい中堅国民の育成が高等小学校に課せられたが[5]、田無農業公民学校の設置は高等小学校教育の拡充と軌を一にしたものであった。

　農業公民学校の男子生徒数は、一九二七年に一三二名を数え、「生徒数も多く且出席者も多く其の成績着々と進歩」したと評価された。教員の人数に制約があるため、公民学校は五学年を二学級に分けていたが、学級数を増やすことができれば「能率」はいっそう増進する見込みだといわれた。しかし、男子に比して女子の生徒数は二三名と少なかった。その原因について役場史料では、「創立日浅き」ことと「一般に女子補習の内容に関し真に理解するに至らざる」ことが指摘されていた(『史料編』232)。このことは、いったん尋常小学校や高等小学校を卒業した女子は、家業や家事の手伝いに忙しく、親の側でも女子が補習教育を受ける必要性をあまり意識していなかったことを示していよう。また公民学校では、前期で「家事の大要、通常衣類の裁方縫方繕方」を目的にした家事・裁縫が開講され、その中身は後期になると「衣食住、育児、看護家計に関する一般の事項、衣類の裁方縫方」にまでひろげられたが、この時期の田無の女子の多くは裁縫や家事などの知識や技術を学校以外の家や町のなかで身につけていたのであった。

## 学校と家庭の連絡

ところで、田無小学校の教員は田無の子どもに対してどのようなまなざしを向けていたのだろうか。一九二三年の夏休み前に校長が保護者に送った「暑中休暇の心得」から、教員の子どもに対する関心のありようをみてみよう(『史料編』214)。この通知では、教育を「一つの流れ」にたとえ、休暇中はとくに「家庭の方々の御力」によって子どもを「教育的に指導」し、教育の流れを中断しないようにしたいという。そのためにとくに次の三つに気をつけたいと校長は指摘した。一つは、不規則な寝起きや飲食、病気に注意して「からだを丈夫」にすることであり、二つ目は社会の悪風に染まらず、修養や家事の見習につとめて「よい子供よい生徒らしく」あることであり、三つ目は「学科の勉強」に励み、勉強好きになるように育ててほしいということであった。

一九三〇年から三二年にかけて、新入生から二年生を担当した教員が保護者に配布した同様の通知が残されている(『史料編』217)。入学に先立ち、一九三〇年三月に配られた通知によれば、入学前に身体の悪い所を直し、早寝早起きの習慣をつけ、朝起きたら顔を洗って歯をきれいにし、身体全体をきれいにしてとくに女子は髪を整え、自分でできることは自分でする習慣をつけるように保護者に求めていた。その年の夏休み前、保護者にあてた「夏休みの心得」では、身体を丈夫にして、不景気ゆえに節約の習慣をつけ、勉強の習慣をなくさず、理科や手工、裁縫など、習ったことは実行して課外の読物には気をつける、とあり、これが保護者への要望であった。また尋常科二年生の一学期修了を前にした教員の通知では、将来の期待される人間像が語られ、「学校社会、学級社会の一員として自治的な態度も向上」し、「やがて町公民として立派な発展をなす事を疑ひません」と指摘されていた(傍点、引用者)。

このような通知が田無小学校でいつ頃から配布されたのかは、残念ながらわからないが、すぐ後に述べるように当時の小学校では決して珍しいことではなかった。ここでは学校と家庭の協力によって、子どもの身体と日常生活に注意し、勉強に励んで「よい子供よい生徒」となり、やがては「立派」な「町公民」になることが、いずれも「教育的」なこととして語られていた。子どもの日常と家庭にとって、学校生活が大きな比重をしめだしたことがよくわかるであろう。

## 3 学校と家庭を結ぶ

### 家庭との連絡

学校と家庭の連絡は明治期にまったくみられなかったわけではない。しかし、明治期には就学督励に象徴されるように、学校の側が一方的に就学を家庭に促すものであった。

これに対し、いま紹介した田無小学校の家庭通信は性格を異にし、学校の側が家庭と連絡を結び、両者の関係を深めるなかで学校教育を定着させようとしたものであった。田無小学校の「夏休みの心得」には、「御家庭と常に有機的な交渉を保ちつゝ御子様の成長を祈り」と、通信発行の目的がはっきり書かれていた。

ところで、学校側がこのように家庭との連絡をとろうとしたのはいつ頃のことだったのだろうか。この点については十分な史料を欠くが、管見の限りでもっとも古いものは一九一二年に静岡県駿東郡菅沼村の菅沼小学校で発行された「入学心得」である。(6) これは同年二月一〇日、四月入学予定の児童宅に配られたものであり、「御愛児様」で始まる入学心得は、子どもの身体や気質習慣、発音、話し方、計算、手先の使い方、学用品への心得を児童の親に説くものであった。同郡北郷村の北郷小学校では、一九一五年度に「家庭通信」が配布されており、残存する第三号には、「従順」と「自発的学習」を掲げた学校の教育目標、成績評価の仕方、学校での児童の当番などが詳しく記されていた。(7) また長野県埴科郡五加村の五加小学校では、家庭通信と同様の意図をもった学校家庭懇話会が一九二〇年に開催されていた。(8) 五月中旬に各部落で開かれた学校家庭懇話会には、校長をはじめとした学校の全職員に村長・学務委員が出席し、校長は児童が家庭にいる時間の長さからすれば、「児童の訓育は学校と家庭との協調」による必要があり、学校と家庭は互いに連絡して理解しなくてはならないと述べた。

以上が農村部の事例であるとすれば、都市近郊農村に属した東京府北豊島郡の岩淵小学校の場合、残存する家庭通信では一九二二年に出された「御家庭へ」という文章がもっとも古いものであり、以後は同種の心得が毎年のようにして出されていた。(9) 心得は時期が新しくなるにつれてこと細かになり、王子区立王子第一尋常小学校の場合、戦時期に入った一九三九年になると一般の心得だけで一三項目に、また衛生の心得も一一項目におよんだ。(10)

以上の事例からすると、家庭通信などを発行して学校が家庭との連絡を求めたのは、日露戦争後を起点に第一次世界大戦後にいたる時期のことであり、とくに一九二〇年代にそのひろがりを確認することができよう。

学校が家庭との連絡をとる方法は家庭通信以外にもいくつかあり、それらはおよそ以下の四つにまとめることができる。①家庭通信、通信簿などの発行、②父兄会、母の会、後援会、父母懇談会など保護者の組織化、③授業参観、学芸会・運動会などの参観、④家庭訪問の四つである。これらも早いところでは日露戦争後からとりくまれ、多くの小学校では第一次世界大戦後から試みられたものであった。(11) 学校と家庭との連絡は、単に学校と地域との関係が密接になっただけではなく、第一次世界大戦後に初等教育が定着するうえで大きな役割をはたしたのであった。

## 学校の望む子ども像

ところで田無小学校の心得にみられるように、学校は家庭との連絡をとる過程で自らの望む子ども像をさまざまなかたちで提示した。学校は学校自身が求める子ども像を家庭に伝え、家庭の理解を得て学校教育の実をあげようとしたのである。

ここで農村部に属する長野県五加小学校で、一九二〇年に学校側が父母に伝えた内容を三点紹介してみよう。そこには学校の望む子ども像がはっきりと示されていた。(12)

○養成せんと欲する児童の典型――物事に真面目、根気強き慣習(勤労と実行力)、公共心と責任感、秩序ある向上心、熱烈なる同情心、以上の考えにて掃除、便所、校園、農園等作業を多く課する等何れも訓練上より出発す。

○児童の身体上よりは――素質佳良なるも鍛練の要あり。遠足其他機会利用して其実を遂げんことを期す。

○学力増進の要切――復習予習の励行、欠席遅刻子守について父兄へ警告。

五加小学校の求める「児童の典型」と先の田無小学校の史料を合わせると、学校の望む子ども像は以下のように整理できるだろう。両校の共通点は、態度や作法、行儀、衛生などにおいて規律をもった児童を望んだことである。この規律を守る子どもの対極には、欠席・遅刻・子守など、学校の秩序を守らない子どもが設定されていた。これに加えて田無小学校の場合には、子ども自身の「自治的な態度」が盛んに求められた。その背景には自由教育や大正デモクラシーの影響があり、子ども自身の自治性を喚起することで規律を身につけることも容易になると考えられていた。五加小学校の場合には、一九二〇年の史料ということもあって自治の強調はみられず、それに代わって強調されたのが上からの統制色の強い「公共心と責任感」であった。田無小学校とは異なり、五加小学校で特徴的なことは、勤労と鍛練が「児童の典型」として強調されていたことである。掃除、農園作業、遠足などを利用して身体を鍛練し、勤労精神と実行力をもった根気を養うこと、これが勤労と鍛練の内容であった。この二つの小学校の子ども像の相違は、町場に属するか農村部に属するかの違いによるところがあるように思われる。

学校の子ども像はまた、「社会の子ども」「国家の子ども」「家庭の子ども」の三つの側面から整理することもできる。子どもはまず何よりも「社会の子ども」であり、学級社会の一員として、さらには地域社会の一員として自覚をもつことが求められた。そしてこの自覚のうえにはじめて、「国家有為の人物」になる「国家の子ども」が位置づくことになる。

これに対して「家庭の子ども」は、「国家の子ども」「社会の子ども」と関連づけられながらも独自の意味合いをもっており、そこにこの時期の一つの特徴があった。「家庭の子ども」とは、家庭でも規律と自発性をもって家事手伝いと勉強にとりくむ子どものことであり、この「家庭の子ども」には日露戦後に登場した「一家団らん」のイメージが結びつき、とくに都市の小学校で描かれるようになった。

たとえば東京府北豊島郡の滝野川第六尋常小学校では、一九三〇年代に入ると家庭に対して「子どもを中心とした一家団欒といふ時間を設け」るように求め、「家庭教育」の重要性をしきりに説いた。

お子様方の教育そのものは、決して学校ばかりでは出来得るものでは御座いません。家庭、学校、社会、此の三者が相伴ふてはじめて完全に行はるので御座います。特に家庭教育は、児童教育の基礎をなすものであると、誰方もが申して居ります。それで学校教育も出発を家庭教育に求め、各御家庭と充分なる連絡を図らねばならぬと存じます。(13)

家庭との連絡をはかるだけでなく、家庭を教育の場として位置づけて「家庭教育」という領域を新たに創り出し、学校教育と家庭教育を結びつける、それがここで主張されていることであった。家庭教育の強調は家庭における母の役割への注目につながっていった。滝野川第六尋常小学校では、同じ史料のなかで「子供さん方の教育には、誰が一番適任か」と自問し、それは「最もよく子供の性質を承知し、其の上最も慈愛が深い」「母親である」と答えていた。(14)そしてこの認識は、戦時下になると保護者会とは別の「母の会」の組織化につながっていった。(15)

以上みてきたように、学校の子ども像には都市と農村で地域差があり、都市部の小学校では「家庭の子ども」が強調されているのに対して、農村部ではまだ「家庭の子ども」が登場せず、むしろ勤労や鍛練に重点がおかれていた。また都市部であっても、学校の説く家庭教育と実際の生活のあいだには落差がある場合があり、学校の望んだ「家庭の子ども」がそのまま現実に登場したわけではなかった。以下に章をかえて、農村と都市における小学校と家族のかかわりを分析し、右に述べた実際を検討する。(16)

# 第3章　村の子ども像の輪郭——一九二〇〜一九三〇年代

## 1　農民家族のなかの子ども

### 「村の子ども」の発見

村に子どもはいたが、子どもはまだ独自の存在として社会の視野に十分入っていなかった。少し変ないい方に聞こえるかもしれないが、第一次世界大戦頃までの農村の子どもをめぐる状況は右のようであった。つまり、村の子どもはごく当り前の存在であったが、それゆえ逆に子どもに注目した文章が書かれることはきわめてまれであり、子どもを特別に意識して「見る」視点はまだ少なかった。のちに言及するように、生活綴方教育や郷土教育、柳田民俗学などが村の子どもに注目し、また農家の親自身が自分の子どもについて語るようになるのは、おおよそ第一次世界大戦以降のことであった。

それでは、第一次世界大戦後になるとなぜ村の子どもが注目されるようになったのか。その理由には次の二つが考えられる。一つは、第2章で述べた学校の子ども＝児童像が定立することでそれと落差のある村の子どもが浮かび上がってきたこと、もう一つは第一次世界大戦後の農村社会の変動のなかで従来の村の子どもの存在が揺さぶられたことである。第一次世界大戦後には、農村改造の機運の高まりや農村青少年の都市への憧憬と出郷、さらに都市近郊農村ではすでに家の継承の揺らぎがあらわれるなど、農村社会に大きな変動が起きた。いままで自明であった村の子どもの存在は大きく揺さぶられ、そのなかから村の子どもに注目した見方が登場することになった(村の子どもの発見)。

## 教師の希望、農家の親の意向

ところで、学校の子ども＝児童像とは、六〜一二歳の六年間学校に通い、同じ年齢で区切られたクラスに入って授業を受け、規律や衛生への注意を受けて勉強を課せられた存在であったが、現実の村の子どもと児童像とのあいだには第一次世界大戦後になってもまだ落差がある場合が少なくなかった。学校と家庭のあいだで開かれた懇談会や職員会に関する史料を読むと、この落差をはっきり確認できる。

先にも引用したように、長野県埴科郡五加小学校の教師は、学校家庭懇話会や父兄懇話会、職員会などの場でくり返し学校の望む子ども像を語ったが、教師が語るほどにはっきりとしたのは期待される児童像と村の子どもとの落差であった(1)。たとえば一九二〇年の学校家庭懇話会で話し合われた「学力増進の要切」について、学校側は「復習予習の励行」と「欠席遅刻子守について父兄へ警告」を指摘していたが、このことは「学力増進」が「欠席遅刻子守」によって阻まれているという認識を学校側がもっていたことを示していた。また一九三四年の職員会では、子どもの「学習的態度」に対して「競争心がない」「課題など余りにもずさん」といった言葉が教師から相次ぎ、「言葉が悪い」「作法が悪い」「学校の物(公共物)を大切にしない」など、規律を守らない子どもを嘆く教師の声も聞かれた。

教師は、子どもの学習態度に問題があるのは「父兄の教育に対する熱意が欠ける」ためだとして、親の学校への関心の低さをたびたび批判した(2)。だが一九二四年に行われた父兄懇話会でのやりとりをよく読むと、この時期の農家の親は学校に対して何の関心もなかったのではなく、何らかの期待をもっていたことがわかる。たとえば尋常科一年生の親の次のような意見、「親の言うことは聞かないで困るけれど先生の言うことはよく聞くからなるべく多く申付けてもらいたい」「昼頃まで学校に置いてもらいたい」「眼も耳も悪くて困る」「朝ねぼうで困る」「はじめは学校へ行くのがいやなようだったが今は喜んで行く」。また六年生の親になると、「親の言うことを聞かぬ」「成績が悪くて困るという者多し(通知簿の点が悪いという……落第しはせぬかという懸念)」「宿題を出して呉れと依頼する。親が命じただけではやらない」「憶病で困るので叱ってくれるな」「同じ級の男子にかまわれて困る」「劣等児と思うものでも親は『馬鹿では満更なさそうだ』と言っている」といった声が聞かれた。六年生の親のなかには「卒業後の相談をせし者」や「中学や女学校へ入学させたいが頼む」といった者もいた。

これらの意見は父兄懇話会という場で出されたものだということを考慮しておく必要があるだろう。教師への体面上、親には子どもに関心をもっていることが求められたからだ。だがそれを差し引いたとしても、いくつかの意見を除けば、農家の親の言葉からは学校と教師に対する期待を読み取ることができるように思われる。農家の親の意見には、学校に対してあまり関心をもたない段階から学校を子どもの預け場所と考える段階、「中付け」「言うことを聞く」といったしつけを望む段階、さらには勉強や成績、進学への願望までいくつかの段階があった。学校に対する親の関心の濃淡には学年が関係し、親の関心は子どもが低学年から高学年になるにしたがってしだいに強くなっている。またこのうちでしつけや勉強だけでなく、さらに中学校や女学校への進学まで相談したのはおそらく地主や自作農の親であり(3)、学校への農家の親の期待には階層差があったものと思われる。進学の相談をするか、あるいはしつけを頼むか、または学校に置いてほしいと頼むかでは、学校への要求が異なるが、しかしともかくかつてのように不就学が存在するような状況とは異なり、農家の生活にとって小学校のしめる位置がしだいに大きくなったことはまちがいないことであった。

以上からすれば、「父兄の教育に対する熱意が欠ける」という教師の言葉は、教師自身が自らの希望と親の関心のあいだに感じた落差を語ったものであり、それを農家の親の学校に対する無関心と解釈すると、この段階の農家の親の意向を把握しそこねることになる。農村で従来しつけといえば、それは一人前の村人となるためのものであり、子どもは農作業や村内の慣習、共同作業などを家や村(子供組、青年会など)で覚え、身につけることで一人前の大人に成長していった(4)。そのことを前提にすれば、農家の親が勉強やしつけを学校に望むようになったのは、しつけに対する考え方に変化が芽生えたのだといっていいだろう。しかもそれが地主や自作農だけでなく、それ以外の農家の親にもあらわれたのである。それはなぜなのだろうか。

ここで想定できることは二つある。一つは農家のなかにも「家庭」が入り込み、家庭教育や母の役割が強調され出したことである。この点は『家の光』の誌面や経済更生運動下の中堅婦人をめぐる議論にあらわれており、とくに一九三〇年代以降になると農村でも家庭の役割が子どもの育児や学校教育への関心と重なって議論されるようになった。この点については中堅婦人に関連させてのちに言及することにしよう。

もう一つは、農家の親の関心の背景に農家経営の変化、とくに農村青年像の変化があったと考えられることである。先述のように、第一次世界大戦後には農村社会が大きく変動するなかで、農村青年をとりまく環境が変化しはじめた。また昭和恐慌期には農業経営の改善とその担当者が問題となり(中堅人物＝中堅青年の育成(5))、家族経営の合理的改善を担う後継者の存在・育成が農家の重要な問題になった。これらの一連の変化が、農家の親に子どもや学校に対する関心を呼び起こす契機になったと考えられる。したがってここでの「成績」や「宿題」をすべて進学や学歴に結びつけて考えるのはふさわしくない。むしろ親の側から子どもと学校に望まれたのは、家族経営を担っていくのにたるだけの勉強としつけの修得であり、それを実行する場としての学校であった。

### 農民家族と子ども

この時期の農民家族と子どものかかわりを、別の史料にもとづいて検討してみよう。以下にとりあげるのは、山形県西置賜郡豊田尋常高等小学校で一九三一年頃に作成された『郷土ニ立脚シタル我ガ校ノ経営資料篇』であり、郷土教育の過程でつくられた史料である。(6) 豊田村は一九一四年の長井線の開通とともに人口の増加をみた農村であり、一九二六年から一九二九年にかけて人口は三八七〇人から四〇七九人に増えていた。一九三〇年の戸数は七三三、うち農業が四二六戸で五八%をしめ(内訳は自作農四四戸、自小作農一二八戸、小作農二三七戸、その他養鶏業・果樹栽培など一七戸)、商業七五戸、工業六六戸、自由業六五戸、交通業一二戸、その他有業六一戸などであった。

この史料が教えるのは、村の子どもは農民家族のなかで子どもとして独自の空間・時間をもつことが少なく、何よりも農家の一員として生活することが多かったことである。

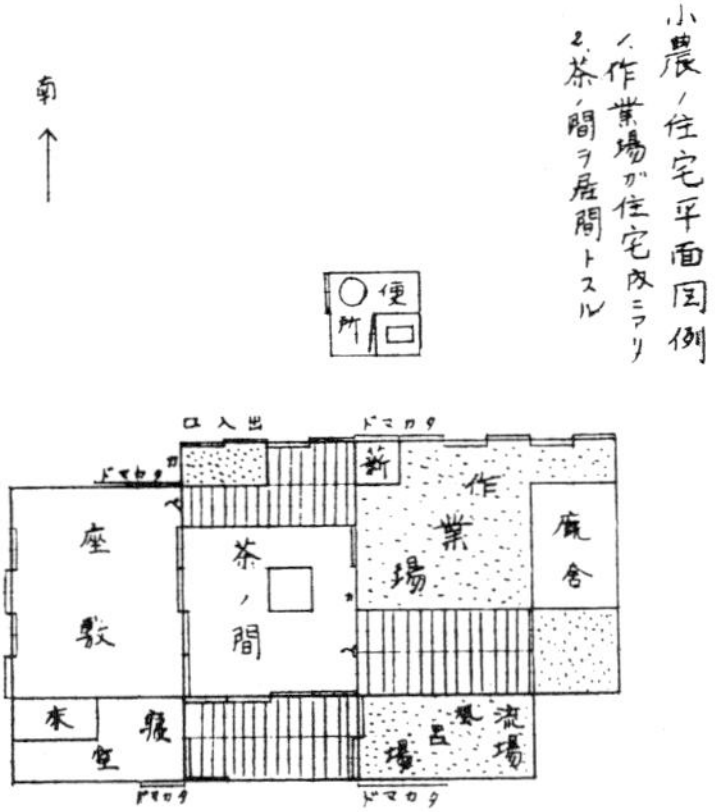


図7　小農の家

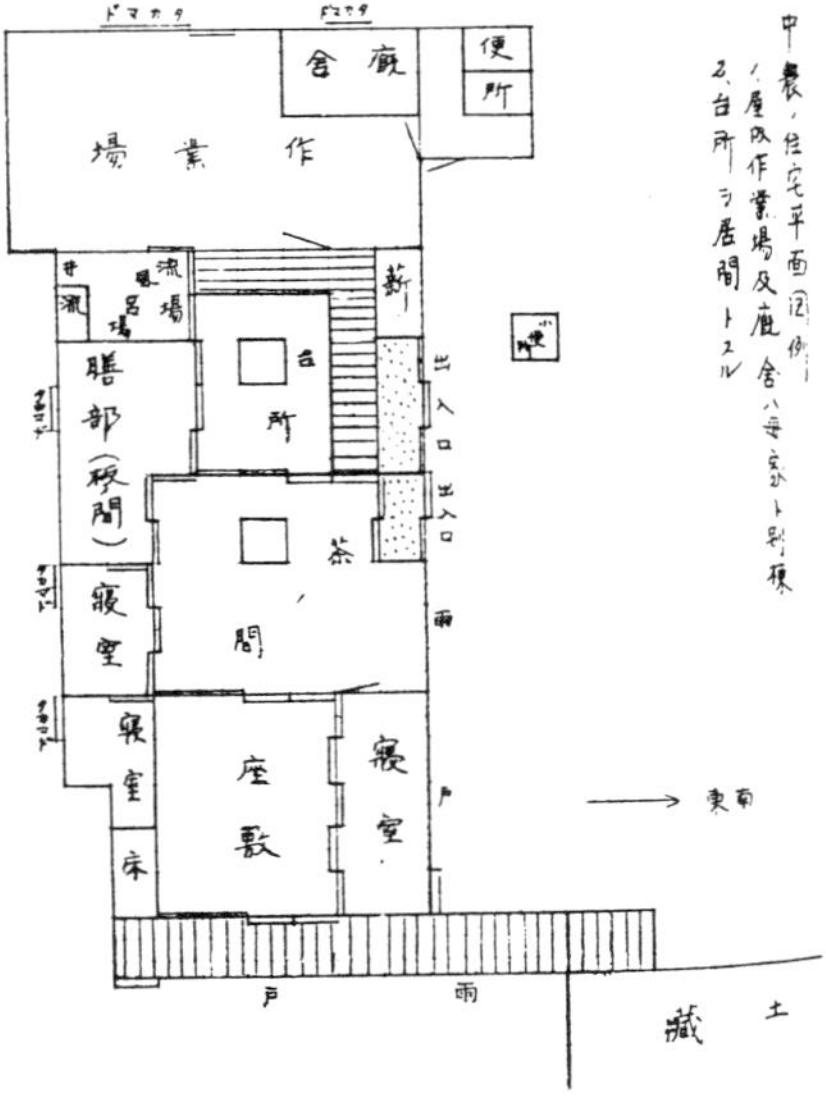


図8　中農の家

図7と図8に同村の小農と中農の住宅図を示した。小農・中農の住居に共通するのは、畳が少なくて居間にはゴザが敷かれ、廊下や押し入れがなく、台所が作業場と分離されていないことであった。また小農の住居には内部に作業場・厩舎があり、茶の間と居間を兼用していたため、作業場の塵が居間に入った。この点について史料では、「衛生本位といふよりは誤たれ（ママ）たる経済観を本位とした住屋が多」いと指摘している。ただし狭いなかでも座敷には一間とり、「家族本位といふよりは客本位」というのが小農の住居の特徴であった。これが中農の家になると作業所と厩舎は母家と別棟になり、独立した台所を居間として使うようになっている。奥座敷・茶の間のほかに寝室がいくつかあり、小農の住居とくらべれば農作業と家事の空間はある程度区別されていた。

とはいえ、よく指摘されるような「客本位」の住居構造は中農も同様であり、中農や小農の住居のなかに子どもの空間を発見することは難しい。豊田村の農家で、座敷以外に蔵座敷や中間・二の間・三の間などをもち、台所と茶の間がはっきりと区別されていて、家事や子どもの空間がある程度想定できるのは「上流の農家」であったが、「上流の農家」は豊田村でごくわずかであった。

この当時、豊田村では白米を食べる農家が一般的であり、副食物は自家栽培の野菜で、肉類や魚が食卓にのぼることはまれであった。調味料は醤油・味噌・塩・砂糖ぐらいであって、「味の素、味醂」はほとんど使われていない。食事には膳を用いる農家が多く、

「飯台」(ちゃぶ台)を使うのは俸給生活者や新しく家庭をもった農家以外の職業者で、在来の農家にはまだほとんどなかった。ちなみに豊田村で俸給生活者らしき家とは、小学校の訓導六戸、農林技手・役場吏員各三戸、巡査・医師各二戸など二〇戸であった。この史料では「村民の食につき村民に注意すべき」こととして、「栄養に関する知識の不足」をあげ、「多くの婦人は栄養に関する知識が浅薄」であり、食品成分や調理法、食品食器の衛生に気を使う家は少ないと指摘されていた。

以上のような客本位の家屋構造や膳の使用、台所と作業場の一体化、栄養知識の不足などが示すことは、農家の家計と農業経営が未分離であり、それにともなって家事を独立して担う主婦の空間も未成立だったことである。こうしたなかに子どもの独自の空間・時間が成立する余地はきわめて少なかったといえよう。

右に述べた点が農民家族と子どものかかわりの第一だとすれば、第二には農家の出生率の高さをあげることができる(出生率は人口千人に対する出生人数)。豊田村の場合、一九二六年から一九二九年までの年々の出生率は五三、三八、四四、四五であり、当時の全国的趨勢の三〇台を大きく上回っていた。これは何も農村のなかで豊田村のみが高かったわけではないが、後述の都市とくらべれば農村の子どもの人数の多さは歴然としていた。

第三に、農家の風呂場では手拭いや洗面器を共用することが多く、また日光や灯火が少なく暗い室内で作業したり本を読み、家のなかには煙が立ちこめているため、子どもを含め一家全員がトラホームにかかる場合が少なくなかった。豊田小学校でトラホームにかかった児童の比率は、一九二一年、一九二三年、一九二六年、一九二九年にかけて二一%、二五%、一五%、二〇%と推移し、一九二〇年代に入っても児童の五、六人に一人はトラホームにかかっていた。

### 労働力としての期待

農民家族の子どもの場合、農作業の手伝いや子守などに従事する時間が多かった。これが第四の特徴である。豊田村の郷土史料には、農家の子どもの手伝いや子守の状況を調べた報告が掲載されていて、農民家族経営と子どものかかわりを知り、それを教育に生かすことが郷土教育の一つの目的だったことがわかる。**表13**はこの調査から豊田村の農家の子どもの手伝いを書き出したものである。これによれば、低学年から高学年になるにしたがって子どもの手伝う範囲が拡大し、低学年ではお使いや子守、掃除、小動物の世話、庭の手入れなど家回りの手伝いが多かったものが、高学年になると家畜の世話や農作業など、しだいに農家の重要な仕事に接するようになっていた。

**表14**はこのうちで豊田村の児童と子守の関係をまとめたものであり、子守児童の状況を数値で示した貴重なものである。常に子守をしている児童は、学年を問わず男子より

**表 13** 農家での手伝い(山形県西置賜郡豊田尋常高等小学校, 1931 年頃)

| | 低 学 年 | 中 学 年 | 高 学 年 |
|---|---|---|---|
| お使い | ○ | ○ | ○ |
| 子守 | ○ | ○ | ○ |
| 動物の世話 | 兎, 養雛 | 兎 | 家禽, 家畜 |
| 掃除 | 板の間ふき | 掃除 | 家の内外掃除 |
| 炊事 | 飯たき, 鍋洗い, 水くみ | 飯たき, 鍋洗い, 水くみ | 炊事 |
| その他家事 | | | 裁縫, 洗濯 |
| 風呂 | | 水くみ, 火たき | |
| 庭 | 水まき, 草花手入れ, 草むしり, 庭はき | 水まき, 草むしり, 庭はき | |
| 農作業手伝 | しろかき, 野菜もぎ | しろかき, 野菜とり, いもほり, 稲運び, 桑こき, 草刈り | しろかき, 田水引き, 田草取り, 田畑耕し, 害虫駆除, 施肥, 収穫, 養蚕手伝い, 青物とり |
| 留守居 | | 留守居, 店番 | 留守居, 店番 |
| 副食物 | | どじょうとり, 茸とり | 茸とり |
| その他 | | 薪とり | 雪靴つくり, 雪はらい, 道踏み, 縄ない |

出典) 豊田尋常高等小学校『郷土ニ立脚シタル我ガ校ノ経営 資料篇』

**表 14** 子守児童の調査(山形県西置賜郡豊田尋常高等小学校, 1931 年頃)

(単位：人(%))

| 年齢(歳) | 男子 調査人員 | 男子 時々子守 | 男子 常に子守 | 男子 計 | 女子 調査人員 | 女子 時々子守 | 女子 常に子守 | 女子 計 |
|---|---|---|---|---|---|---|---|---|
| 7 | 69 | 23 | 11 (15.9) | 34 | 55 | 18 | 13 (23.6) | 31 |
| 8 | 67 | 31 | 5 ( 7.5) | 36 | 59 | 24 | 13 (22.0) | 37 |
| 9 | 60 | 26 | 6 (10.0) | 32 | 52 | 6 | 26 (50.0) | 32 |
| 10 | 63 | 4 | 6 ( 9.5) | 10 | 71 | 17 | 23 (32.4) | 40 |
| 11 | 49 | 1 | 20 (40.8) | 21 | 53 | 18 | 23 (43.4) | 41 |
| 12 | 54 | 22 | 5 ( 9.3) | 27 | 51 | 7 | 18 (35.3) | 25 |
| 13 | 40 | 12 | — (—) | 12 | 21 | 1 | 6 (28.6) | 7 |
| 14 | 46 | 10 | — (—) | 10 | 23 | 3 | 1 ( 4.3) | 4 |

出典) 同前

も女子の比率が高く、とくに九歳から一二歳の中高学年の女子に子守児童は多かった。

ところで、農民家族の子どもの手伝いについては、「夏の農村児童は何をしてゐる?」と題した興味深い調査がある。この調査は、栃木県宇都宮市郊外の農村に住む尋常科四年生の男女三十数名ずつに対し、一九三〇年代初頭の初夏の日曜日の過ごし方を「学習生活」「家事手伝」「遊び生活」の三つに分けて聞いたものである。(7) その主なものを**表15**にまとめた。これによれば、農村の子どもの生活のなかでは家事手伝いの比重が大きく、家事から農作業にいたるまで、農民家族の子どもはさまざまな手伝いをしていたことが確認できる。これに加えてこの調査からは、蛍取りや山遊び、野球など、当時の農村の子どもの遊びを知ることができるが、しかしこの調査

**表 15** 夏の日曜日農家での生活と手伝い（栃木県宇都宮市近郊農村，尋常科 4 年生）

（単位：人）

| | 内　訳 | 男子 | 女子 | | 内　訳 | 男子 | 女子 |
|---|---|---|---|---|---|---|---|
| 学習生活 | 裁縫 | | 7 | 遊び生活 | 軍旗祭に行く | 11 | 1 |
| | 読書，読み方 | 5 | 6 | | きのこ取り | 11 | |
| | 算術 | | 5 | | 蛍取り | 9 | 7 |
| | 雑誌読み | 3 | 2 | | 山遊び | 7 | 5 |
| | 図画 | 1 | 3 | | 野球 | 8 | |
| | 綴り方 | | 2 | | まりぶつけ | 7 | |
| | ラジオを聞く | | 2 | | かくれんぼ | 6 | |
| 家事手伝 | 子守 | 8 | 25 | | ふざけっこ | 5 | 1 |
| | 雑巾かけ | 3 | 12 | | 手鞠投げ | 5 | 1 |
| | 家の掃除 | 2 | 10 | | けんか | 5 | |
| | 動物の世話 | 5 | 1 | | 昼寝 | 4 | 1 |
| | 庭はき | 2 | 3 | | こうせんなめ | 4 | |
| | 料理手伝 | 1 | 4 | | ままごと | | 4 |
| | 農作業手伝 | 2 | 4 | | おにごっこ | | 4 |
| | 風呂 | 3 | 5 | | 活動写真 | 2 | 1 |
| | 布団 | 2 | 1 | | | | |
| | 草むしり | 2 | 2 | | | | |
| | おつかい | 2 | 3 | | | | |
| | 洗濯 | | 2 | | | | |
| | 留守番 | 1 | 1 | | | | |

出典）磯野親男「夏の農村児童は何をしてゐる？」（『郷土教育』34 号，1933 年 8 月）

注）1933 年 6 月 25 日，7 月 9 日の 2 日間にわたり，男子 32 人，女子 33 人について調査したものを合計した．両日ともに晴れ．ただし，6 月 25 日の男子の学習生活と 7 月 9 日の女子の遊び生活については記述がないので人数に含まれていない

全体を通して浮かび上がってくることは、農村の子どもの生活を学習・家事・遊びに区切ること自体に無理があったことである。現在の遊び観からすれば遊びといわないようなものまで遊びにくくられていたことである。たとえば表には示していないが、遊びのなかには昼寝や、おじさんの寝坊を起こす、木刀を振るう、座敷で線香をあげるなどが含まれており、他方で裁縫や野菜調べ、ラジオを聞く、父母の話を聞く、漫画新聞を読むが学習生活に含まれるなど、三者の境界は明瞭でなかった。この分類はむしろ都市的な子ども観にもとづくものであり、学習・家事・遊びという分類自体、村の子どもの生活を便宜的に分けたにすぎないといったほうがよさそうである。(8)

### 村の女の子

さて、いまの宇都宮市近郊農村の調査も含めて先の豊田村に戻れば、村の子どもは「子ども」として独自にくくられる空間・時間が少なく、あくまでも農家の一員(小さな大人)として生活する割合が大きかったということができよう。ただし、農家の一員といっても自給生活の比重は低下しており、(9)商品経済に深くかかわった農民家族とそこでの子どもの役割というのが、一九二〇・三〇年代の村の子どもの実像であった。

豊田村では鉄道の開通によって人口が増加し、俸給生活者に近い家族も住むようになったために、村の子どものほかに「都会風の子ども」も登場することになった。都会風の子どもとは、ちゃぶ台で食事をし、家にはミシン・ラジオ・蓄音機などがあって子ども服を着た子どものことである[10]。明らかに村の子どもの様子とは異なっていたが、豊田村の都会風の子どもはまだごくわずかであった。

豊田村の郷土史料でむしろ気になるのは、農村での男女の育てられ方のちがいについてである。この点で興味深いのは、郷土史料に「少女の遊方及唄」が記録され、遊唄四つ、お手玉唄三つ、縄跳唄一つの都合八つの唄が紹介されていることである。このなかでお手玉唄は女子固有の遊びと思われるが、「かごめ〳〵籠の中の鳥は何時何時出はる」の遊唄や「小豆がい〴〵にがひ〴〵煮えたかどうだか食べてやろ」の遊唄は何も女子特有の遊び唄だとは思われない。しかし豊田村でそれが「少女の遊方及唄」として特記されているのは、女子と男子では育てられ方に相違があり、そのなかでこれらの遊唄が女子に特有のものになったからではないかと思われる。ではこれらの歌を女子に結びつけたものは何か。それは子守ではないかと考えられる。先述のように、小学校の中高学年になると女子には子守が待っていた。右の遊唄は単なる遊びのときだけでなく、子守の時に歌われたのではないだろうか。こうした推定をあえて述べたのは、豊田村の郷土史料では女子の遊びのみが子どもの遊びとしてとりあげられているからである。女子の子守は特有の遊びや唄と結びつき、特有の世界をつくっていたのではないだろうか[11]。

青年期になると豊田村の女子には一九二〇年に創設された女子会があり、女子の補習教育もおこなわれていて裁縫や手芸がとりくまれていたが、残念ながら詳細はわからない。この点に関してはむしろ娯楽に関する記述が参考になろう。郷土史料によれば、豊田村には碁盤が四五、将棋盤が七一、蓄音機三三、ラジオ一二、バイオリン一七、マンドリン五などの娯楽器具があった。豊田村の「家庭娯楽具」は「農村として決して少なくない」が、これらの娯楽器具の所持には生活水準や家庭環境、さらには性差によって格差があったことに留意したい。たとえば「一家の和合娯楽物として夕食後休日等に楽しむ」蓄音機は「智識階級並に有産階級に多く」、バイオリンやマンドリンは「特殊の趣味をもってゐる家庭に多」かった。それに加えて娯楽具の多くは男子のものであり、「子女の娯楽具の少ないを遺憾とします」というのが郷土史料のいうところであった。以上のようななかで娘の年代を送った豊田村の女子は、その間に裁縫を身につけ、あるいは出稼ぎに出て、帰村後に結婚した(12)。これが当時の豊田村の農家の娘の一般的なライフコースであった。

こうしたライフコースは何も近代以降につくられたものではあるまい。だが近代に入ると、男女別のライフコースはより徹底する傾向を示したものと思われる。それを地域で担ったのが小学校であった。小学校の学級は中学年になると男女別に編成され、女子には科目として裁縫が用意されていた。またありうべき女性像として「孝子節婦」が説かれた。

## 「孝子節婦」＝求められる女性像

「孝子節婦」とは、郷土史料のなかで男子の「功労者」と並んで称賛された豊田村の女性たちであり、彼女たちが生きた時代は近世から一九二〇年代半ばにまでおよぶ。紹介された「孝子節婦」は一四名あり、その多くは山形県や豊田村から表彰を受けていた。残念ながら階層は不明だが、たとえば一九二五年五月一〇日に豊田村から表彰された菅ちをの場合は、「入嫁以来克く姑に仕へ」たものの、夫が「不起の重症」になってからは「日夜看護」につとめて「子女の教養」にも努力し、夫の死後二度も類焼にあったが家の復興に専心したというものであった。「孝子節婦」に共通するのは、このように結婚後は舅姑につかえ、夫の看病と子どもの教育に努めて家業に励むというものであり、いわゆる家につかえる内容がここに示されていた。ここで注意すべきは、菅ちをのように一九二〇年代に表彰された三人の女性の事蹟には必ず「子女の教養」や「子女の教育」が含まれていたことである。姑舅や夫につかえ、さらに「子女の教育」につとめること、これが一九二〇年代半ばの豊田村で求められた女性像にほかならなかった。

こうした「孝子節婦」が学校を通してどの程度女子の意識に浸透したのかは定かでない。だが「孝子節婦」のイメージと先の農家の住居空間を重ね合わせれば、農家に嫁いだ女性を待ち受けていたのは、生産本位・客本位の生活の構造、住居の仕組みのもとで、必要な労働に従事しながら家事を担い、姑舅と夫につかえて、さらには子どもの教育にも関心を払うことであり、それが決して容易でなかったことは想像に難くない。

## 2　村の子どもの自己認識

### 都会の記者が見た村の子ども

学校が求めた児童像や農家の親の子ども観に対して、子ども自身は学校や教育をどのように認識していたのだろうか。この点を検証することはとても難しいが、次に紹介する雑誌記事には、村の子どもの学校観についてのあるリアリティが含まれている。

『郷土教育』(二七号、一九三三年)に「農村児童研究号」という特集があり、そのなかに特派記者名の農村レポート「村の学校と子供」が掲載されている。北関東の二つの村の小学校を訪ねて作成されたレポートのなかで、記者は農村生活と学校を対比し、農村の自然や日常生活は「余りに単調であり、無刺激」なのに対して、学校は「絶大な刺激」を与える場所であり、それゆえ子どもは「学校が好き」だと指摘した。ここで「学校が好き」というのは「勉強が好きだといふ事ではない」。そうではなく、「家へ帰って見たところで面白い事」のない日常生活のなかで、学校では「みんなと一緒に遊べる」「お友達と話が出来る」「先生と遊べる」から好きだと子どもはいうのである。

ここに紹介したレポートをそのまま鵜呑みにすることはできないだろう。記者は村の子どもに関心をもっていたものの、あくまでも都市の人間であり、「乗合自動車」[13]でやってきて外からみた農村観には、比較対照する視点が強調されすぎるきらいがある。単調で刺激がなく、手伝いにあけくれる農村・農家に対し、複雑で刺激があり、友だちと遊べる学校という対比はあまりにも単純な図式である。だがそのことを了解したうえであらためて記者の言葉をたどってみると、そこには子ども自身の学校観を考察するうえでのヒントが含まれているように思われる。

## 村の子どもへの「絶大な刺激」

記者の指摘で大事な点は、子どもは教師の期待や親の意向のみで学校に通ったのではなく、子どもの側にも学校に通う理由があったということである。学校は子ども自身にとってすでにある重要な位置を確実にしめていた。その理由は学校が「絶大な刺激」をもっていたからである。学校はオルガンや地球儀、実験用具など、家や村にはない器具や楽器がある場であり、農村の日常生活と異なる人間関係や社会生活、時間を共有できる数少ない場であった。そのことが遊びにも「絶大な刺激」を与えたのである。

学校が「絶大な刺激」をもっていたのは、何も日常と異なる場所で遊べたからだけではないだろう。学校で教えられる知識や教養、文化もまた「絶大な刺激」と結びつくことがあったのであり、学校のもつ「絶大な刺激」は、子どもに教育熱・都会熱、文字への関心をつくりだす母胎にもなった。その意味で学校は日常世界にいた子どもを社会へ送り出す役割を負っていたといっていいだろう。(14)

ただし、当時の村の子どもを右のように単一化してしまうことは、子どもの世界の過度の単純化になる。子どもの世界には明瞭な階層差があり、子どもの学校観にもそれが微妙に影響していた。先の特派記者は、子どもの世界の階層差を象徴するものとして自転車をとりあげている。記者のレポートには、「少し計り身形の良い」子どもが学校帰りに自転車に乗り、「小作人の子供達」のいる道を駆け抜けるシーンが描かれている。道をあけた小作人の子どもたちは言い合わせたようにしばらく立ちつくし、ぼんやりと自転車を見送った。「『自転車を持ってゐる子』――これがドロンコの下駄をつっかけた小作人の子供達に取って最も羨望に堪へない対象」であり、「子供達相互に強い社会的距離の意識をかき起すものは、多分、自転車の有無」だと記者は指摘した。(15)階層差にもかかわらず学校から「絶大な刺激」を受けた子どもたち、しかし階層によって学校生活、社会への進路に明らかな差があった子どもの世界。

子どもの学校観についてはもう一つ、たしかに学校は子どもに対して「絶大な刺激」を与えたが、しかし子どもの生活のなかで学校がしめた比重には限界があり、学校以外の空間と時間(農家の労働と生活)が大きかったことに注意する必要があることである。特派記者によれば、村の子どもは学校が好きだと言う一方で、その「殆ど全部が百姓を好きだ」と答えていたという。この答えに対して記者は懐疑的であり、「百姓といふ仕事しか」目にふれないから好きなのではないかと述べている。この点はたしかに記者のような疑問も成り立つだろう。だが「百姓を好きだ」という答えは、子どもたちが農家の労働と生活にいかに強くくるまれていたのかを示唆しており、そこからは学校以外の領域の大きさを知ることができよう。

## 3　都市近郊農村にあらわれた変化

### 『東京市域内農家の生活様式』にみる親の子ども観

一般の農村とくらべた場合、都市近郊の農村では子どもの進路をめぐって大きな変化があらわれていた。帝国農会『東京市域内農家の生活様式』は、一九三四年九月から翌年一月にかけて東京市の農家の生活様式を調査して一九三五年に刊行されたものであり、そこには大都市近郊の農家が都市化の影響を受けて変化していくさまが詳しく描かれている。とくに、農家の子どもの農業離れが想像以上に進んでいる様子に驚かされる。たとえば杉並区農会区についての次のような風景描写。「両親が野良仕事にせっせと働いてゐるのに、若い息子や娘達が、農業には何の関心も持たぬといふ風に、家に籠もってゐるのは、普通の農村ではさう見られる光景ではない[16]」。

この背景として、たとえば杉並の農家には、農業を長く続けることはできないという見通しがすでにあった。「最近此の辺りの農業も、そう長い事ではないと一般に考へられるに至ってからは、子弟の教育が非常に重要視される様になった[17]」。それゆえ杉並でも子どもを実業学校に入れて手に職をつけさせたりする農家があらわれてきたという。ただし、それはまだあくまでも一部であり、都市近郊農村の一般の農家の子どもが中等学校に通えるようになったわけではなかった。児童の八五％が農家出身という杉並の高井戸小学校について指摘されていることは、「農家では子供の学業を見てやること少く」、また給食を必要とする子どもや他家に手伝いに出る子ども、子守りの子どもがいたため、旧市内の子どもとくらべると成績が悪く、勉強に不熱心だということであった[18]。この指摘には、先の北関東農村のレポートにみられたのと同様に、都市(旧市内)と農村(新市内)を必要以上に対比する見方が含まれているが、農家のなかで「子弟の教育が非常に重要視される様になった」としても、一方ではそれを実現できない経済的困難をかかえた農家が少なくなかったことも事実であった。

以上のような子どもの進路に関する親の意向と実際を、この本にまとめられた個別農家四八戸からの聞き取り調査によって確認してみよう。それによれば、将来子どもに農業を継がせたいと思っている農家は一一戸あったが、そのうち五戸は長男についてだけであり、しかも長男は農学校に通わせたいという意向をもっている親が多かった。これに対し、他の家では農業の将来に見込みが立たず、子どもは他業につかせるか、義務教育より上の学校に通わせたいと考えていた。しかし中学進学の見込みがあるのは三戸にすぎず、希望をもっていても実際には実現できずに他業につかせる場合が多かった。ここでいう他業とは漬物屋やお菓子屋、職工、勤人などであった。以上の聞き取り調査も合わせて考えれば、駒沢農会区についていわれている次の言葉が、当時の都市近郊農家の親の教育観と実際をほぼ集約しているといえるだろう。

子女に対する教育方針は家計の許す限り中等学校位は卒業させ度いといふ希望はあるが、不況の今日では比較的富裕な自作、地主階級の子弟でなければ仲々困難であるから、高等小学、補習学校等へ通はして尋常のみの者は余り無い様である(19)

## 都市近郊農村の農民家族の役割分担

ところで、帝国農会史料の板橋区農会の個所には、農民の動静が世代・性別にまとめられており、都市近郊農村の農民家族の動向を知ることができる(20)。それによれば、父は、複雑な農業経営や漬物の製造・販売、雇人の監督、家計の組立てで一年中いつでも忙しいという。市街地との接触がもっとも多いのも父であり、それゆえ家庭のなかでも話題の中心であった。これに対し、母はほとんど市街地と接触がなく、農業と家事に忙しくて家のことだけしか知らないのが普通であった。新しいことは食事のときにもっぱら夫から聞き、またときおり訪れる行商人が都会の動きを伝える大事な情報源であった。母が忙しいために、子どもは祖母に子守されるか、放任されて遊んでいた。小学校に通学するようになっても家に机のない児童が半分ほどいて、在学中は家事を手伝い、卒業後に農業を手伝った。この地域の祖父で隠居する人は少なく、死ぬまで戸主をつとめて家計を掌握している人が多かった。祖母も子守や家事に立ち働き、子どもを連れて雑木林に薪や落葉をとりにでかける情景がよくみられた。

こうした状況のもとで、もっとも悩みをかかえていたのは農村青年であり、「青年は一番悩みの多い、自己の将来に対して不安の多い生活をしてゐる」と指摘されていた。[21] 農作業は年中繁忙をきわめ、農業をやめて市街地に出ていく友人もいたが、いざ自分に置きかえてみると家を出ることには父との衝突を含めて大きな決意を必要とすることであった。農家の経営は自分が子どものときに親から聞いていたほど好調でなく、農業を継ごうとする青年にとっても今後どのように経営すればよいのか不安がつきまとった。また新しい経営をめざそうと思えば老人とのあいだに意見の相違もあった。こうした悩みがとくに深かったのは自小作の長男であったという。[22]

農村青年の進路にとってもう一つ悩みの種があった。それは結婚問題であった。板橋近辺では農家の女性がすでに農家に嫁ぐことを嫌い、農家の青年が結婚しようとすれば遠方の農村から相手を探さなくてはならないというのが現状であった。実際にこの本を読んで驚かされることの一つは、東京市内のどの地域の農家についても結婚難がすでに深刻なものとして報告されていることであった。

たとえば大森農会区では、往時は「付近農村の間に、農家相互間に結婚」していたが、最近では農家の娘の側から農家に「嫁入することを厭ふ」傾向があらわれてきたという。(23) 教育の普及向上や宅地化による収入増によって、規模の大きな農家では女学校に通う娘が増え、それにつれて農村不況や土地減少の影響を受けた農家を嫌う気持ちが強められ、商人や会社員との結婚が希望されるようになった。また女学校に進学できなかった場合でも、「勤人家庭」の見習奉公や「ショップガール」「工場勤め」として働くことが多く、その後、農家に嫁ぐことは少なかった。東京近郊農家の女子は総じて結婚先に旧市内を望み、三多摩・神奈川などの女子は近郊農村を望む傾向だといわれた。(24)

こうした傾向は農家の親にも反映し、現在農業をしている親のなかにも「宅地地主化した農家」はいいが普通の農家には娘を嫁入りさせないという者もいた(大森区)。また、「一寸した農家」では娘を専修学校や補習学校に通わせて、「勤人の妻」として恥ずかしくない教養をあたえようとした(杉並区)。なかには苦労のみ多くて収入の少ない農家を嫌う娘の意向をくみ、親が娘に農業を手伝わせず、裁縫ばかりさせている農家もあった[25]。

ところで結婚観の変化は東京に限ったことではなかった。たとえば愛知・三重では、結婚観の変化が下層農家の女子にまでおよび、農家に嫁ぐことを好まず、女中や女工として都市にはたらきにでる農家の女子がふえたことが指摘されていた。そこでは「農村で一生を送らうと云ふ気風が段々と薄らぎ、若い女性の数は非常に減」ったといわれ、「百姓男に嫁に行くなら絶対に百姓はさせぬと云ふ」条件が「今や一般の気風」とさえいわれていた[26]。

こうした傾向がみられたのはおそらく都市近郊であり、当時の農村一般にひろがっていたとは思えない。その点は確認しておく必要があるが、ここではもう一点史料を加えておきたい。

先にとりあげた北関東農村のレポート「村の学校と子供」では、「長男達の結婚難」という事態が指摘されていた。そのレポートによれば、この村には一九〇九年から一九一八年の一〇年間に小学校の「優秀卒業生」が一〇〇名いた。そのうち村にとどまった者は四四名(男子三七名、女子七名)、都会に出た者四七名(男子二五名、女子二二名)、他村に出た者九名(男子三名、女子六名)であり、都会に出た女子の多さが目についた。記者によれば、都会に出た娘が多かったのは、都会に働きに出た農家の二、三男が結婚相手を求めて帰郷し、それに「優秀」な娘が応じたからだという。「優秀」な娘とは、「婦人雑誌の口絵にある若奥様のエプロン姿にあこがれるだけの文化的能力の所有者」であり、「泥の手を井戸で洗って水道の水で化粧したい」人たちであって、こうした「才色兼備」の娘は長男からも求められたが、都会にいる二、三男を選んで離村する傾向が強く、その結果「長男達の結婚難」や「残された娘達の恋愛難」が起きたという。[27]

記者のレポートでは「優秀卒業生」の基準が不明であり、どの程度信頼できるのか疑問も残る。したがってここでいう「長男達の結婚難」を当時の農村一般にひろげて考えることはもちろん控えておかねばなるまい。とはいえ、都市近郊農村の変化も含めて指摘できることは、この一九二〇・三〇年代が、それまでの常識的な農村の男女のライフコースに変化が生じた時期であり、その変化は子どもの学校観から親の教育観、一〇代の進路、結婚にまでおよんでいたことであった。[28]

## 4　描かれた村の子ども像

### 生活綴方教育が発見した村の子ども

戦間期はまた、「村の子ども」がさまざまなところで発見され、語られた時期であった。「村の子ども」にかかわる言説はこの時期になると格段と多くなる。ここでは、生活綴方教育と郷土教育、家庭教育の三つをとりあげ、村の子どもの描かれ方を検討してみよう。

沢山美果子は、一九二〇・三〇年代を代表する子ども観として童心主義的子ども観と生活綴方の子ども観をとりあげ、両者を比較対照して考察している。[29]沢山によれば、「綴方」が焦点となった背景には戦前教育への批判があり、国定教科書によって教育内容を統制されているもとで自由な教育を実践しようと思えば、国定教科書のない領域＝国語科綴方での作文教育に向かうしかなかった。綴方教育はそこから子どもに「ありのまま」を綴らせようとした。そこで生活綴方の教師が発見したものは、当時の農山村の貧困であり、そのもとで労働や大人の世界に深くかかわった農家の子どもの姿であった。

しかし、そこで綴られたのは単に貧困にあえいでいる子どもの姿ではなく、貧困のなかでも旺盛な生活意欲・生活力をもっている子どもの姿であった。綴方教育はこのように農山村の子どもの「生活」を発見することで、文字通り自己を生活綴方教育として位置づけた。綴方教育は都会の子どもにはみられない生活力をもった農山村の子どもを「野生子ども」「原始子ども」と表現した。生活綴方教育は農山村の子どもの生活意欲の芽をつんでいる現行教育への批判を含むものであり、これ以降、「生活指導」という領域を小学校教育のなかに確立させようとした。

## 郷土教育が描いた村の子ども

一九二〇年代末から一九三〇年代前半にとりくまれた郷土教育には、大別して文部省が進めたものと尾高豊作によって創立された郷土教育連盟によるものとがあった。この二つの流れに共通するのは「地方」「郷土」への着目であり、この源流はさらに日露戦争後にさかのぼる。すなわち、文部省の郷土教育の前史には日露戦争後の地方改良運動があり、郷土教育連盟の前提には一九一〇年に創立された郷土会があった。郷土会は柳田国男を中心にして新渡戸稲造、小田内通敏、牧口常三郎らを会員に擁し、農村の見学から調査までとりくんだ研究組織であった。地理学者としてこの郷土会に参加した小田内通敏は、文部省の嘱託を長くつとめた人物であったが、郷土教育については文部省と一線を画した考えをもち、尾高豊作に誘われて郷土教育連盟に加わった(30)。郷土教育連盟は、国家による「教育の画一性」「学問の抽象性」を批判し、「郷土」「地方精神」に立脚した教育をめざした。

これに対して文部省の主導した郷土教育は、「郷土」に立脚する点では郷土教育連盟と同じ視点に立ちながら、最終的には国家にとって有為の人物をつくりだす普通教育を補完する位置づけを郷土教育に与えようとした。いわば国家の側から郷土をとり込もうとしたところにその目的があった。とくにこの郷土教育は昭和恐慌期に展開したために農本主義的な色彩を帯びることが多く、経済更生運動の過程では精神更生の一環にすえられて、日本精神や敬神崇祖が強調されることがしばしばあった。その意味でとくに農村での郷土教育には、政府の農村統合政策を補完する役割が与えられていたといっていいだろう。

ただし郷土教育は実際には国家―地方、都市―農村という構図のなかで実施されたために、農本主義的主張と一体になりながらも、地方や農村に立脚して都市や現行の教育を批判する内容を含むことがあった。先の豊田村の史料では、小学校教育を受けた農民のなかから郷土を去って都市に向かう傾向があることを批判し、その原因は現行の教育が生活・労働から遊離しているためであって、郷土教育はそれに代わって生活・労働に立脚し、「相互扶助、共存共栄」にもとづいた「真の郷土」を教えるものでなくてはならないと強調されていた。豊田村の郷土教育史料のなかに村の子どもの手伝いや子守など、子どもの日常をとらえる視点があったのは、右のような観点ゆえのことであり、郷土教育は「郷土」に立脚することではじめて村の子どもを発見できたのだと思われる。

だが、「野生子ども」や子守をする子どもは、あくまでも生活綴方や郷土教育の側からみた村の子どもにほかならなかった。ここで描かれた村の子どもと先述の学校から「絶大な刺激」を受けた村の子どもをくらべたとき、そのちがいは歴然としている。その意味ではここで描かれた村の子どもも、それはあくまで生活綴方や郷土教育の側から理念化された姿だったことに注意しておく必要があるだろう。

## 農村に入りこんだ家庭教育

生活綴方教育や郷土教育とは別の角度から農村に入りこんできた教育観があった。それが家庭教育であった。家庭教育は婦人会による生活改善運動や農村経済更生運動における主婦の役割の強調を通じて農村に持ちこまれたものであり、一九三〇年代前半ごろが一つの画期であった。

家庭教育はまず何よりも農家のなかに「家庭」という領域を設定することから始まった。衣食住や消費生活の維持と合理化、衛生管理、子どもの健康保護などを担う場が家庭であり、その担い手が母＝主婦であるということがたびたび説かれるようになった。こうした家庭領域の設定を前提にして家庭教育が説かれた。ここでは山形県東田川郡の婦人会の指導に関して指摘された点を紹介してみよう(31)。

東田川郡の婦人会の指導について強調されているのは、家庭生活の組織化とともに家庭教育を振興することであった。家庭教育とは「子供の日常生活をよくすること」であり、そのために母の役割が最大限強調された。「家庭の平和は児童の環境をよくする第一義」であり、「母たる人は家庭平和の中心」「父よりも母の教育が適任」というわけである。母としての自覚をもつために作成されたのが「母の心得」全一〇カ条である。その心得をいくつか紹介すれば、「母の涙による訓育は他の何ものにも代へ難い強い力を持つ」「母はなるべく家庭を不在にしてはならない」「十才以上になると自尊心が強くなるのでこれを傷つけぬ様注意」する必要があるなどである。心得のなかでも強調されたのが「子供の躾方」に注意することであり、わけても「子供を叱るときの注意」であった。いわく、叱るのは精神を改善するためであって「謝罪」自体が目的ではない、「子供の人格を尊重」せよ、「愛」と「公平」が大事であり、「権勢」で「強制」してはいけない、などなど。「子どもの躾方」にとって大事なことは年齢に応じることであり、子どもの年齢を「模倣期」「質問期」「反抗期」の三つに区分し、それぞれの年齢に応じた「躾方」を示している。

さて、ここでみた家庭教育の内容は、後述する都市の新中間層の家庭観・教育観と同一であり、一九二〇年代に都市新中間層にひろがった家庭観が農村に流入してきたのであった。そのことは、農業経営と家計が未分離であり、家庭という領域が未確立だった農家のあり方・見方を揺さぶるものとなった。もちろんここでいわれた家庭教育は農家にすぐさま浸透したわけではなかった。東田川郡で紹介されている「純農村」の婦人会活動例をみると(東栄村実行組合婦人部)、家庭教育は一言もふれられておらず、食生活・台所・裁縫の指導と改善、衛生管理などの家庭生活の改善と農業改良が活動の中心であった。[32]むしろこれが当時の婦人会の先端的活動の実際であったと思われる。

このように家庭教育は一九三〇年代前半までの農村ではまだ浸透していなかったが、しかし家庭教育が農村でもいわれるようになったことの意味は小さくなかった。長い間、一人前になるためのしつけが家と村でおこなわれていた農村で、勉強としつけを小学校に望む農家の親があらわれ、さらにその農家に家庭教育の必要性がいわれ出した。それは、いわば家庭なるものを農家にも創出し、家から家庭にしつけの主体を移行させることであり、その家庭が教育を担う場として位置づけられ、しつけが教育としてとらえ直されることであった。ただし、家庭教育の理念や母の役割がこの段階で農村に浸透する条件はまだ整っていなかった。こうした理念は、その後長い時間をかけて農村のなかに浸透していくことになったのである。

## さまざまな村の子ども像

一九二〇年代から三〇年代にかけての時代は、村の子どもの存在をめぐってさまざまな見方が登場した時期であった。学校の子ども像＝児童はこの時期に農村に浸透したが、村の子どもの現実とのあいだにはズレがあった。農家の親に対する教師の失望感が、何よりも教師の期待する子ども像との落差をよく示している。むしろ村の子どもは、この時期、生活綴方教育と郷土教育によって注目された。だが、そこでとらえられた村の子どもと子ども自身の学校教育観とのあいだにもズレがあり、男女の育てられ方にも相違があった。村の子どもの存在はまた次章で検討する都市新中間層の子どもとのあいだでさらにズレが際だっていた。

児童と村の子ども、親と子ども、男女、農村と都市のあいだであらわれた村の子ども像をめぐるズレは、何よりもこの時期に農村社会が大きく変動し、それまでのような農民のライフコースが揺さぶられ出したことの表現にほかならなかった。そこにさまざまな村の子ども像が登場する所以があったわけである。

ところでここでのズレは、村の子ども像が単にバラバラだったことを意味しているわけではない。少なくともこのズレは次の三つの方向から埋め合わされようとした。一つは、農村でいわれはじめた家庭教育の方向からであり、この家庭教育は都市新中間層の家庭観が流入したものであって、農家の親にも子どものしつけや母の役割の必要性が強調されるようになった。それはいわば、都市新中間層における母と子どもの関係の投影であり、都市の子ども像に照準を合わせるかたちでズレを埋め合わせようとしたものであった。

これに対し、生活綴方教育と郷土教育の子ども像は、村の「生活」や「郷土」に立脚することで、学校で設定された児童や都市の子どもとは異なる子ども像を打ち立てようとしたものであった。この方向は、いわば村の子どもの再発見であり、村の子どもの再認識にほかならなかった。この方向の先には、あくまでも「郷土」にこだわることによって国家の求める子ども像への批判と向かうのか、しかし「郷土」を国家の基礎にすえることによって村の子どもを国家の子どもへとリンクするのかの岐路があった。

最後は、農民家族の生活と労働に深くくるまれながらも、学校に「絶大な刺激」を感じる子ども自身の学校観である。この自己認識は、右の二つとも微妙にズレており、都会熱へと向かうのか、教育熱を強めるのか、さらには農業を再認識するのか、その方向性は流動的であった。だが、この時期に都市へと移動し、あるいは農村文化の自主的改造の担い手となった農村青年の動向を思い浮かべるとき、子ども自身の教育経験が重要な契機になっていたことはまちがいない。これら三つの方向性は、戦時期になると「少国民」という形に束ねられた。だがその分析に入る前に、農村の子ども観にも影響を与えた都市新中間層の子ども観を考察しておかねばならない。

# 第4章　都市の子ども像の輪郭——一九二〇〜一九三〇年代

一九二〇年代から三〇年代にかけて、都市の子どもはどのような教育経験を積んでいたのだろうか。本章ではこの点を、新中間層の多く住んでいた地域をとりあげて検討する。都市の子どもといっても、新中間層の多く住む地域と下町や工場街とでは、子どもの生活や経験が異なるはずである。ここではその対比を十分に行う用意がないが、本章の最後に他地域をとりあげて若干の比較対照を試みる。以上を通じて、第3章の農村の子どもと本章の都市の子どもの教育経験にどのような異同があるのかを考えてみたい。

## 1　都市新中間層の子ども——東京府中野町

### 東京中野町の風景

「いって参ります」元気のよい声を残して、私は家を後にした。ビュービューと吹きつける寒い風に、思はずも外とうの衿を立てる。夕暮の町は淋しい。(中略)会

> 社員風の人びと二三がいそがしさうに、大またで歩る《(ママ)》いて行く。寒さうではあるが、其の中に何となくうれしげな色が見える。きっと昼の勤めが《(ママ)》をへて、楽しい家庭へかへるのであらう。(中略)どこかの女中さんらしい人が、白いエプロンで、霜やけのできた赤い手を、いたさうに、ふきながら通る。今までの淋しさと変って、こゝは大へんにぎやかで急《(ママ)》がしさうだ。
>
> 「下さいな、あの、ネーブルとおみかんを入れて下さい」明るく電燈のついた店へ入った。

これは一九三〇年に、現在の東京都中野区中野駅付近の小学校に通う五年生の少女が書いた「夕暮のお使い」と題する綴方である(恩地俊子『ももぞの』一三号、一九三〇年、以下『ももぞの』の出典については、「13号、30年」と略記する)。

中野駅の周辺は関東大震災を境に会社員や役人、教員などが生活する新興住宅地へと変貌した。なかでも少女の通う桃園第二尋常小学校のある地域はその傾向がもっとも強かった。桃園第二尋常小学校の子どもの作文には、白いエプロンの女中さん、会社員風の人が姿をみせ、楽しい家庭やネーブルが登場した。これらはみな震災後の生活を彩る新しい風景であった。

桃園第二尋常小学校は人口増加によって一九二一年に新設された小学校であり、現在でも桃園第二小学校として続いている(以下、桃園二小と略す)。創立から五年後の一九二六年六月、桃園二小では『ももぞの――学校と家庭』という後援会誌が発刊された。サブタイトルが示すように、『ももぞの』の目的は後援会(家庭)と学校の関係を緊密にすることにあり、季刊の機関誌には後援会員(保護者)や教員の文章、学校の概況、児童の綴方などが掲載されていた。家庭と学校のかかわりのなかで子どものあり方を考えるという本書の視点からすれば、『ももぞの』は格好の史料であり、以下この『ももぞの』を活用して都市での子どものあり方を考察してみたい。[1]

ところで都市の子どもといっても下町や工場街など地域によって一様でない。表16は

表16　桃園第二尋常小学校生徒保護者の職業(東京府豊多摩郡中野町)

| 職　業 | 人数(人) | 比率(%) |
|---|---|---|
| 会社員 | 347 | 22.8 |
| 商業 | 299 | 19.6 |
| 雇員・事務・職人 | 195 | 12.8 |
| 官公吏 | 103 | 6.8 |
| 教育家 | 60 | 3.9 |
| 軍人 | 39 | 2.6 |
| 医師 | 36 | 2.4 |
| 労働 | 31 | 2.0 |
| 宗教家 | 10 | 0.7 |
| 農業 | 10 | 0.7 |
| 雑 | 139 | 9.1 |
| 無業 | 231 | 15.2 |
| 不明 | 6 | 0.4 |
| 計 | 1,523 | 100.0 |

出典）桃園第二尋常小学校後援会『ももぞの』17号，1931年
注 1）1931年5月1日現在
2）計の人数と内訳の人数の合計は一致しないが，原史料のままにした

桃園二小の保護者の職業を示したものである。これによれば、桃園二小の保護者には、会社員や官公吏、教育家、医師といった職業が目につく。これらはいずれも新中間層に包摂することのできる人びとであり、比率を集計すると三五・九％に達していた。雇員・事務・職人や宗教家のなかにも同様の階層に属した人びとが含まれていただろうから、実際の新中間層の比率はもっと高かったにちがいない(2)。

新中間層の比率の高さは、卒業生の進路によく反映していた。表17によれば、桃園二小の卒業生は男女ともに似かよった動向を示し、一九二〇年代を通して男子では中学校進学の増加と高等小学校進学・実務見習の減少が対照的に進行した。女子の場合、高等小学校進学者は二〇～二五％程度で変化しなかったが、男子の傾向と同様に女学校への進学が増加し、実務見習が減少した。以上の結果、一九三〇年の男子はほぼ半分が中学校に進学し、これに実業学校を加えれば三分の二の男子が中等学校に通ったことになる。その他は高等小学校が二割弱、実務見習が一割程度であった。女子の場合も一九三〇年には女学校進学が約五割、実業学校を加えると六割程度となり、その他は高等小学校が約四分の一、実務見習が一割であった。新中間層の家庭や中等学校への進学とは、第一次世界大戦後の都市で「教育家族」といわれた人びとに特徴的な内容であり、桃園二小はこの時期の都市の先端的な例を示しているといっていいだろう(3)。開校五年目に「学校と家庭」と銘うった後援会誌が発行されたのも、この階層の家族と深くかかわる出来事

表17　桃園第二尋常小学校卒業生の進路（東京府豊多摩郡中野町）

| 内訳 | | 実数（人） | | | | | | 比率（%） | | | | | |
|---|---|---|---|---|---|---|---|---|---|---|---|---|---|
| | | 中学校 | 実業学校 | 各種学校 | 高等小学校 | 実務見習 | 計 | 中学校 | 実業学校 | 各種学校 | 高等小学校 | 実務見習 | 計 |
| 男子 | 1922年度 | 19 | 9 | 2 | 14 | 11 | 55 | 34.5 | 16.4 | 3.6 | 25.5 | 20.0 | 100.0 |
| | 23 | 35 | 8 | 2 | 22 | 14 | 81 | 43.2 | 9.9 | 2.5 | 27.2 | 17.3 | 100.0 |
| | 24 | 28 | 21 | 2 | 32 | 17 | 100 | 28.0 | 21.0 | 2.0 | 32.0 | 17.0 | 100.0 |
| | 25 | 41 | 7 | 2 | 24 | 23 | 97 | 42.3 | 7.2 | 2.1 | 24.7 | 23.7 | 100.0 |
| | 26 | 52 | 10 | 4 | 29 | 19 | 114 | 45.6 | 8.8 | 3.5 | 25.4 | 16.7 | 100.0 |
| | 27 | 55 | 12 | 3 | 34 | 20 | 124 | 44.4 | 9.7 | 2.4 | 27.4 | 16.1 | 100.0 |
| | 28 | 42 | 16 | 3 | 14 | 5 | 80 | 52.5 | 20.0 | 3.8 | 17.5 | 6.3 | 100.0 |
| | 29 | 57 | 18 | 5 | 15 | 8 | 103 | 55.3 | 17.5 | 4.9 | 14.6 | 7.8 | 100.0 |
| | 30 | 42 | 19 | 2 | 16 | 12 | 91 | 46.2 | 20.9 | 2.2 | 17.6 | 13.2 | 100.0 |
| 内訳 | | 高等女学校 | 実業学校 | 各種学校 | 高等小学校 | 実務見習 | 計 | 高等女学校 | 実業学校 | 各種学校 | 高等小学校 | 実務見習 | 計 |
| 女子 | 1922年度 | 14 | 3 | 2 | 13 | 18 | 50 | 28.0 | 6.0 | 4.0 | 26.0 | 36.0 | 100.0 |
| | 23 | 42 | 6 | 3 | 11 | 16 | 78 | 53.8 | 7.7 | 3.8 | 14.1 | 20.5 | 100.0 |
| | 24 | 34 | 4 | 4 | 20 | 14 | 76 | 44.8 | 5.3 | 5.3 | 26.3 | 18.4 | 100.0 |
| | 25 | 60 | 14 | 5 | 33 | 15 | 127 | 47.2 | 11.0 | 3.9 | 26.0 | 11.8 | 100.0 |
| | 26 | 55 | 11 | 2 | 25 | 20 | 113 | 48.7 | 9.7 | 1.8 | 22.1 | 17.7 | 100.0 |
| | 27 | 54 | 9 | 6 | 25 | 29 | 123 | 43.9 | 7.3 | 4.9 | 20.3 | 23.6 | 100.0 |
| | 28 | 48 | 17 | 4 | 18 | 12 | 99 | 48.5 | 17.2 | 4.0 | 18.2 | 12.1 | 100.0 |
| | 29 | 49 | 9 | 4 | 24 | 9 | 95 | 51.6 | 9.5 | 4.2 | 25.3 | 9.5 | 100.0 |
| | 30 | 56 | 11 | 6 | 26 | 10 | 109 | 51.4 | 10.1 | 5.5 | 23.9 | 9.2 | 100.0 |

出典）同前

だったと思われる。

## 『ももぞの』の子ども像

一九二六年から一九三〇年代半ばまでの『ももぞの』のページをめくると、ある子どもの姿が浮かび上がってくる。その子どもの姿とは規律を守り、次代の国民として育ち、「純粋・無垢」であって、受験勉強に励むという四つの輪郭から成り立っている。これらの四つの姿には、教師や親の期待、子ども自身の願望などが複雑にからまりあっていた。

このうちの一つ、規律を守る子どもの姿をよく示しているのは「よい子」といういい方である。桃園二小の後援会副会長は、そのものズバリの「よい子」という話を在校生にしている。『ももぞの』に収録されたその話の一部を引用してみよう(23号、33年)。

みなさんは、先生や、お父さま、お母さまがたから、よい子になれとおしへられ、よい子だとおほめをいただいて、よろこばれます。みなさん、よい子といふと、どんなお子どもさんでせう。それはいろ〳〵といへますが、だい一、みんなとおなかよしでなければなりません。おうちでは、お父さまやお母さんのおをしへをよくきいて、お兄さまや、お姉さまがたと、けんかなどせず、なかよくべんきやうをし、弟さんやお妹さんがたをいぢめないで、なかよくあそんであげるのです。がくかうでも、先生のおをしへのとほりに、お友だちみんなと、なかよくべんきゃうや、おいうぎをしてあそぶのです。一ばんよいお子さんは、お兄さまやお友だちとなかよくなるだけでなく、おけいこのお机や、お書物、おもちゃなど、すべてのものともなかよしになります。

一読して印象的なことは、これだけの文章のなかに「なかよく(なかよし)」という言葉が六回も使われていることである。家では父母のいうことをきき、学校では先生の教えをきいて、兄弟姉妹、生徒同士なかよく勉強して遊ぶ、そして持ち物や机などを大事にする、これが「よい子」のイメージであった。『ももぞの』に掲載された児童の綴方には、弟や妹など兄弟姉妹について書かれたものが多い。もちろんそれは教師が題材を与えたからであろうが、そこでは兄弟姉妹となかよくする子どもの姿がくり返し描かれ、よい子のイメージがつくられていった。

よい子が心の規律を守る子どもだとすれば、規律を守ることにはもう一つ、身体を鍛練する「元気な子」の姿があった。一九三三年、桃園二小は健康週間[4]に参加し、早寝早起きの励行、規則正しい生活、清潔に気をつける、歯みがき、運動奨励などを児童に呼びかけ、昼休みにはラジオ体操を開始した。児童の綴方によれば、健康週間には町々で「健康」「健康」という言葉が叫ばれ、辻々には「先づ健康」「健康なくて楽しみなし」などの健康ポスターがはられて、映画や講演会も開催されたという(六年生・武田実「健康週間」24号、33年)。健康週間にあたり、四年生が書いた綴方を一つ紹介してみよう。

私達がえらい人になりたいと思ってどんなに勉強しやうとしても丈夫な体でなければ勉強もつゞきません。(中略)幸に丈夫な身体に生れた人はます〳〵丈夫になるやうにし、もし弱く生れついた人は出来るだけ衛生に注意して、きそく正しい生活をして朝は早く起き日光によくあたり、運動もよくして身体をきたへれば、どんなにでも丈夫になる事が出来ます(摺沢光子「健康」、同前所収)

桃園二小の場合、当初から「よい子」が強調されていたのとくらべれば、身体を鍛錬する子ども(元気な子)はさほど強調されていなかった。だが満州事変後になると、健康、鍛錬がしだいに強調されるようになった。

健康、鍛錬の強調は次の二つの意味をもっていた。一つはその対極に不健康や病気が設定され、健康でないことにマイナスの価値が刻印されたことである。中野町における健康週間の様子を紹介した先の六年生は、その綴方のなかで次のように指摘していた。「誠に病弱不健康は人生最大の不幸であると共に、健康は人生最大の幸福といはねばならぬ。(中略)元気溌剌として、何時も愉快に日を送るのは健康者のみ得られる唯一の宝なのである」(前掲、武田実「健康週間」)。

清潔、鍛錬、規則正しい生活によって「健康」な子どもになることは、「健康な国民」になる準備段階にほかならなかった。これが健康が強調されたもう一つの意味であった。

健康を題材とした児童の綴方は、必ずといっていいほど「健康は国の寶」「丈夫な体をもって御国の為めに働くかくご」「第二の国民として健康を保持」「僕等はもっと〳〵健康に注意してよい日本人にならう」といった言葉で結ばれていた。

## 次代の国民として育つ

いま引用した結びの言葉が象徴しているように、桃園二小で子どもに求められた規律は、家庭や勉強のためだけでなく、何よりも次代の国民として育つためであった。これが『ももぞの』に描かれた子どもの二つ目の特徴である。桃園二小では、「児童の個性を助長して善良有為なる日本国民」を育成することを教育方針に掲げていた(「本校概覧」17号、31年)。具体的には、教育目標として「堅実なる国民精神の涵養」を掲げ、知育の目標には「自主自覚的に学習する態度」を、また体育の目標には「自主自覚的に身体の保健を図りて体力を増進し将来国民的活動発展の素地を養ふ」ことを掲げていた。「自主自覚的」な知力と体力を育成すること、その限りで「個性」を助長すること、それら全体を「国民精神の涵養」に結びつけること、これが桃園二小の教育方針であった。「国民意識の涵養」のために、桃園二小では四大節などの国家的儀式にとりくむだけでなく、挨拶(敬礼)や朝会、合同体操、静粛学習、時間励行、清潔整頓、服装規律などの日々の「社会的団体的訓練」と、当番や週番、自治会などによる「自治的訓練」を重視した(「昭和四年度学校経営要綱」11号、29年)。毎年秋に六年生が出かける修学旅行では、日本武尊《やまとたけるのみこと》をまつる熱田神宮を参拝し、名古屋城をへて天照大神《あまてらすおおみかみ》の伊勢神宮、二見が浦へといたるコースをたどった。

## 綴方のなかの満州事変

戦争の勃発は「国民精神」を一挙に鮮明にさせる。ここで満州事変後に書かれた児童の綴方を紹介してみよう。四年生の長井良枝が一九三一年九月一八日の柳条湖事件に端を発した満州事変のことを知ったのは、教室で大掃除をしている最中のことであった。そのとき、ともだちが息を「はあ〳〵」しながら「日本の兵隊が支那の城の門を破った」と言ってきた。すると「みんな大喜び、よその組でもわあ〳〵と騒いでゐる。中には万歳〳〵といふ者もあり、喜こんでとび上がる者もあった」。その日、良枝たちは「お当番をすませて学校を出たが、なんだか心がをちつかなかった。みんなもやっぱりをんなじやうに胸をどき〳〵させながら、兵たいさんがどうだのこうだのといって話をしてゐた。所々のでんしんばしらには、号外がはってあってそのまはりには学校の子供が一ぱいあつまってゐた」(「満州事変」18号、31年)。

事変後に書かれたこの作文には、満州事変を知ったときの子どもの「喜び」と先行きに対する「落ち着かない気持ち」がよくあらわれている。『ももその』の作文のなかで、子どもたちは一様に「らんぼうな支那」、「我が兵士は実に正義のために今寒い満州で意地の悪い支那人と戦っている」と書いた。「らんぼう」「意地の悪い」、これが子どもたちの中国人観であり、らんぼうな中国に対する正義の日本、これが子どもたちの満州事変観であった。

子どもたちはこうした中国人観を「父」や「新聞」「先生」を通じて身につけた。ある子どもは、「満州事変」という作文を父からの伝聞形で書いている。「お父さんから聞く所によりますと」、満州には鉄や石炭がたくさんあり、日本はそれらを買って商工業を盛んにし、「おたがひに国民の利えきをますやうにするのが当り前ださうです」。また「満州が今のやうに立派になったのは皆日本のおかげださうです。其のもとは昔日清日露戦争で日本の忠勇な軍人が戦争してくれた結果であります」。ところが「近頃になって支那はことごとに日本人をいじめ、条約をふみにじるやうなことばかり」をしている。そこに、中村大尉の「ざん殺」や「鉄道を支那の軍隊がこわす」ことが起こり、「日本はやむをえず戦争をしたのださうです」(安田久雄「満洲事変」18号、31年。傍点、引用者)。

すでに江口圭一によって指摘されているように、父と先生と新聞は満州事変期の排外熱・軍国熱の有力な媒体であった(5)。ある子どもの書いた作文「三勇士」には、新聞を読んでいた父親に子どもが三人の兵士の写真のことを聞くシーンが描かれている。父親は、上海事変における「爆弾三勇士」の「勇ましさ」を子どもに説明し、「外国にはこんな勇ましい兵隊はないでせう」という子どもの問いかけに対して、「殊にアメリカなんかでは、目をまるくしてびっくりしてゐる」とこたえた(安原けい子「三勇士」19号、32年)。

子どもにとって「先生」もまた中国や中国人を知る重要な窓口であった。事変直後の九月三〇日、桃園二小では満州旅行の経験のある教師が生徒に満州の話をした。そのなかで教師は、馬車から落ちた石炭を拾うために集まってきた「支那の子供」の印象にふれ、「多くの支那の子供はかうした中に育つ、そして大きなづ《ママ》るい支那人になるのだ、支那人でなくてよかったとは良く旅行者からきく言葉である」と述べた(米久保耕策「満鮮旅行雑感」18号、31年)。

学校は満州事変期の民衆動員の有力な場になった。桃園二小では子ども一人あたり二銭の慰問金が集められ、八〇〇通をこえる慰問文が朝日新聞社に届けられた。生徒たちは満州事変に関する絵を描き、習字にも「紅の日の丸　皇威の発揚　王家の紋章　成功を祈る」といった言葉が登場した。学校では四大節の式典のほか、新嘗祭や靖国神社例大祭には神社参拝がおこなわれ、一九三五年頃からは毎月一日と一五日に国旗掲揚と宮城遥拝が実施された。

家族や学校のなかでくり返し語られた中国と中国人についての印象。学校行事のなかに組み込まれた国家儀礼や兵士の見送りの場で、これまたくり返しおこなわれた遥拝や礼、万歳などの儀礼。そしてそこでの子どもの身体の規律化。こうしたなかで子どもは、自分がやがて国民になるのだという自覚を「こころ」と「からだ」の両面からもたされるようになった。

この「自覚」はさらに国家と明確に結びつけられた。五年生の東健は「日本」という題の作文のなかで、地図を見るたびに日本が小さいことに驚くが、「日本の国民」には「世界のどの国にもおられない万世一系の天皇陛下」があり、日本の「国旗」は「朝日の出るやうに国が発展して行く」ことを、また「国歌」は「天皇の御代がいつまでもいつまでもつゞく」ことをそれぞれ意味しているとした。「日本」とは天皇を中心に発展している国家であり、「このよい日本帝国をますく〵発展させなければならない」、これが東健の「自覚」にほかならなかった(19号、32年)。

## 2　『ももぞの』の綴方にみる家族と子ども

### 綴方の世界と個性尊重

ところで、『ももぞの』を読んでいて不思議な印象を受けるのは、満州事変や兵士の入営に関する綴方のすぐ横に子どもの何気ない日常を描写した綴方が並んでいることである。たとえば一九三一年の一八号には、先に引用した長井良枝の「満州事変」のすぐ近くに初鹿野久美の「秋の夕暮」が掲載されている。「秋の夕暮」は、買物に出かける

綴方の分類

| 町のくらし | 季節自然 | 学校生活 | 入試勉強 | 軍隊・時代 | | | その他 | 計 |
|---|---|---|---|---|---|---|---|---|
| | | | | 軍隊 | 時代 | 小計（%） | | |
| 8 | | 3 | 1 | | | | 6 | 55 |
| 1 | 4 | 3 | 2 | | 3 | 3（6.1） | 8 | 49 |
| 1 | 2 | 8 | | | 1 | 1（1.8） | 9 | 55 |
| | 5 | 6 | | 11 | 4 | 15（27.8） | 3 | 54 |
| | 6 | 5 | 3 | 1 | 3 | 4（8.9） | 2 | 45 |
| 1 | 11 | 5 | | | 3 | 3（10.0） | 2 | 30 |
| 1 | 1 | 2 | | 5 | 1 | 6（23.1） | 1 | 26 |
| 1 | | 2 | 1 | 1 | 12 | 13（50.0） | 1 | 26 |
| | | 4 | | 3 | 3 | 6（25.0） | 1 | 24 |

女中さんや会社員風の人が姿をみせ、野球、ラジオ、ふみきりなどでにぎわう中野駅付近の様子を描いたものである。一九三〇年代初頭の都市の生活風景のなかにある子どもの姿と、満州事変に一喜一憂している子どもの姿。この二つの子ども像は、どちらかが誤っているわけではもちろんなく、どちらにもこの時期の都市の子どもの姿が反映されていたといっていいのだろう。

綴方のテーマ設定や選択については教師や親の意向が強く反映しており、その点で綴方に登場する子どもをそのまま当時の子どもの実像として理解すると一面的な把握になりかねない。だが、それでは綴方に子ども自身の判断や感受性がまったく反映していないかといえばそうではないだろう。子ども自身は、教師や親の期待を敏感に受けとめるだけでなく、自分自身の感

表18 『ももぞの』掲載

| 年　月 | 家　族 | | | | | | |
|---|---|---|---|---|---|---|---|
| | 父母兄弟 | 外出 | 小動物 | 行事 | 日常 | その他 | 小計（%） |
| 1926.6 | 11 | 1 | 10 | 1 | 8 | 6 | 37 (67.3) |
| 1928.3 | 2 | 2 | 6 | 5 | 4 | 9 | 28 (57.1) |
| 1930.3 | 8 | 3 | 3 | 3 | 8 | 9 | 34 (61.8) |
| 1932.3 | 4 | 1 | 4 | 6 | 3 | 7 | 25 (46.3) |
| 1934.3 | 5 | 5 | 5 | 1 | 3 | 6 | 25 (55.6) |
| 1936.3 | 2 | 2 | 1 | 2 | 1 | | 8 (26.7) |
| 1938.12 | 7 | 2 | 1 | | 2 | 3 | 15 (57.7) |
| 1940.12 | 1 | 4 | 1 | | 1 | 1 | 8 (30.8) |
| 1943.6 | 2 | | 3 | 3 | 2 | 3 | 13 (54.2) |

出典）桃園第二尋常小学校後援会『ももぞの』

受性や判断も含めて綴方を書いていたはずである。その意味で、綴方は教師や親、子どもそれぞれの意向が合わさってできたものであり、綴方の分析にあたってはそれぞれの意向を読みとる必要がある。

いま試みに、一号から四九号までの『ももぞの』を三号おきに選び、掲載された綴方の内容を分類した**表18**を掲げてみた。綴方は、内容に即して家族に関するもの、町のくらし、季節・自然に関するもの、学校生活、入試・勉強に関するもの、軍隊・戦争・防空演習、時代・天皇・偉人に関するもの、その他に分類した。なかには複数の領域にわたるものもあるが、ここから綴方のおおよその傾向を読みとることができるだろう。

一見して明らかなように、一九二〇年代半ばから戦時期にかけての綴方には家族を描いたものが多く、学校生活や戦争に関するものは多くなかったが、より詳しくみれば綴方の傾向はおおよそ三つの時期に区分できる。第一期は一九二〇年代後半であり、この時期には家族に関する綴方が約六割をしめていた。これに対して第二期は一九三〇年代前半から半ばであり、満州事変を機に軍隊・戦争に関する綴方が増えたものの、事変後には再びその比率が減少し、軍隊・戦争関連の綴方が一定の比率をしめるようになるのは第三期の日中戦争以降であった。第二期の一九三〇年代半ば以降になると家族に関連した綴方の比重が低下して三割台になることもあったが、その比率は第三期になっても三～五割台をしめていた。

第二期で戦争の影響がもっとも強かった一九三二年(一八号)をとりあげ、四年生以上の綴方二五点を読んでみると、そこでも家族に関するものがもっとも多くて一一点あった。「夕暮れ」「冬」「雨の休日」など家族の日常に関するものが七点、「国技館」「帝てん」など家族で外出したときのものが三点とその他一点であり、ここには満州事変や軍隊の影響はほとんどみられなかった。次が事変関係と学校生活でともに六点あり、事変関係には「満州事変」「出征軍を送りて」「日本」などが、また学校生活には「徒競走」「名古屋城」「伊勢旅日記」などがあった。そのほかは、受験前夜の様子を描いた「或る試験の前夜」と、古文調で書いた「勤勉」の二点である。

以上からすれば、『ももぞの』の綴方の特徴は、何といっても家族関係が半分前後の比率をしめていたことだといっていいだろう。ここで家族関係とは、父母兄弟などの家族構成員や、百貨店や遊園地、田舎などへの家族の外出、犬や小鳥など家で飼っている小動物の様子、お節句や節分、クリスマスなど家庭の行事、その他家族の日常の出来事を書き綴ったものである。

　家族関係の綴方が多かった理由の一つは、満州事変下の民衆生活がまだ戦争一色には染まっていなかったからであった。事変や修学旅行を通じて次代の国民に育つ意識は強められてきたものの、家族生活のリズムはまだ存在していたのであり、子どもの領分が戦争にすべておおわれてしまったわけではなかったのである。と同時に、家族に関する綴方を読むと、ある共通した子ども像が浮かび上がってきて印象深い。それは家事を手伝うことは少なく、勉強に励んで父母を敬い、兄弟姉妹と仲良くして動植物を大事にする子どもの姿である。この子どもの姿には、子ども自身の主観だけでなく、教師や親の独特な子ども観・教育観が反映していたと考えられる。それは子どもは生まれながらに「純粋・無垢」であるとする考え方であり、それゆえ子どもには天分があり、保護されるべきものだとする考え方である。この子ども観は『ももぞの』のなかでくり返し主張されており、そこからは個性の尊重が大事な教育目標になった。

　ここで当時の教師の声をいくつかひろってみよう。「こどものあどけなさに打たれ心から頭が下るのである。而して此の単純さと無邪気さに対する感謝と愛とを以てする時真の教育が成り立つ」(馬場正男「親心」26号、34年)、「無我の状態にある童顔の微笑を見た時!!」(西畑チヨ「御挨拶」同前)、「純粋無垢な次の時代の建設者たる児童」(「編輯後記」29号、35年)。純粋・無垢さを失わないために教育で必要なことは、個性を尊重して天分を発揮させることだと教師は力説した。「個性を磨き天分を発揮するのが教育」(小出満二『もゝその』の創刊を喜びて」創刊号、26年)、「個性を延ばすことによって天分は発揮される」(田中梧葉「創刊号当時を省みて」3号、26年)、「現在に於ては児童発意法、創造性を重んずるダルトンプランや自由教育等の積極的の方法が教育会を風靡しつゝあることは、吾々も嬉しく思ふ」(池田氏衛「保護者諸兄に訴ふ」同前)。

## 親の学校への期待

教師同様に親もまた子どもの個性尊重を強く望んだ。『ももその』の創刊号(26年)である親は、「桃園第二小学校は教育界でも評判のよい学校であります」と賞賛し、親の期待する学校観を率直に語った(岩切英三「桃園の発刊を祝して」)。その内容は四つあり、一つは児童の個性にもとづく身体・精神の発達を望むことであり、二つには自学自習は適度に、三つには中学入試の準備は三、四年生から、そして四つには国民思想の動揺するときなので教材は適切にとり扱ってほしいということであった。子どもの個性を尊重しながら学習意欲を引き出して受験にも対応すること、これを最優先しながら、ついで国民意識を適切に養うこと、これがこの親の学校教育に望むことであった。

ところで『ももぞの』の編集者によれば、『ももぞの』は家庭のなかで父親よりも母親によく読まれているとのことであったが(「編輯員座談会」8号、28年)、その母親の一人は、教育における個性尊重が生存競争のなかで難しくなっているとして次のように指摘した(田村なか「桃園第二校に母の会がほしい」16号、31年)。

後援会が如何にも父の会らしいのに対し、もう少し精神的な慈母的な母の会とでも申すやうなものがあったらと希ふのでございます。生存競争と云ふことは生活の戦線に立つもの丶みが味ふ経験ではなくなって参りました。愛しい発育盛りの子供等の上にも此の競争が伸びて来て居ることを思はせられます。希くば私共母は伸びて行く子供等の魂を傷けることなく、骨を、身を削ることなく、競争の重荷を思はしめることなく健やかに、いとも健やかに、彼等の天真爛漫な生活の中に伸びるべきものを充分に伸ばしてやり度いと思ひます(傍点、引用者)

この文章で強調されていることは、不況が都市住民の生活にも影響を与え、生存競争を強めていること、その影響は純粋・無垢な子どもにも及んでおり、ここに父とはちがって母が慈母的に接して子どもの天真爛漫さを守る独自の役割があるということであった。ここで注意すべきは、子どもの天真爛漫さと生存競争のかかわりについて評価が必ずしも整合的でないことである。この母親は生存競争に巻き込まれて子どもの天真爛漫さが失われないようにと望んでいるが、しかしだからといって競争一般を否定しているわけではない。先述のように桃園二小の子どもは男女ともに中等学校への進学が盛んであり、中高学年になると受験勉強が待ち受けていた。この母親もそのことは十分承知しており、受験が可能な桃園二小を高く評価していた。その意味でいえば天真爛漫さを失わずに受験競争に臨むというのが母親が子どもに望むことであり、受験競争以外の生存競争には巻き込まれないようにというのがこの文章の真意であった。

天真爛漫さ、すなわち純粋・無垢さは桃園二小の教師・親たちの望むことであったが、そこには新中間層の多く住む地域ならではの願望が含まれていたといっていいだろう。新中間層の場合、家産をもたずに職業のみで生計を立てていかなくてはならないので、子どもに対する教育がとくに大きな関心の的になった。先に指摘した教育家族がその典型であり、この教育家族は子どもの受験に熱心であるとともに、『赤い鳥』などに代表される童心主義の支持層でもあった。

### 発見された「都会の子ども」像

桃園二小の教師や親にみられた子ども観の背景には、『赤い鳥』に代表される児童文学の成立と独自の子ども観の形成があった。ここでは沢山美果子や河原和枝の研究を参考にしながら、新しい子ども観の特徴をまとめておきたい(6)。

鈴木三重吉によって一九一八年に創刊され、その後一九三六年までほぼ継続して発刊された『赤い鳥』は、学校の児童とは異なる子どもを描き出した。その子どもとは生まれながらに純粋・無垢な存在であり、子どもの内面・心に注目することで発見された新しい子ども像にほかならなかった。

生活綴方の描く子どもと対比して童心主義的子ども観[7]といわれるこの子ども観には、三つの意味合いがあった。一つに、内面・心に注目するという子ども観は、国家の教育勅語教育によって描き出された子ども像と異なるものであり、その意味で童心主義的子ども観は教育勅語教育への批判を含むものであった。この背景に大正デモクラシー思想があったことはいうまでもない。『ももその』のなかでくり返し強調された個性の尊重は、こうした子ども観にもとづくものであった。二つには、子どもを純粋・無垢な存在ととらえることで、大人と子どもを明瞭に区別し、別個の存在として位置づけたことである。それまでの日本の子ども観では、およそ七歳と一五歳でライフコースを区切り、七歳までは神の内として幼児(童)に扱い、七歳から一五歳の成年式までは一人前の大人になるための準備期間と考えられていた。七歳から一五歳まではあくまでも大人の準備期間であり、大人と区別された独自の年齢期だったわけではなかった。それに対して、『赤い鳥』では大人と区別される子どもの領分を独自に設定したのであり、ここには西欧を基準にした近代的子ども観の影響があった。三つには、ここで発見されたのは実は

「ブルジョアの子ども」(沢山美果子)であり、農村・下町の子どもと対比された都市新中間層の子どもにほかならなかった。

以上をまとめれば、国家の子ども像に対置された純粋・無垢な子ども、農村・下町の子どもと対比された都市新中間層の子ども、これが『赤い鳥』の描いた子ども像であり、桃園二小の教師や親が望んだ子どももこの子ども像と重なるものであった。

## 家族の領域

「ブルジョアの子ども」、都市新中間層の子どもはどのように描かれたのか。『ももぞの』の子どもの綴方から子どもと家族の様子を再現してみよう。

ある六年生の女子は家族の幸福の風景を次のように描いた。「私の家は家族が五人です。お父様、お母様、大兄様、小兄様、私の五人とお女中一人都合六人です。私が生まれる前一番大きいお兄様は僅か七歳で此の世をお去りになりました。現在の私の家は本当に幸福に送って居ります。私の家では皆で笑ひながらお話をするのはまるで日課のやうです」(福田花子「家」22号、33年)。あるいはもう一つ、「町の夕暮れ」と題した三年生の男子の綴方。「西の空に夕日がきれいだ。伝書鳩がみんな、そろって、とんで行く。兄さんは、今から勉強だ。女中は買物に行く、お母様、内であみものだ。僕は弟のおもりをしながら、ぼうやのおもりは秋田けんと言ひながら、お庭をまはってゐると、次第々にねむってくる」(21号、32年)。

『ももぞの』の綴方には、父や母、兄弟姉妹、女中のいる風景が随所に描かれている。そのなかに登場する父は、多くの場合、外で仕事をしておみやげをもって帰る存在であり、茶の間にいる父、日曜日の父、権威をもっている存在でもあった。たとえば二年生の女子が書いた「お父さん」という綴方には、会社に勤め、日曜日に家にいる父の様子が描かれている(23号、33年)。「うちのお父さんは、めがねをかけてゐます。そして日本ばしのくわいしゃにいってゐます。(中略)お父さんは日えう日になるといつも、おはなの手入れをなさいます。それがすむと、ラヂオのやきうのほうそうを、たばこをのみながらおききになります。そのとき、私たちがさわぐとこわい目をして、にらみます」。

この当時は残業があまりなかったのだろうか、夕方か夜早い時間に帰宅する父とそれを待ち受ける風景もよく描かれていた。家の門の前で夕焼けを見ていた四年生のある男子は、「お父様が両手におみやげをさげてにこ〳〵とかへっていらっしゃる」様子を綴方に書き留めた(池田明義「夕ぐれ」同前号)。父はまた夕食のときに話をしてくれる存在でもあり(森川葉子「お父様の話」29号、35年)、家族の知識の源泉であり、権威の象徴でもあった。

これに対して綴方に登場する母は、食事をつくり、病気の心配をし、子どもの世話をする主婦にほかならなかった。家には母のほかに女中のいる場合が多く、先の「町の夕暮れ」のように、買物にでかけて食事をつくるのは女中であり、それに対して母はよく編み物をしていた。たとえば二年生の女子の「私のうち」という綴方の一節。「日あたりのよいえんかはでは、お母さんがいつもあみものをしていらっしゃいます」(24号、33年)。綴方に登場した中野の父母は、このように性による役割分担の明瞭な存在であった。

## 子どもの領分

これに対して、子ども自身の綴方には、子ども部屋と勉強机がよく登場しており、子どもは独自の空間と時間をもっていたことがわかる。「うちは二かい屋です。二かいは四でう半と八でうです。四でう半は僕と弟のべんきやうべやです」(平川広太郎「私のうち」23号、33年)。家のなかで子どもに任されるのは、弟妹の世話とおつかい、留守番ぐらいであった。『ももぞの』の綴方の特徴の一つは、兄弟姉妹の描かれることがきわめて多かったことであり、三、四年生ぐらいまでは、「妹」や「弟」と題した綴方が数多く書かれていた。このことは、弟や妹の面倒をみることが三、四年生の大事な役割だったこと、あるいは、兄弟姉妹で仲良くすることが三、四年生の教育目標だったと考えられる。しかし五、六年生になると受験勉強が待っており、弟妹の世話やおつかいは下の子の役目になった。兄弟姉妹が数多く登場するのと並んで、小動物をテーマにした綴方が多いことも『ももぞの』の大きな特徴であった。小動物のうちもっとも多かったのが犬であり、セキセイインコや九官鳥なども登場した。

桃園二小の子どもの場合、休日の特別な過ごし方は親や兄弟姉妹といっしょに繁華街などに外出することであった。土曜日に母といっしょに新宿に出て靴を買ってもらったこと(上島嘉代子「うれしかったこと」22号、33年)、やはり土曜日に新宿の三越デパートで父母にセーラー服を買ってもらい、大きな食堂で食事をしたこと(坂口喜代子「私の洋服」24号、33年)、動物園に出かけたり、映画(活動)を観たり、ときには自動車を呼んで外出することなど、外出は桃園二小の子どもにとって特別の楽しみであった。こうして子ども部屋と勉強机をもち、兄弟姉妹でなかよくしながらおつかいに出かけ、犬をかわいがる、そしてときにはきれいな服を着て外出する、これが桃園二小の綴方に描かれた子どもの領分にほかならなかった。

とはいえ、桃園二小の子どもたちすべてを右のようなモデルで描くことはできない。綴方には、一家団らんの風景の対極に家族の病気が描かれることがあった。きょうだいの病気・入院は、たちまちに家庭をさみしくする。それだけでなく、父母の入院や万一の死は、家族にとって大きな痛手となった。「母の体、今はどうする事もできなくて入院したのだ。つまらないなあ、たった一人だけ家にいないといっても、僕にとってはつまらないのだ」(岸三郎「母の病気」16号、31年)。家族の病気はいつでも心配なことだが、生家や祖父母から離れて暮らしている都市新中間層の子どもにしてみれば、心配はなおつきなかったことと思われる。

父、母、子ども(兄弟姉妹)の役割分担を明瞭にした家族は、それまでにはない新しいタイプであったが、この家族は稼ぎと家事をそれぞれ父と母で分担していたので、父や母の欠ける痛手は大きかった。『ももぞの』からは、都市新中間層家族の結びつきの強さが浮かび上がるとともに、万一家族構成員が病気になった場合の不安定性も読みとることができる。

## 3 子どもの自己認識

### 童心主義との落差

一九二七年の『ももぞの』第六号に、児童が家庭で読む雑誌について学校のおこなった調査結果が載っている(長尾末熊「児童の課外読物について」)。それによれば、もっとも多いのは『幼年倶楽部』であり(一七一人)、以下、『小学生全集』一一七人、『少年倶楽部』八〇人、『コドモノクニ』七五人、『児童文庫』六八人、『小学二年生』六〇人、『譚海』『小学一年生』各三八人、『一年の優等生』『少女倶楽部』各三四人、『小学四年生』『少年世界』各二八人、『童話』『子供の友』各二二人、『小学三年生』『子供の科学』各二一人、『少女の友』二〇人、『二年の小学生』一九人、『赤い鳥』『金の星』『二年の優等生』各一七人などとなっている。調査は全学年の男女を対象にしたようであり、当時毎月配本されていた『小学生全集』『児童文庫』も雑誌に含めているので、ややわかりにくいところもあるが、しかし、一見して明らかなように、『赤い鳥』や『金の星』『童話』『子供の友』など、教師が「よましたいと思ふ雑誌」は少なく、子どもは「少年倶楽部や少女倶楽部や譚海などの方を読みたが」っていたことがわかる。家庭では「キングや講談雑誌を読んでゐる子供もあり」、上級生の男子は、「絵や記事の剣撃物、冒険物探偵物等を非常に愛読」し、女子は「安価な涙をそゝる悲哀な小説類を好んで読みたが」るという。こうした読書傾向について教師は、「多読は必要ですが、純な子供の品性を毒するものはむしろ読ませぬがよいと思ひます」(傍点、引用者)と指摘していた。

「純な子供の品性」とは、童心主義による子ども観だといっていいだろう。だが、童心主義による教育観の強かった桃園二小においても、子どもが実際に好んで読んだ本は『赤い鳥』や『金の星』ではなく、『少年倶楽部』や『少女倶楽部』などであった。

『赤い鳥』や『金の星』などとは異なる、もう一つの『少年倶楽部』の系譜については、佐藤忠男以来の指摘がある。(8) 佐藤は、子どもを保護すべきものと考えた『赤い鳥』などに対して、『少年倶楽部』は子どもをあくまで一個の独立した人間として扱い、少年の向上心に訴えて立身・英雄主義を強く鼓舞したと指摘した。それが一九三五年頃に八〇万部近くまで部数を伸ばした理由であり、しかも主たる読者は童心主義が浸透したとされる「ブルジョア、および中流以上の都会の家庭の子ども」であって、「良い家庭の子どもから借りて貧乏人の子どもが回覧する雑誌となって栄えた」という。(9)『少年倶楽部』に関する佐藤の指摘は的確であり、「純な子供の品性」を願った桃園二小の教師の思いに反して、桃園二小の子どもたち(とくに男子)は『少年倶楽部』などの立身・英雄主義に熱中したと考えていいだろう。(10)『ももぞの』のなかにも、『幼年倶楽部』を待ち望む三年生男子の綴方が掲載されている。「僕は毎月幼年倶楽部が来るのをまつてゐます。(中略)来るとすぐになにもかもわすれて、む中になつて読みます。僕はその中で『母いづこ』『宮本武さし』『コロ〳〵三郎』の三つがすきです」(石黒寛「幼年倶楽部」11号、29年)。

## 「よい子」の基準と受験

読書調査は、このように、童心主義と実際の子どもの読書傾向の間に明らかな落差があったことを教えてくれるが、しかし、右のような読書傾向から、子どもの自己認識のなかに童心主義や「よい子」の基準がなかったのかといえば、そうではないように思う。『ももぞの』の綴方が示すように、子どもたちが親の望む子ども役割を担っていたことはまちがいなく、その点でいえば実際の子どもの生活のなかでは、『赤い鳥』の世界と

『少年倶楽部』の世界が共存していたと考えるべきであろう。

ここでいう『赤い鳥』の世界とは、都市新中間層のライフスタイルにもとづくものであり、農村や下町の子どもと対比される「ブルジョアの子ども」（沢山美果子）の世界である。桃園二小の子どもたちが『赤い鳥』をあまり読まなかったとしても、かれらが都市新中間層のライフスタイルやそこに投影された親の子ども観にくるまれていたことはまちがいなく、その意味で、桃園二小の子どもたちの多くが「ブルジョア」ないしは「中流以上」の世界にくらし、「よい子」の範疇に属していたことは否定できないことであった。「ブルジョア」の世界に住み、「よい子」の範疇に属していたかれらが『少年倶楽部』の主たる読者であったのはなぜなのか、——『少年倶楽部』の読者層をめぐる議論の焦点はここにあるといっていいだろう。(11)

「よい子」の基準は、自分と他者を比較したときに鮮明になる。一九三四年、東北の大凶作が問題になった際に、『ももぞの』に掲載された五年生の綴方には、都市に住む「よい子」の特質がよく反映していた。

東北地方の困つてゐらつしゃる人々（と—引用者注）（中略）毎日々々こまる事もなく仕合せにくらしてゐる私達とくらべると、あまりにおかはいさうでなりません。年々の凶作のために御飯もたべられないで、木の実などをたべながら、さびしく暮して居て、仕事も出来ない東北の人達のことを考へると、仕合せに勉強が出来る私たちは、感謝の気持ちで一ぱいになります。さうしてそのかはり、自分の務は何でもよくしなければならないとつくぐ〳〵思ひます。(中略)早く私達のお上げする真心のこもったお金がとゞいて、東北の人達の助けになるやうにしたひと思ひます(平城美代子「東北地方の凶作」27号、34年)。

この綴方には、現在にも通じる問題が含まれている。困難をかかえた人びとに対して、募金をする側の人がどのような自他認識をもつのかということである。「東北の人達」を「助け」たいと思った五年生は、「かはいさう」な「東北の人達」と対比して、自分たちを「仕合わせに勉強が出来る私たち」と認識した。そこから五年生の関心は、「東北の人達」と「私たち」の関係や格差をつくりだす仕組みに向けられていくのではなく、「仕合わせに勉強が出来る」ような境遇に「感謝」して、「自分の務」を「よく」することに向けられた。自分の方が他者よりも恵まれていると思ったときに、自他の関係に焦点をあわせてさらに考えるのか、あるいは自分の世界に視界を閉ざすのか、そうではないのかでは、関心のベクトルが大きく異なる。前者の方向をたどった五年生の自他認識は、彼女一人の問題だけでなく、桃園二小の教育方針にもかかわる事柄であろうが、このなかに「よい子」を基準にした優越意識を読みとることは不可能なことではないだろう。(12)

この優越意識は受験する子どもの心性とも遠くないところにあった。桃園二小の五、六年生は、受験や勉強を題材にした綴方を多く書き残している。受験を描いた綴方のなかには、受験にうちかつことこそが人間の価値だと主張するものすらあった。「(六年生のときには―引用者注)中学の試験のつもりで一生懸命勉強をしよう、どんな事があっても中学に入らなければ人間のかち《ママ》はないと覚悟をきめる事にしよう」(滝本秀彦「六年生としての覚悟」1号、26年)。

### 「よい子」と帝国意識の交錯――多様で矛盾する自己認識

先述のように、『ももぞの』の綴方は家族に関するものが多かったが、満州事変以降になると、国家意識を明確にうたった綴方が登場することになる。「人は何の為に此の世に生れたのか」を問うたある五年生は、「勉強にも仕事にも、立派にやらう」と書いたあとを次のように続けた。「大日本帝国に生れた僕等は此の日本の名を世界にとどろかさなければならぬ。僕等の任務は重い」(高橋泰助、25号、34年)。この五年生の決意には明らかに飛躍があり、「此の世に生まれ」、勉強や仕事を立派にやる理由として、いきなり「大日本帝国」に生まれたことが書かれている。だが、こうした飛躍をともないつつも、「国のために」という自己認識が登場したところに、満州事変後の綴方の一つの特徴があった。

とはいえ、『ももぞの』の特徴は、家族関係の綴方が多く、童心主義や個性尊重の教育観がくり返し説かれたところにあった。童心主義や個性尊重と国民教育のあいだには、本来矛盾する側面があった。それは、「個性」や「童心」に注目して子どもをとらえるのと、将来の国民ととらえるのでは、大きな相違があったからである。満州事変以降になると両者のあいだの矛盾はしだいに強まったが、のちの日中戦争以後とくらべるならば、矛盾はまだ顕在化せず、桃園二小でも国民教育と個性尊重の両方が強調されていた。

だが、この当時の国民教育と個性尊重がまったく別個に位置づいていたのかといえば、必ずしもそうではないように思う。その点で参考になるのが、六年生の少女がおばから話を聞いて書いた「母の愛」という綴方である(4号、27年)。

この綴方は、「台湾が我国のものになった頃のことです」というおばの話で始まる。ある時、「どうもうな」「生蕃」が日本人夫婦の家を襲い、三歳の女の子を奪ってしまった。何年か後、若い女が警察につかまった。それを聞いた母親は、よもやと思って警察にかけつけたが、「荒っぽいすごい顔」に変わったその娘は「私の親はもう死んだ」といってとりあわない。「親にとっては子供に忘れられるといふ事は大へん辛い事」だが、娘の小さい時に聞かせた子守唄を母が歌うと、その娘は母だということがわかった。二人は涙を流して再会を喜び、いっしょに暮らすようになったという。この話をしたおばは、「母の子供に対する愛はこの外にも例が少くないでせう。だからあなたも親を大切にするのですよ」と少女に諭した。この綴方は、「私は母の愛がどれ程に強いかをしみじみ感じました」という少女の言葉で結ばれている。

おばが少女に諭したように、この綴方は、子どもを捜し求めた母を通して、日常生活のなかの「母の愛がどれ程に強いか」を認識させる内容になっている。ここでの「母の愛」は、十五年戦争下に強調された母性に共通するものであり、十五年戦争下になると慈愛に満ちた母性が銃後を守る象徴として盛んに喧伝されるようになった(13)。この綴方で特徴的なことは、愛のある母によって日本人が代表されていたことであり、その日本人の対極に植民地の人びとが設定されていたことである。先に、家族関係の綴方と軍隊・戦争関係の綴方の関係を検討する必要があると指摘したが、この綴方はその点を考えるのに格好の例だといえよう。

慈愛に満ちた母によって代表される日本人、その対極に位置づけられた「どうもうな」「生蕃」。こうした関係は、正義の日本人対「らんぼう」「意地の悪い」中国人として描かれた満州事変後の綴方の構図とぴったり重なるものであった。植民地やアジアの人びとは、こうしてつねに暴力的なイメージで対置され、日本人の境界は暴力で区切られることになる。暴力は敵と味方を、あるいは外国人と自国人を区別する際によく使われるイメージだが、ここでは愛のある母によって日本人を代表させることで、暴力的なアジアの人びとと慈愛に満ちた日本人という両極端のイメージがつくられている。「母の愛」の綴方と満州事変の綴方にはもう一つ共通点があった。それは、暴力的なアジアの人びとのイメージが、両者ともにおばや親、先生などから子どもに持ち込まれたことである。桃園二小の子どもたちに大人から持ち込まれた帝国意識、この綴方ではそれがさらに母の愛と一体化されることで、日常生活の次元にまで降ろされることになった。

子どもたちにみられた帝国意識は、東北大凶作の綴方で指摘した優越意識とも無関係でないように思われる。日本人の内外に設定された対照的なイメージ、東北と都市のように日本人の内部にも存在した格差のイメージ。「よい子」の世界は、こうした格差のヒエラルヒーの頂点に立つものであった。ただし、日本人の内外は暴力のイメージ(「らんぼう」)によって仕切られていたのに対して、日本人内部の格差は同情(「かはいさう」)と優越(「仕合せに勉強が出来る私たち」)によって仕切られており、この点に大きな相違があった。

このように、「母の愛」という綴方は、家族関係と植民地の二つの要素から成り立っており、満州事変や東北大凶作の綴方とも関連する側面をもっていた。童心主義や個性尊重といった都市新中間層の子ども像と国民教育の求める子ども像は、まったく相異なるものではなく、両者のあいだには矛盾する面と結びつく面の両面があったということができよう。

ただし、満州事変前後の綴方のなかで、「母の愛」のようなものはむしろ例外的であり、ほとんどの綴方では家族関係の内容と戦争・軍隊の内容が別個に書かれていた。その意味でいえば、二つの子ども像のあいだにあった両面のうち、結びつく面はまだあまり表面化していなかったと考えた方がいいだろう。

満州事変前後にあらわれた「よい子」と帝国意識の交錯のありように加えて、むしろ確認すべきことは、親や学校の望む子ども像と子どもの自己認識とのあいだには落差があり、子どもは多様な自己認識のなかで生きていたことであった。純粋・無垢な心を保ち、個性を発揮した「よい子」に育つことを願った親の気持ち、あるいは個性尊重と国民教育をともに進めようとしていた学校に対して、子ども自身は立身・英雄主義の雑誌や「悲哀な小説類」(先の読書雑誌調査)に熱中し、受験にとりくんでいた。子どももまた、都市新中間層としてのライフスタイルのなかにあり、その意味で「よい子」の範疇に属していたことはまちがいのないことであった。都市新中間層の生活基盤は、父母が病気や死に見舞われるとたちまち危うくなったが、農村や都市下町の生活とは明らかにちがっていて、そこから他者への優越意識がつくりだされることもあった。帝国意識も含めて、多様で矛盾的な自己認識をもって生きていたのが桃園二小の子どもたちの実際であった。

## 4　東京府滝野川周辺の子ども

本章の最後に、都市新中間層の多く住む中野町とは異なる地域をとりあげて、都市での比較を若干試みてみよう。とりあげるのは、第2章の最後で紹介した東京府滝野川地域である(14)。滝野川は、関東大震災以後の被災者の移住によって人口増加と宅地化が進行し、従来からの在住者に新しい職業の人びとが加わった地域であった(15)。

滝野川周辺の子どもたちの状況を、一九三六年三月に滝野川尋常高等小学校尋常科を卒業した一七三人から確認してみよう。**表19**と**表20**は、一七三人の世帯主の資産状況と児童の学業成績・進路状況を男女別に示したものである。男女をあわせた世帯主の職業は、無業・無職三七人を筆頭に、会社員・銀行員三五人、商業関係二八人、在来的職人一七人、官吏一〇人、職工八人とつづいた。資産状況は、生活に余裕があり、社会的信用のある「上」と、余裕はないが現在の収入で生活に困らない「中」、生活の困難な「下」と三つに区分されている。区分の客観的基準ははっきりとしないが、「上」の資産は一人もなく、「中」が五二人(三〇%)であり、「下」が一二一人(七〇%)であった(男女合計の比率)。

この表で興味深いことは、職業と資産状況のあいだの相関関係が判明することである。

資産状況「中」には会社員や官吏、教員、新聞記者、医師、弁護士などの新しい職業が多く、逆に資産「下」には、無業、無職、商人、在来的職人、農業、職工などが多かった。一九三〇年代半ばの滝野川には、このように新中間層と在来的職人・農業、労働者という三種の職業の人びとがいた。このうちで、新中間層と労働者はおそらく震災後に移住してきた人びとであり、従来からの在住者にはいない新しい職業の人びとであった。三種の職業の人びとを資産でみると二つに区分され、「中」の新中間層と「下」の在来的職人・農業・労働者の人びとに分割された。

資産・職業と学業成績、進路の三者のあいだに相関関係のあることがわかることも、この表の興味深い点である。結論的にいえば、資産「中」の家の子どもは、総じて学業成績が甲でよく、中等学校進学者も多かった。これに対して、資産「下」の家には、学業成績が乙や丙で劣る子どもが多く、中等学校進学者も少なくて、尋常科を終えて進学したとしても、そのほとんどは高等小学校であった。逆にいえば、学業成績が甲であっても高等小学校に進学した子どもは男女あわせて一二人存在したが、その全員が資産「下」の家の出身であった。あるいはまた、尋常科卒業後に進学しなかった男女二一人は、すべて資産「下」の家の出身であり、なかには成績甲の子ども二一人いたが、「進学せざる事由」のほとんどは「貧困」であり(二一人中の二〇人)、経済的理由が進路に大きな影を落としていたことがわかる。

**表 19**　尋常小学校卒業生の進路と成績・家庭状況／男子
（東京市滝野川区滝野川尋常高等小学校尋常科，1936 年 3 月卒業）

| 進路 | 人数 | 学業成績 | | 家庭の資産状況 | | 世帯主の職業 |
|---|---|---|---|---|---|---|
| 中学校 | 29 | 甲 | 25 | 上 | | |
| | | 乙 | 4 | 中 | 22 | 会社員 8，無業 3，教員 3，貸地業 2，下宿業，僧侶，新聞記者，米穀商，彫刻師，建築業，医師 |
| | | 丙 | | 下 | 7 | 会社員 2，官吏 2，弓矢師，著述業，無業 |
| 実業学校 | 15 | 甲 | 10 | 上 | | |
| | | 乙 | 5 | 中 | 6 | 植木職，銀行員，商店員，形紙商，玉突商，鉄道官吏 |
| | | 丙 | | 下 | 9 | 会社員 2，無業 2，養鶏業，油商，商店員，薪炭商，酒商 |
| 高等小学校 | 32 | 甲 | 7 | 上 | | |
| | | 乙 | 24 | 中 | | |
| | | 丙 | 1 | 下 | 32 | 無業 11，無職 2，官吏 2，印刷局雇 2，魚商 2，市役所雇，指物職，会社員，電気局員，古物商，木炭商，保険外交員，金属業，工員，大工，木材商職人，商人，飲食店 |
| 進学せず | 10 | 甲 | 1 | 上 | | |
| | | 乙 | 6 | 中 | | |
| | | 丙 | 3 | 下 | 10 | 無業 2，竹細工職，洋食店，手工業，鉄商，大工，人力車夫，会社員，土工 |
| 計 | 86 | 甲 | 43 | 上 | | |
| | | 乙 | 39 | 中 | 28 | |
| | | 丙 | 4 | 下 | 58 | |

出典）東京市滝野川尋常高等小学校『発送文書綴　区』自 1936 年 1 月至 1938 年 12 月

**表 20**　尋常小学校卒業生の進路と成績・家庭状況／女子
(東京市滝野川区滝野川尋常高等小学校尋常科，1936 年 3 月卒業)

| 進　路 | 人数 | 学業成績 | | 家庭の資産状況 | | 世帯主の職業 |
|---|---|---|---|---|---|---|
| 高　等女学校 | 36 | 甲 | 24 | 上 | | |
| | | 乙 | 12 | 中 | 23 | 会社員 8，官吏 3，無業 2，紙商，代議士，歯科医，工場主，教師，小学校長，彫刻家，農業，銀行員，弁護士 |
| | | 丙 | | 下 | 13 | 会社員 6，官吏 2，魚商，教師，無職，機械職，酒商 |
| 実　科女学校 | 11 | 甲 | 1 | 上 | | |
| | | 乙 | 10 | 中 | 1 | 会社員 |
| | | 丙 | | 下 | 10 | 会社員 3，装身具，家具商，商業，紙商，飲食店，鉄職，無業 |
| 高　等小学校 | 29 | 甲 | 5 | 上 | | |
| | | 乙 | 24 | 中 | | |
| | | 丙 | | 下 | 29 | 無業 8，商業 3，ペンキ屋，煙草商，小間物商，大工，無職，建築業，洋服商，電気器具商，会社小使，機械商，洗濯業，火夫，洋裁業，靴店，下宿業，活動弁士，消防夫，教師 |
| 進学せず | 11 | 甲 | 1 | 上 | | |
| | | 乙 | 5 | 中 | | |
| | | 丙 | 5 | 下 | 11 | 無業 3，商人，医師，会社員，菓子商，職工，大工，飲食店，鉄筋業 |
| 計 | 87 | 甲 | 31 | 上 | | |
| | | 乙 | 51 | 中 | 24 | |
| | | 丙 | 5 | 下 | 63 | |

出典）同前

このように震災後の滝野川地域には明瞭な階層差が存在し、中等学校進学者の多い新中間層と、高等小学校進学者が多く、なかには進学できない者もいた在来的職人・農業・労働者の二つの階層に分かれていた。前者の階層の人数はおよそ三割、後者はおよそ七割であり、後者の階層の多い点に滝野川の特徴があった。ここからは次の二つの点を指摘しておきたい。一つは、戦前の日本社会では教育水準と経済的状況のあいだにはっきりとした相関関係があったことが想定できるのであり、仮に学業成績が優秀で中等学校への進学の希望があっても、経済的条件によって阻まれることが少なくなかったことである。

もう一つは、都市新中間層の多く住んだ中野地域と比べると、滝野川の地域的特徴（階層的特徴）は大きく異なっていたことである。その点からすれば、当然であるが、中野の事例のみで東京を代表させることはできない。階層的差異が教育水準を規定していたことを含めて、都市での教育経験を理解する必要があるだろう。

ただし、両地域の階層的相違にもかかわらず、滝野川にあっても一九三〇年代になると家庭教育が盛んに説かれ、家庭と学校の連携が盛んにうたわれていた。この点はすでに第2章の最後で紹介した通りであり、家庭教育の強調という点では中野と滝野川に大きな差はなかった。ここからは、一九三〇年代の都市において初等教育のモデルとなったのが家庭教育だったこと、家庭教育はどの地域においても強調されたことが想定されよう。だが、ここから都市の初等教育と子どものかかわりを、家庭教育―都市新中間層(近代家族)といったラインのみで把握してしまうと、それは言説と実態の落差を見誤ることになる。滝野川では、学校が家庭教育を盛んに説いたとしても、それは容易に家庭でとり入れられなかったのであり、その点からしても都市の地域的特徴の把握が欠かせないのである。(16)

# 第5章　教育の社会的機能と社会移動

初等教育が普及した日清・日露戦争期に、子どもが小学校教育から何を受容したかについては、すでに第2章で検討した。そこでは、国家意識や規律に加えて、新しい公平観や世界観、脱亜意識、読書能力、向学心などにいたるまで、子どもは初等教育から多様な影響を受けていたことを指摘した。学校教育で受けた多様な影響を教育の社会的機能と呼ぶならば、教育の社会的機能は、第一次世界大戦後になると新たな展開をみせることになる。初等教育をうけた人が、その後どのような教育経験を積んだのか。ここでは第3章と第4章の検討もふまえ、あらためて第一次世界大戦後にもどりながら、教育の社会的機能について考察してみたい。対象とする時期は、第一次世界大戦後から日中戦争前頃までである。

## 画期としての第一次世界大戦

民衆の教育経験を考えるうえで、第一次世界大戦は次の三つの点で大きな画期になった。その第一は、本書で縷々述べてきたように、民衆の就学にとって第一次世界大戦が大きな画期となったことであり、都市下層社会の地域も含めて、第一次世界大戦後になると男女の子どものほとんどが小学校を卒業するようになった。新中間層の多く住む都市と農村では教育水準に無視しえない格差があったが、ともかくも民衆の教育経験を考えるうえで、第一次世界大戦後が一つの重要な画期になることはまちがいない。

第二は、第一次世界大戦をきっかけとした大戦景気が都市への人口集中をうながし、農村から都市に向けての社会移動が活発に展開したことである。都市への社会移動を主導したのは農村の青少年であり、その背景には都会熱と教育熱があった。第三に、第一次世界大戦後は大正デモクラシーの時代であり、民衆の教育経験には時代の影響が色濃く反映されていた。

以上三つの点を考慮して第一次大戦後の教育の社会的機能を考えるとき、次の四つを指摘することができるように思う。それは、①国家主義的な教育内容と規律、②社会移動を促す契機、③社会集団の担い手の形成、④民衆運動のなかのリテラシー、の四つである。これらのうち②③④は、いずれも日清・日露戦争期にみられなかった新しい機能であり、いずれも大正デモクラシーの時代と深くかかわったものであった。と同時に、これらの新しい機能にかかわり、新しい教育経験を積んだ人びとの多くが、日清・日露戦争の頃の生まれであったことは注意しておいてよい。第1章で指摘したように、第一次世界大戦後の農村では男女ともに尋常小学校を卒業し、男子であれば高等小学校まで進学するようになっていたが、その世代とはちょうど日清・日露戦争期に生まれた人びとであった。すでに別のところで指摘したように[1]、この世代の農村青年はそれまでの農村世代と異なり、都市と農村の格差や、教育・文化の問題、家との関係に強い関心をはらった。この世代にとって教育は欠かせない自己形成の要素であり、都市への関心や社会的な上昇志向が強く、農村の既存の秩序からも比較的自由なのがこの世代の特徴であった。

## 教育の社会的機能（1）——国家主義的な教育内容と規律

第一次世界大戦後の小学校では、自由教育の影響を受け、自治や自習の気風をとりいれるところが出てきたが、教科書や行事などでの国家主義的な教育内容は継続し、とくに満州事変以降になると、その内容は一段と強化されるようになった。この点はすでに第2章で指摘してあるので、ここでは学校教育を通じて形成された時間の規律についてふれておく。

学校で形成された時間の規律は、(a)太陰暦から太陽暦への転換、(b)学級編成とカリキュラムによって一定の集団が同一の時間を共有すること、(c)一時間程度で区切って時間を利用することなどがあり、いずれも近代に入ってからはじめて導入されたものであった。

(a)について、地域社会のなかで太陽暦が最初に導入されたのは役場と学校であり、学校に通う児童は地域のなかでもっとも早くに太陽暦を経験した人びとの一人であった。太陽暦の導入によって、地方ごとに流れていた時間は全国で画一化された時間に統一され、標準時に接続することで世界の時間へとリンクされた。また太陽暦のなかには、三大節をはじめとした国家的祝祭日が設けられ、地方の神々の時間に代わる天皇制の時間の形成がはかられた。

だが、太陽暦は地域社会のなかに容易に浸透せず、そのため日露戦後の地方改良運動では、太陽暦の徹底や国家的祝祭日の定着がやかましく叫ばれた。[2] 一九二四年一月一日に書かれた次の農村青年の日記は、新潟の農村で太陽暦が浸透していく様子をよく示している。[3]「新年らしき気分の認むへき無きは此のあたり皆一月後の暦の陋習を守ればなり、啻学校生徒のみ四方拝の式に参列せんとて晴着に着替て行く」(傍点、引用者)。ここでは次の二つの点、すなわち一九二四年にいたっても太陽暦の行事がまだ定着していない農村があったこと、しかし小学校の生徒だけは四方拝の行事に参加していたことに注意すべきである。生徒が晴れ着を着ていたことにも留意すべきであろう。国家的祝祭日は、学校を通して新しいハレの日に位置づけられるようになったのであった。(b)(c)は、いずれも学校内で新たにつくられた時間の規律である。すでに第2章で指摘したように、東京府田無小学校で学年ごとの学級編成がしかれたのは一九〇〇年のことであり、およそ日清戦後になると、小学校の学級は複数の学年が一緒の編成から一学年ごとの編成にかわった。学年ごとに別々のカリキュラムで授業をおこない、一時間程度で時間を区切って集団で同じ時間を共有する学校の時間は、それまでに経験したことのないものであり、近代が地域社会に新しく導入した規律にほかならなかった。[4] こうして学校の時間は、村の時間を近代の新しい時間に転換し、新しい時間の規律を人びとに受容させるうえで大きな役割をはたしたのである。ここで村の時間とは、太陰暦により、農業のリズムと密接に結びついて循環していた時間、地方ごとに流れていた時間、小さな神々の時間、こういった特徴を備えていたものであり、これに対して新しい時間とは、太陽暦により、時計によって進化する時間、全国的に統一され、画一化された時間、天皇制の時間、短時間に区切って集団で過ごす時間といった特徴をもったものであった。

近代日本の場合、新しい時間の浸透にとって初等教育のはたした役割は大きく、人びとは子どものときに小学校ではじめて新しい時間を体験したのであった。[5] 新しい時間に象徴されるように、初等教育が子どもに与えたものは近代的な規律であり、さらには天皇制的な国家主義であった。

## 教育の社会的機能（2）――社会移動と夜学校・講義録

第一次世界大戦後から一九三〇年代にかけて、大都市部の人口はめざましく増加した。人口増大の主力は一〇歳代後半を中心にした青少年であり、かれらの多くは農村出身であった。農村から都市に働きに出る場合、勉強の機会を求める青少年が多く、かれらは夜学校や講義録で勉強した。農村から都市への社会移動とかかわって夜学校・講義録が普及したこと、講義録の普及は社会集団の担い手にもかかわる事柄であったこと、これが第一次世界大戦後における教育の社会的機能の二番目の特徴である。この点については、すでに別のところで論じたことがあるので、(6) その内容を簡潔に紹介し、のちに二つのエピソードを紹介してみよう。

第一次世界大戦後に都市に働きに出た青少年が、就職と勉強の両立を希望したことについては多くの史料で確認することができる。ここでは以前に利用していない史料を一点紹介しておく。(7) 一九二八年四月、東京市中央・上野・新宿の三カ所の職業紹介所利用者を一カ月間調査したところ、東京に働きに出たかれらの理由の三六・三％は「求職」であり、三六・一％が「勉学」であった。利用者の七六％は二五歳未満だったので、ここには都市に移動する青少年の願望がよく示されているといっていいだろう。

このような傾向は、第一次世界大戦後ともなると、民衆のなかで教育の契機が徐々に大きくなり、民衆のなかにも教育を含めて人生設計を考える人びとが出てきたことを意味している。とはいえ、戦前の学校教育制度は現在と大きく異なり、義務教育の尋常小学校以降は複線型の教育階梯をとっていた。そのため、中学校に進学できずに高等小学校に通い卒業した青少年が、働きながら勉強することで社会的地位を上昇させようとすれば、残された道は、ほとんど唯一、夜学校や講義録で中等学校程度の勉強をし、中学校卒業資格などを取得する以外にはなかった。

講義録は、当時無数といっていいほど多くの種類が発行されており[8]、発行部数も当時の全国の中学校生徒数(一九万人、一九二五年)をゆうに超えていたことが想定できる[9]。講義録購読者の所在地を統計的に確認できる史料がないので、早稲田講義録の機関誌から懸賞当選者や中学科修了生の住所を検討してみると、講義録の購読者は、郡部の村や町にあたる農村・地方に五、六割、市にあたる都市部に二、三割、残りが朝鮮・台湾などの海外に住んでいた[10]。また投書などの文面からすれば、中学講義録の購読者でいちばん多かった学歴は高等小学校卒業生であり、ついで中学校の中途退学者であった。この当時は、経済的な理由や父母の病気など、家の都合で中学校に進学できず、高等小学校まで で働かざるをえなかった男子が膨大に存在していたが、かれらこそが中学講義録のもっとも熱心な読者であった。ここで講義録購読者の例を二人紹介してみよう。

## 半世紀ぶりにもどった「中学講義録」ノート

一九九三年七月一五日、『朝日新聞』の夕刊に「ノートブック『速成中学講義録』を関係者へお渡しします」という小さな投書が掲載された。

その投書によれば、このノートは沖縄で戦死した日本兵の遺品をアメリカ兵が持ち帰ったものであり、日本のNさんがアメリカの知人からその返還を依頼されたとのことであった。A5判のノート表紙には「国場善智」というサインがあり、約六〇ページのノートのほぼ半分にびっしりと青インクで「日本地理講義」の内容が書き込まれていた。中国東北部で終戦をむかえたNさんにとって、このノートはどうにも気になるものであったが、一年たっても関係者がわからず、一九九四年七月、Nさんは結局ノートを新聞社に預けることにした。

その年の八月一四日、『朝日新聞』は、「半世紀…ノートが返ってくる」として、その後の追跡調査を報じた(図9)。それによれば、沖縄の那覇市から北へバスで一時間の具志川市に善智の兄と妹が健在であり、善智は男五人、女一人の六人きょうだいの四男として一九二三年ごろに生まれたことがわかった。善智の家庭は貧しく、小学校卒業後は兄とともに稼ぎのいい南洋の島に出稼ぎにいった。ノートが書かれたのはこのころのことであり、兄の話によれば、善智は朝七時から夕方まで水につかって開墾したあと、寝ないで勉強したという。善智は当時一四、五歳、三〇冊ぐらいの本を持ち、本が郵便で送られてきたこともあったという。

善智のノートにある速成中学講義録とは、当時中学講義録の最大手であった大日本国民中学会が手がけていたものであり、昼間通えば五年間かかる中学全科目をわずか一年間で学習できるというものであった。善智はこの講義録をだれかに借りたのだろうか、

半世紀…ノートが返ってくる

第1報 戦後47年

米軍上陸の沖縄に残った「速成中学講義録」

「速成中学講義録」と書かれたノート

第2報

1938年ごろ、出稼ぎ先の南洋の島「あいつは寝ないで勉強していた」

沖縄で

東京で

米国で

図9 『朝日新聞』1994年8月14日

あるいは兄の記憶にある「郵便で送ってくる本」とは講義録のことだったのだろうか。

南洋から数年で沖縄に戻った善智は、その後郵便局の配達員になり、戦争末期には海軍に入隊、戦後は米軍の配給物資を地域に分配する仕事をしていたが、肉腫のため二八歳の若さでなくなった。善智の知人によれば、善智の住む質素な家には墨書で「努力」という言葉が掲げられていたという。

新聞記事はノートが半世紀ぶりにもどるとして、最後をこうしめくくった。

貧しさの中で、勉強好きだった一人の青年が書きつづったとみられるノートは、沖縄から米国、東京、そして再び沖縄へと渡った。戦火を免れたそのノートは、間もなく栄野川さん(妹さん—引用者注)の手に返る。

## 山梨・飯窪三千雄の例

南洋の島に出稼ぎにいった善智が何の目的で講義録に接したのか、そのことは残念ながらわからない。だが戦前の日本で善智のように講義録で勉強した人は、決して少数ではなかった。

善智ともう一人、講義録で勉強した人を私の聞き取りから紹介してみよう。飯窪三千雄は一九一五年、山梨県中巨摩郡南湖村和泉に生まれた(11)。三千雄の家は、一町五反を耕す自小作農家であり、稲と養蚕、農閑期の日雇などで生計をたてていた。高等小学校を卒業した三千雄は、家の農業を手伝いながら中学講義録で勉強をつづけた。善智と同じ大日本国民中学会の一年コースであった。農作業の合い間や夜が講義録で勉強する時間であったが、疲れたからだでは思うようにはかどらなかったという。それでも当時の村のなかには、同世代に補習学校や講義録で勉強した人びとがおり、刺激しあって勉強した。講義録での勉強を通じて、しっかりした自分の意見をもてるようになり、社会生活上の自信がついて軍隊でも役にたったと、三千雄は自分の人生をふり返る。三千雄は小学校卒業後から短歌と詩をつくりはじめ、戦時中は青年団の重要な担い手として、戦後はまた地域の文化活動のリーダーとして頭角をあらわした(12)。

現在の通信教育にあたる講義録は、およそ一八八〇年代後半から戦後の高度成長に入るころまで、小学校卒業後や中学校中退の青少年が購読したものであった。講義録のピークは第一次世界大戦後の一九二〇年代であり、当時、講義録や夜学校で勉強することは「苦学」や「独学」と呼ばれていた。現在ではほとんど聞かれることのないこの言葉のうちに、日本近代のある時期の教育をとりまく独特な世界が表現されていた。

講義録購読者に共通のキーワードを講義録の投稿欄などから集めてみると、努力、向上、奮励、奮闘、克己、成功、修養などがあった。競争場裡の社会を努力や奮励によって勝ち抜き、人格の陶冶と社会的地位の向上を達成して成功を修める、これが独学者の描く夢であった。だが、独学で資格などを取得する成功例は、実際にはきわめて少なかった。独学には、こうした青少年の教育熱を冷却させる側面があったが[13]、村に残った青年たちも含め、講義録購読者の中核部分には独学成功者が存在し、少数ではあってもかれらがたえず独学者の上昇志向を鼓舞していたと考えるべきであろう。独学の成功者は、農村から都市への移動、上級学校への進学、社会的地位の上昇という社会的上昇ルートを志向する者にとって憧れの存在であり、青年に社会的上昇を促す原動力であった。

資格をとれなかったり、都会に出ることのできなかった青少年のなかには、独学による勉強を人格の陶冶や修養として位置づけたり、農村の改造をめざした人が少なくなかった（先の飯窪三千雄はその代表例であろう）。講義録にかけたかれらのエネルギーは一様でないが、大きくは二つの方向性をもっていたといっていい。一つは村のため、郡のために働くことをさらに国のためにまで結びつけて理解する場合であり、都会に出ることのできない講義録購読者の上昇志向が地域内にとじこめられ、天皇制の枠内に誘導されたケースである。ここには見田宗介が描くところの、金次郎主義としての立身出世主義、天皇制の支配秩序にからめとられた立身出世主義が示されている[14]。ただしこの時期、農村にとどまった青年の教育熱がすべて天皇制の方向に収斂されたわけではなかった。かれらのなかからは講義録での勉強をきっかけに自己形成のちからをたくわえ、大正デモクラシーの時代に呼応しながら、農村の自主的改造の担い手になった人びとも登場したのである[15]。

講義録や夜学校での独学は、一九三〇年代になると徐々にその余地を狭められたが[16]、最終的にこの勉強スタイルが消滅するのは戦後の高度成長期であり、それまでは敗戦後もまだ存続しつづけたように思われる[17]。

## 教育の社会的機能(3)——社会集団の担い手形成

教育の社会的機能の三番目は、社会集団の担い手の形成にとって教育の契機が強まってきたことである。この点は、一九二〇年代から一九三〇年代にかけての青年団と農民組合青年部、あるいは昭和恐慌期の農村経済更生運動のなかに確認できる[18]。

第一次世界大戦後の農村社会では、大正デモクラシーの影響を受けた農村改造の機運が高まり、その担い手として農村青年が台頭した。かれらの多くは、前述の日清・日露戦争期生まれの世代であり、都市と農村の格差や教育・文化に関心をもち、いままでの世代にはみられない課題を新たに提起した。

その代表例の一つに青年団の討論会がある。系譜をたどれば一八九〇年代にまでいきつく青年団の討論会は、大正デモクラシー期になると青年の台頭を支える有力な場として復興した。各地の村々で、青年たちは農作業の合間に寺院や幹部の家に集まり、討論や談話のための会を開いた。討論や演説、すなわち「話す」という行為は、学校教育の場で制約されていたものであり、それを民衆自身が新たなコミュニケーションスタイルとして獲得していったのであった。その意味で討論・演説は、何よりも自己啓発の方法だったのであり、また社会認識のための機会でもあった(19)。

青年団と並んで農村青年の台頭を象徴したのが、農民組合青年部であった。一九二〇年代後半の農民運動には、明治維新期に生まれた第一世代に対して、新たに日清・日露戦争期に生まれた第二世代が加わった。青年団の担い手と同様に、小作青年の自己形成にとっても教育の契機が強く、第一世代にはみられなかった農村文化の創造といった新たな課題を農民運動に提起した。教育の契機は昭和恐慌下の農村経済更生運動にもあらわれ、更生運動の中堅人物には、自小作・小作中農層という階層のほかに、高等小学校以上を卒業し、農家経営を継承するといった要件が含まれていた(20)。

以上のように、一九二〇年代になると教育は社会集団の形成にも影響を与えた。ただしその影響を及ぼす方向性は流動的であり、教育熱をもって都市に出るのか農村に残るのか、農村に残った場合にも、先述の金次郎主義の方向をたどるのか、あるいは農村の自主的改造にとりくむのか、いくつかの選択肢があった。

### 教育の社会的機能(4)——民衆運動のなかのリテラシー

「話す」という行為に加えて、学校教育によって与えられた「読む」「書く」という行為を民衆がとらえ返したこと、それが教育の社会的機能の四番目である。第一次世界大戦後は、民衆が「読む」「書く」という行為に積極的に参入した時代であった。「読む」ということでいえば、そこには共同体的・音読的読書形態から個人的・黙読的読書形態への長い時間をかけた転換があった。前田愛の議論を継承した永嶺重敏が明快に論じたように、(21)この転換は都市と農村でタイムラグをともないながら、また世代間で両者の読書形態が同時に併存する時期を含みながら、長い時間を費やして進行したものであった。(22)

この転換にとって第一次世界大戦後は重要な画期であり、永嶺はそれを「大衆読者層の登場」「読書の階級性」として指摘した。読書はここで、それまで個人的読書から遠いところにいた民衆に自己啓発や自己確認の契機を与えることになった。「主体的な読者が徐々に育ちつつあった」(23)のであり、この時期の民衆運動の展開には、民衆自身の読書体験がかかわる場合が少なくなかった。

個人的・黙読的形態による「読む」行為の獲得は、民衆自身が「書く」行為を獲得する過程と重なり合っていた。別のところで指摘したように、(24)第一次世界大戦後になると小作青年のなかからも日記をつけはじめる人びとが登場した。ここに登場した青年たちは、日清・日露戦争期に中農程度の小作農家に生まれ、小学校卒業後も村に残って何らかのかたちで勉強した人びとであった。彼らにとって小学校教育は欠かせないものであり、農村の上層の地主や自作農家だけでなく、小作農家のなかからも文章を「書く」ことへの関心をもった青年があらわれたのがこの時期の特徴であった。彼らが日記をつけ出したのは大正デモクラシーの時代であり、彼らは何らかのかたちで新時代の影響を受けていた。日記はその意味で、新時代のなかで自己形成をとげるための努力の証であった。日記はまた小作農家経営の現状を確認し、改善を志向するための有力な手段でもあった。

民衆自身が「書く」行為を獲得していく過程は、「謄写版（ガリ版）文化」[25]あるいは出版文化といわれるものを現出させる過程でもあった。この時期には、中央においてあるいは地域において、おびただしい数の出版物が発行された。[26]地域で印刷物をつくる際にガリ版はなくてはならないものであり、ガリ版の所有の有無が「書く」行為に影響を与えることすらあった。[27]

ガリ版で印刷された地域の出版物を紹介してみよう。山梨県中巨摩郡落合村の青年団が一九二三年に発行した『団報』（第四号）は、ガリ版で印刷された三六頁の小冊子である。冒頭に国民精神作興詔書と五か条の誓文、落合村青年団団歌を掲げたこの冊子は、時局に関する評論、エッセイ、短歌、青年団活動の記録、会計を掲載してある。その内容は、どこの青年団の『団報』にもよくあるもので、特段のことではない。だが、よく考えてみれば、各地の青年団や社会団体が独自の機関誌をガリ版や活版で印刷し、定期的に発行する、そのことはいつの時代にでも、世界のどこにでもあることではなく、大正デモクラシー期の日本に特徴的な出来事であった。

この小冊子でもう一つ印象的なことは、短歌の欄があることである。これもまた、こうした機関誌によくみられることであり、この『団報』に特有のことではないが、しかし、さまざまな機関誌に短歌や俳句、詩の欄があることは、それ自体、きわめて特徴的なことだと考えるべきであろう。

青年団の『団報』は、各地で広く作成されていたものであり、上からの統制の側面ももっていた。そこでもう一つ、別の冊子を紹介してみよう。落合村の青年団は、その後、農民組合の影響力が強まり、昭和恐慌期になると独自の文芸雑誌『耕す人々』をガリ版刷りで発行した。そこには、農民組合の主張に連なる文章や、短編小説、詩、短歌、作文などが載っている。この冊子は、民衆運動がリテラシーを獲得していること、民衆運動は文芸に対して強い関心を寄せていたことを示している。(28)

「民衆運動のなかのリテラシー」、これは第一次世界大戦後の日本の民衆運動の大きな特徴だといっていいだろう。実際、農民組合や労働組合などの社会運動には、文芸欄を備えた固有の機関誌があることが一般的であり、「民衆運動のなかのリテラシー」が広範に獲得されていたことがわかる。ここには学校教育によって与えられた「読む」「書く」という行為を、民衆自身がとらえ返していく過程がみてとれるのであり、民衆の教育経験の蓄積のされ方がよくあらわれていた。民衆運動の機関誌にみられた文芸欄は、戦後の民衆運動の過程で復興し、労働者文学や農民文学をうみだしていった。

以上のように、第一次世界大戦後の民衆運動や地域社会では、それまで学校教育のなかで制約されていた「話す」という行為を新たに獲得し、さらには学校教育で付与された「読む」「書く」という行為をとらえ返す過程があらわれた。「読む」ことのとらえ返しは、共同体的・音読的読書形態から個人的・黙読的読書形態への転換のなかで可能になったことだが、それは単なる個人的な行為ではなく、個人的な読書を前提にした新しい共同体的な読書を通じて可能になったものであった。「新しい共同体的な読書」とは、書物や出版物のまわし読みや読書会などを通じて形成されたものであり、[29]先の永嶺重敏のいう「読書の階級性」にかかわることであった。「読む」ことと同様に、「書く」こともまた個人的な行為を前提にして機関誌や文芸雑誌が作成され、新しい共同体的形態が形成された。このような「民衆運動のリテラシー」は、満州事変以降の戦時期の断絶をはさんで、第一次世界大戦後から敗戦後にいたるまでみられた。[30]

以上、第一次世界大戦後にあらわれた教育の社会的機能を四つにまとめてみた。これらの内容からは、民衆の経験にとって教育の比重が高くなってきたこと、学校教育を通じた国民形成の過程は、それをとらえ返す民衆的な過程をつねにともなっていたこと、その象徴的な内容が「民衆運動のなかのリテラシー」であったこと、社会的機能の四つには規律(統制)とリテラシーの獲得のように相互に矛盾する側面があり、矛盾を含みながら多様な教育経験を形成していたこと、などを指摘することができる。この過程は、その後の戦時下にどのような変容をこうむったのか、あるいは民衆運動や民衆のリテラシーはどのような影響を受けたのか、次の第6章と第7章ではこうした点を検討することになる。

# 第6章　戦時下の少国民——農村と都市の対比

## 1　少国民の問い方

戦時期の子どもに関する記録は膨大な数にのぼる。当時の体験の回想記や評論、研究、文集、創作など、発刊されているものだけでも相当数があり、これに私家版を加えればその数はもっと増えるであろう。一九九四年に作成された学童疎開の文献目録によれば、学童疎開だけでも記録が一〇七点、評論・研究が三一、詩集一四、劇画・絵画一一、創作一〇九、文集八六、関連する資料・調査一六七など、膨大な数にのぼる(1)。

学童疎開を含め、戦時期の子どもの記録はおよそ二つの画期を通じて作成されてきた。一つは一九七〇年代であり、この頃から体験者の回想記や文集が多くあらわれるようになった。一九七〇年代の記録の記念碑的作品が山中恒『ボクラ少国民』であろう。本巻五冊と補巻一冊からなるこの本は、一九七四年から一九八一年にかけて辺境社から刊行された。「少国民」に視点を合わせることの重要性を強調し、史料をもって語らせる方法をとることで、『ボクラ少国民』は子どもを対象にして戦時期を検討することの重要性を明瞭にした。

もう一つは、学童集団疎開五〇周年の一九九四年、戦後五〇年の一九九五年に向けたおよそ一〇年間の時期である。一九八六年頃から学童集団疎開の展覧会が開催されるようになり(2)、その後、東京都品川区や豊島区、大阪市などで学童集団疎開の資料集も発刊されるようになった(3)。また一九九四年には、それまで活動を続けていた疎開学童連絡協議会が『学童疎開の記録』全五巻をまとめた(4)。この過程で学童集団疎開についての研究も進展し、豊島区立郷土資料館で学童集団疎開の展示や資料集発刊を精力的に担った青木哲夫の研究成果や、教育史の側からの逸見勝亮の研究などがあらわれた(5)。

以上にみられるように、戦時期の子どもに関する記録や証言、回想は豊富になったが、しかし少国民の研究が着実に進展しているかといえばそうではないように思われる。その理由は三つほど考えられよう。一つは、戦時期の子どもや教育に関する政策の実施過程は複雑な経過をたどっており、それを確認する基礎的資料の発掘が不足しているために、事実の確定がまだ重要な課題として残されていることである。この点は学童集団疎開についてもあてはまるが、近年出版された逸見勝亮の仕事は、東京都の学童疎開関係文書と文部省の関係史料を本格的に利用した貴重な成果であり、この研究によって集団疎開政策の時系的解明が進んだことはまちがいがない(6)。

二つには、戦時期の子どもの綴方や集団疎開日記など、子ども自身が書いた史料をどのように位置づけるのかという問題がある。のちにも述べるように、戦時期に子どもが書いた資料はすでに多数発掘されているが、その多くは戦時教育のなかや集団疎開先で、あるいは新聞社などの求めに応じて書かれたものであり、それらのほとんどは教師や行政、メディアの期待のまなざしのなかにあった。あるいはまた、それらを書いた本人の履歴や社会環境が不明な場合が多く、書かれた文面通りに評価していいのかどうか判断が難しい。ここでは史料を歴史的・社会的文脈のなかに位置づけることが必要なのであり、またそれが可能な史料の選択が求められている。

三つには、戦時期の子どもの検討は都市の子どもにかたよっており、都市の子どもの戦時体験や疎開体験が戦時期の子どもの内容として語られることが多いことである。国民学校→学童集団疎開→空襲→敗戦→青空教室とつなぐ叙述スタイルは、もちろんまちがいではないものの、このコースで説明できるのは戦時下の子どもの一部に限られるのであって、このコースのみで戦時期の子どもを説明することは、かえってステレオタイプ化された少国民像を再生産することになりかねない。

以上の三点を考慮し、また戦時期が日本近現代史研究の重要な研究対象になっている現状に鑑み、以下では本章と次の第7章の二つの章にわたって戦時期の子どもの検討をおこなう。二つの章に共通する課題は、本書の視角を生かして戦時下の農村と都市の子どもを対比することであり、そのためここでは戦時期の児童生活調査と子どもの日記をとりあげ、この二つの史料を用いて各地域における戦時教育の意味と学校の比重を照射したい。具体的には本章で児童生活調査と農村の子どもの日記をとりあげ、第7章では都市のある子どもの学童集団疎開日記を分析し、さらにその子どもの疎開体験と戦後史を重ねて検討する。

## 2　十五年戦争下の小学校と子ども

満州事変の前後から、小学校の行事には天皇制的国家儀礼が増大し、授業のなかにも国家主義的色彩が濃厚になってきた。以下には、第1章でとりあげた東京府北多摩郡田無町の田無小学校に即して、一九三〇年代の推移を素描しておきたい(7)。

田無小学校の一九二九年度と一九三三年度の学校日誌によると、三大節や明治節、神宮式年遷宮祭遥拝式の際には小学校で式典が開かれ、新嘗祭には神社参拝がおこなわれている。海軍記念日と陸軍記念日には講演会が開かれ、靖国神社例大祭と田無神社例大祭では学校を休業にして田無神社への参拝がおこなわれた。田無小学校で国旗掲揚式がおこなわれるようになったのは一九三一年度からであり、当時の小学校長本橋織太郎は、かねてから児童ならびに一般の人に愛国と国旗崇敬の精神を発揚したいと考えており、今年から「国威国権の表徴」たる国旗を掲揚することにしたとある。また児童の君が代合奏を確認できるのは一九二六年からであり、田無神社の例大祭で君が代の合奏がおこなわれている。国旗の掲揚や君が代の合奏を含め、一九三〇年代前半の田無小学校では行事のなかに天皇制的国家儀礼や神社の祭祀が組み込まれ、その比重を増していったことを確認できよう。

日中戦争が勃発すると、小学校行事の軍事色はいっそう強まった。一九三八年度に田無小学校で実施された国民精神総動員実行行事には、慰問袋・慰問文を出したり、遺家族を手伝った児童を朝礼で称揚する「善行称賛」、神社・寺院の清掃、近くの東大農場での勤労奉仕、学用品節約と全校一斉の「ダルマ貯金」、慰問活動、墓参・神社参拝などがあった。

一九三九年度になると勤労奉仕が強化され、桑園や東大農場、工場などへの勤労奉仕が学校の日程に組み込まれた。一〇月三日からの銃後強化週間では、「児童には児童としての時局認識が必要である」として、東京日日新聞社発行の小学生新聞が配布され、時局地図・ニュース写真・新聞切り抜きを掲示することが奨励された。また体位向上のために自転車通学を禁止して徒歩通学を励行させている。ここには、児童を将来の国民として位置づけるのではなく、「時局認識」をもった小さな国民(少国民)として位置づける戦時期の特徴がよくあらわれているといっていいだろう。**表21**にみるように、田無

**表21**　田無尋常高等小学校の校外行事

| 年　次 | 尋常1・2年 | 3・4年 | 5・6年 | 高等1・2年 |
|---|---|---|---|---|
| 1929年春 | 田無自動車学校 | 新井薬師 | 東村山 | 高幡・百草 |
| 秋 | 豊島園 | 哲学堂・豊島園 | 大月・猿橋 | 箱根(旅行) |
| 33年秋 | ? | ? | ? | 大島(旅行) |
| 38年春 | 井之頭公園 | 井之頭公園 | 野火止平林寺 | 野火止平林寺 |
| 秋 | 豊島園 | 高幡 | 飯能 | 飯能 |
| 39年春 | 東伏見 | 井之頭公園 | 石神井公園 | 多摩河原 |
| 秋 | 村山貯水池 | 村山貯水池 | 武州御岳山 | 江ノ島・鎌倉 |
| 40年春 | 井之頭公園 | 石神井公園 | 多磨霊園 | 多磨霊園 |
| 42年春 | 東伏見 | 善福寺 | 高尾山 | 高尾山 |
| 秋 | 豊島園 | 豊島園 | 多摩聖蹟記念館 | 上野科学博物館 |
| 45年春 | 東伏見 | 善福寺 | 三宝寺 | 村山 |

出典）田無尋常高等小学校「学校日誌」,「学事報告」

小学校の校外行事も戦時期に入ると多磨霊園や多摩聖蹟記念館など皇室関係の場所に変わり、校外行事の目的も、かつての「児童の実地踏査により知識を確実にし見聞を広むる目的」(一九二八年度)から、「児童の見聞を広め且つ体育と団体的訓練」(一九三五年度)へと直された。(8)

一九四一年四月、小学校は国民学校へとかわった。この年になると小学校はいままで以上に戦時体制に組み込まれ、毎月一日の興亜奉公日(一九四二年一月からは大詔奉戴日)には、勅語奉読式、奉安殿と神社の清掃、参拝、出征兵士への祈願、戦没兵士の墓地清掃、慰問文発送、勤労奉仕がおこなわれた。一年間を通して勤労が強調され、毎週水曜日は勤労作業の日、金曜日は掃除訓練の日と定め、出征兵士家庭への勤労奉仕や東大農場などへの勤労奉仕がおこなわれた。毎月ダルマ貯金を実施して貯蓄に協力し、慰問活動をおこなった者などを表彰する「善行称賛」も引きつづきおこなわれた。この年の「学務報告」から勤労奉仕の日数を確認すると、五月には六日、六月は三日、七月・八月は一日、九月は二日、一〇月から一二月はそれぞれ一日おこなわれている。

国民学校における天皇制的な国家儀礼の強化は、大胆な教育改革の結果でもあった。この点を寺崎昌男と戦時下教育研究会の成果から整理すると、(9)まず第一に、国民学校の目的は「皇国の道に則りて初等普通教育を施し国民の基礎的錬成を為す」(国民学校令第一条)とあり、「皇国の道」が明確に初等教育に位置づけられた。第二に、その目的遂行のために位置づけられたのが「錬成教育」であり、ここでは従来の教育が「上から下への教え込み」として批判され、教育での「自発性」を改めて調達するために、教科外活動や学校運営での行事・儀礼が重視されることになった。寺崎らがいうように、国民学校は「旧来の小学校を、地域・家庭との連関のもとに再編成しようとする試み(10)」にほかならなかった。

第三に、この目的のために教科が大胆に統合され、初等科では国民科(修身・国語・国史・地理)、理数科(算数・理科)、体錬科(体操・武道)、芸能科(音楽・習字・図画・工作)の四教科になった。高等科ではこれに実業科が加わった。これらの教科について、たとえば岐阜県師範学校附属小学校で作成された「国民学校経営の方途(11)」では、国民科を「国民精神の涵養」と位置づけ、そのなかで修身・国史・地理では、それぞれ「皇国」の「道義的使命」「歴史的使命」「世界的使命」を「自覚」し、読方・綴方・話方・書方では、「国語の修錬」をはたすと位置づけていた。体錬科では、「濶達剛健なる心身の育成」が掲げられ、芸能科では「芸術的技能の修錬」と「情操の醇化」が、また高等科の実業科では「産業の国家的使命の自覚」が目標とされた。これに対して理数科はやや異なり、「合理創造の精神」を身につける科学教育の振興が位置づけられていた。これらの教科は、つねに行事や儀式と一体のものとして考えられ、学校における施設は家庭・社会との連絡も考慮されていた。たとえば、国民科には授業以外に三大節や興亜奉公日、勤労奉仕、節約貯金などの行事があり、国民科のなかの修身では学校以外に家庭・社会で神社清掃や道路清掃、少年分団の活動などを担うことが位置づけられていた。あるいは体錬科での行事には、運動会や遠足、ムシ歯予防デー、健康週間、水泳会などがあり、家庭・社会ではラジオ体操や冷水摩擦などをおこなうとした。

以上にみられるように、国家的使命を自覚した「皇国民の基礎的錬成」をおこなうのが国民学校であり、そのためには教室の内外で、家庭や地域でつねに「皇国民」としての鍛練をおこなうことがめざされた。「皇国民」として鍛練し、国民としての自覚を強くもった存在が少国民にほかならなかったのである。

## 3　戦時期の児童生活調査——農村と都市

太平洋戦争期の児童について興味深いことの一つに、児童の生活調査が頻繁とおこなわれるようになったことがある。その背景には国民学校の誕生があり、国民学校の役割を徹底させるためには学校内外での児童の生活状況を詳細に把握することが求められたのである(その意味で戦争には、平時には注目されない日常を映し出す側面があった)。ここでは以下の三つの調査を利用して、戦時下の児童の生活状態についていくつかの指摘をおこなう。

A　日本青少年教育研究所編『児童生活の実態』(朝倉書店、一九四三年)
B　東京府社会教育課『少国民生活調査報告』(一九四三年)
C　教育研究同志会事務局『学童の生活調査』(一九四二年)(12)

これらの資料の利用にあたって注意すべき点を二つ指摘しておく。一つは、三つの資料はそれぞれ調査方法が少しずつ異なるが、いずれの調査でも農村と都市の両地域で調査がおこなわれ、両地域の子どもが対比されていたことである(都市はまた山手と下町に区分されている場合もあった)。なぜ戦時期になって都市と農村の対比が共通に意識されるようになったのか、この点の理由は残念ながら不明だが、おそらくは児童の生活状況の詳細な把握という先の指摘と関係しているように思われる。つまり、少国民を範型とする教育を全国で徹底しようとすれば、都市と農村の生活状況の差異が改めて認識され、そこから両地域を比較対照した調査が課題として浮上したのではないかと思われる[13]。もう一つは、戦時期の調査ではあるが、勤労奉仕や慰問活動など、戦争の進行を直接示す内容が調査されていたわけではなく、一日の生活時間や手伝い、遊びの種類など、日常の生活構造が調査対象になっていたことである。もちろん読書の内容や地域での少年団活動など、調査項目によっては戦争の影響を知ることができる[14]。だが、これらの資料の利用価値は、何よりも農村と都市の児童生活を対比させて検討できる点にあるように思われる。その意味では、前項に記したような戦時期に少国民として錬成の対象になった子どもと本項の児童生活構造は相補的関係にあり、両者を含めて戦時期の子どもを考察する必要がある。

## 平日の生活時間

さて、以下にはまずAの資料を用いて平日一日の子どもの生活時間を検討してみよう。調査地は、農村、都市山手、都市下町の三地域であり、都市山手は都市住宅地区から、都市下町は都市商工業地区からそれぞれ選ばれた。**表22**によれば、農村の子どもは、都市下町の子どもとくらべて睡眠時間が短く、家の手伝い時間が長かった。睡眠時間が短

**表 22**　子どもの生活時間(平日)

(1 日あたりの時間)

| 内　訳 | 男　子 | | | 女　子 | | |
|---|---|---|---|---|---|---|
| | 農村 | 都市山手 | 都市下町 | 農村 | 都市山手 | 都市下町 |
| 睡眠 | 8.50 | 8.57 | **9.21** | 8.43 | 8.45 | **9.10** |
| 学校生活 | **8.07** | 6.28 | 6.14 | **8.45** | 6.56 | 6.45 |
| 予習復習 | 0.45 | **1.12** | 0.30 | 0.43 | **1.44** | 0.51 |
| 読書 | 0.34 | 0.31 | 0.27 | 0.26 | 0.30 | 0.28 |
| 家の手伝い | **1.21** | 0.47 | 1.04 | **1.43** | 0.52 | 1.30 |
| 遊び | 0.49 | **1.44** | **1.44** | 0.40 | 0.55 | **1.07** |
| ラジオ | 0.19 | 0.30 | 0.27 | 0.20 | 0.21 | 0.21 |
| 映画 | 0.02 | 0.01 | 0.07 | — | — | — |
| 少年団行事 | 0.04 | — | 0.02 | — | 0.01 | — |

出典）日本青少年教育研究所編『児童生活の実態』朝倉書店，1943 年
注 1）1942 年 10 月初旬，晴天の日の調査
2）国民学校初等科 4 年，6 年，高等科 2 年の調査
3）農村：千葉県 2 カ村の児童 480 人
都市山手：都市住宅地区の代表として，東京山手の国民学校 2 校の児童 300 人
都市下町：東京商工業地区の代表として，東京下町の国民学校 2 校の児童 305 人

いのは朝早く起きるからであり、[15]農作業や家事の手伝いをしてから登校することが多かったからである。農村女子の手伝い時間一時間四三分は子どものなかでもっとも長く、ついで農村男子の一時間二一分であって、都市山手の子どもの五〇分程度とは対照的であった。

農村の子どもの場合、以上に加えてもう一つ大きな特徴があった。それは学校生活時間が長かったことであり、男子で八時間余り、女子では八時間四五分にもおよんでいて、都市の子どもより一～二時間も長かった。調査報告書によれば、授業時間

はどの地域でも同じであり[16]、農村の学校生活時間が長かったのは、通学距離の関係で登校時間が早かったことに加えて、下校時間が遅かったからであった[17]。農村の登校時間は七時四五分から八時一五分頃、これに対して都市では七時五〇分から八時四五分頃であった。また下校時間は学年によって異なり、もっとも差の大きい高等科二年生では、農村で一五時四〇分から一六時、都市では一四時三〇分から一五時四〇分であった。以上の結果、農村と都市の学校生活時間に大きな差があらわれることになった。都市の子どもの学校生活時間は六時間程度にとどまっており、帰宅後の都市山手男子は遊びと予習復習に、都市山手の女子は予習復習にそれぞれ時間を費やした。また都市下町の子どもは睡眠と遊び、家の手伝い時間が多かった。

一般的印象からすれば、都市のほうが農村より教育熱心であり、上級学校への進学も盛んなはずである。その点からすれば農村と都市の学校生活時間の相違は「常識」とあわないように思われるが、おそらくそうではないのだろう。この点について報告書では、「都市の児童は、放課と共に用事の済み次第下校するが、農村児童は尚学校に居残って、そこでいろ〳〵な生活を営むものと見られ、農村の児童の生活の一つの特色をなすものと考へられる」と指摘されている[18]。この指摘からすれば、都市と農村の子どもでは生活に占める学校の比重が異なることが想定されよう。つまり、都市には学校以外にも遊び場や刺激を受ける場所があり、また山手では家庭が教育や受験準備を担う場になっていたので、都市の子どもは放課後すぐに下校したのだと考えられる。これに対して、農村の学校生活時間の長さについては、報告書に次のような興味深い指摘がある。「家庭での勤労生活の多いものにこの下校時間のおくれてゐることは、両者を対応して見て興味のあるところと云はれやう」[19]。つまり報告書では、家の手伝い時間と学校生活時間とのあいだに相関関係があり、手伝い時間の多い子どもに下校時間が遅くなるものがいると指摘しているのである。先の**表22**をみれば、家の手伝い時間がもっとも長い農村女子は学校生活時間も一番長かった。この点は農村男子についてもあてはまることであった。農村の学校生活時間についてはもう一つ、農村では学校が絶大な刺激を受ける場所になっており、授業終了後も学校に残って遊んだりしたことが想定できる。以上のように、子どもの生活のなかで学校のしめる比重は地域によって異なっていたのであり、その差は家の手伝いや予習復習など、家業・家庭のあり方と大きくかかわっていた。

子どもの生活時間を男女差にもとづいて整理しなおしてみよう。男女差がはっきりとあらわれていたのは、学校生活時間と睡眠時間、家の手伝い時間であった。学校生活時間は三地域ともに女子の方が男子より三〇分程度長く、この点は報告書で、「学校に居残って生活する時間が女児に多いことを語ってゐる」と指摘されていた[20]。また女子の睡眠時間が男子よりやや短いことも三地域に共通する特徴であり、これは、「わが国児童の一般の傾向と云ってよいやうである」といわれていた[21]。男女差についてさらに詳しくみると、農村と都市下町の女子では手伝い時間が、また都市山手の女子では予習復習時間が長い点がそれぞれ目につく。逆に男子の場合、都市山手・下町の男子の遊び時間の長さが目立ち、山手の男子はそれ以外の時間を予習復習にあて、下町の男子は家の手伝いをしていた。

以上からすると、平日の子どもの生活時間は次のように特徴づけることができよう。女子は、地域にかかわらず男子よりも少し早く起床して学校に長くいたこと、残りの時間は男子より家にいることが多く、農村と都市下町では家の手伝いを、都市山手では予習復習をすることがそれぞれ多かった。これに対して都市の男子は外で遊ぶ時間が長く、山手では残りの時間を予習復習に、また下町では家の手伝いにあてていた。

## 休日の生活時間

表23は休日の子どもの生活時間である。平日と比較してまず目につくのは、農村と都市山手の子どもの睡眠時間の相違である。農村での睡眠時間は、平日よりも一〇分程度短くなっているのに対し、都市山手の睡眠時間は逆に四、五〇分も長くなっていた。都市山手の日曜日は、男女ともに文字通り休日なのであった。ぐっすりと眠ったあとで、都市山手の男子は家を手伝うことも少なく、思いっきり遊び、予習復習をしていた。山手の女子は男子より家にいる時間が長く、家の手伝いと予習復習に多くの時間をさいて

**表 23**　子どもの生活時間(日曜)

(1 日あたりの時間)

| 内　訳 | 男　子 | | | 女　子 | | |
|---|---|---|---|---|---|---|
| | 農村 | 都市山手 | 都市下町 | 農村 | 都市山手 | 都市下町 |
| 睡眠 | 8.35 | **9.42** | 9.22 | 8.31 | **9.32** | 9.35 |
| 学校生活 | — | — | — | — | — | — |
| 予習復習 | 1.15 | **1.41** | 0.34 | 1.15 | **2.04** | 0.44 |
| 読書 | 0.50 | 0.50 | 0.51 | 0.41 | 0.39 | 0.47 |
| 家の手伝い | **3.30** | 0.31 | 1.45 | **3.51** | 2.01 | 2.07 |
| 遊び | 3.56 | 4.55 | **5.05** | 2.11 | 2.37 | **2.56** |
| ラジオ | 0.23 | 0.37 | 0.53 | 0.28 | 0.40 | 0.33 |
| 映画 | 0.06 | 0.18 | 0.26 | 0.12 | 0.15 | 0.14 |
| 少年団行事 | 0.30 | 0.06 | 0.03 | 0.15 | 0.01 | 0.07 |

出典）同前

注 1）2）同前

3）調査人数は，農村 442 人，都市山手 318 人，都市下町 300 人

いた。休日の予習復習時間がもっとも長いのは都市山手の女子であり、ついで都市山手の男子であった。都市山手では、戦時下にも教育熱や受験熱が冷めたわけではなかったといっていいだろう。

これに対して、都市下町では男女ともに遊ぶ時間が長く、その他の時間は家の手伝いをしていた。また農村の日曜日は何よりも家業を手伝う日であり、早く起きて三、四時間手伝っていた。農村の手伝い時間は平日よりも二時間程度多かった。

休日の過ごし方を、男女差にもとづいて整理しなおしてみよう。生活時間からみた場合、男女差がもっとも明瞭なのは都市山手であり、農村や都市下町ではそれほど大きな差がなかった。男女差を形

**表 24**　家の手伝い時間

（時間）

| 内訳 | | 男子 | | | 女子 | | |
|---|---|---|---|---|---|---|---|
| | | 農村 | 都市山手 | 都市下町 | 農村 | 都市山手 | 都市下町 |
| 平日 | 初等科 4 年 | 1.02 | 0.40 | **1.06** | 1.14 | 0.46 | **1.16** |
| | 初等科 6 年 | **1.13** | 0.41 | 1.04 | 1.16 | 0.53 | **1.40** |
| | 高等科 2 年 | **1.43** | 1.06 | 1.01 | **2.28** | 1.01 | 1.30 |
| 日曜 | 初等科 4 年 | **1.39** | 0.06 | 1.37 | **2.09** | 1.04 | 1.38 |
| | 初等科 6 年 | **2.54** | 0.55 | 1.46 | **3.18** | 1.58 | 1.10 |
| | 高等科 2 年 | **5.17** | 0.26 | 1.57 | **6.27** | 3.39 | 3.19 |

出典・注）同前

づくったのは家の手伝いであり、都市山手の手伝い時間は男子の三一分に対し、女子は二時間であった。そもそも当時の休日には、どの地域の子どもでも平日より多く家を手伝っていたが、そのなかで都市山手男子の手伝い時間のみが平日より少なかった。

手伝い時間を学年ごとに示した**表 24** から、手伝いの様子をもう少し詳しくみてみよう。平日の場合、学年や地域、男女にかかわらず、手伝い時間はほぼ一時間程度だったが、農村の高等科二年生のみは手伝い時間が増加しており、男子は一時間四三分、女子では二時間二八分を手伝いに費やしていた。

休日になると、農村の手伝い時間は学年とともに増え、初等科四年生では二時間程度、六年生では三時間、高等科二年生では五、六時間にも及んでいた。農村の手伝い時間は男女差よりも学年差の方が明瞭であり、農村では年齢に応じた家業の役割分担がはっきりしていたことがわかる。とくに高等科二年生の一四歳頃ともなると、平日・休日ともに大事な労働力として期待されていた。農村以外では、休日の高等科二年生になると差がはっきりとし、都市山手・下町の女子の手伝い時間は三時間以上、都市下町の男子が二時間だったのに対し、都市山手の男子は際だって少なく、わずか二六分にすぎなかった。

## 子どもは一日をどのように過ごしたか

Aの資料には、手伝いと予習復習、遊びの三種類について、それぞれの時刻で子どもの何パーセントが従事していたのかを調べた詳しい資料が掲載されている。調査対象は農村の高等科二年生男女、農村・下町の四年生男子、山手の六年生女子である。いままでの生活時間をまとめる意味で、子どもたちの一日の過ごし方を再構成してみよう。

まず平日について。農村の高等科二年生男子の場合、手伝いの時間は起床から朝食まで と下校後から夕食までの間に集中し、とくに下校後は著しく多かった。遊びの時間は下校後に少しみられ、予習復習はほとんどが夜八時前後におこなわれている。すなわち、農村の一四歳の男子は、朝起きると半分近くの子どもが手伝いをし、朝食後に学校に出かけ、帰宅するとある程度の子どもは遊ぶが、多くの子どもは家の手伝いをすませ、夕食後に予習復習にとりかかる一日を送っていた。こうした生活は農村の一四歳の女子でもほぼ同様であり、異なるのは下校後に遊ぶ子どもが女子の場合には少なかった点である。

農村の一四歳の子どもは、このように早朝と夕方を手伝いによって仕切られた一日を過ごしていた。このことと、先にみた農村の子どもの学校生活時間の長さは、決して無関係でなかったと思われる。農家の一四歳の子どもには、責任ある手伝いが任されるとともに、農家の生活世界を超えた領域や遊びへの関心もあった。手伝いへの責任が増すほどに、逆に農村以外の広い世界への関心が強くなる。農村と外界を結ぶうえで学校のしめる位置には大きなものがあった。それが学校生活時間の長さにつながったのだと思われる。

農村の場合、初等科四年生の男子にはまだそれほどの手伝いが課されていなかった。起床後に手伝う子どもは少なく、下校後は遊びが一番多く、手伝いと予習復習がそれに続いていた。こうした一日の過ごし方は、下町の初等科四年生男子もほぼ同様であった。これに対して都市山手の六年生女子は、下校後にまず予習復習にとりくみ、ついで遊び、手伝いの順になっている。手伝いは夕食前に集中し、夕食後には再び予習復習が多くなった。

休日の場合には、以上述べた平日の特徴がいっそう際だってあらわれた。農村と下町の四年生男子は一日中で遊ぶ時間がもっとも多かった。山手六年生の女子では、午前中の九時から一一時にかけて予習復習をする子どもが多く、遊びは一四時から一七時を中

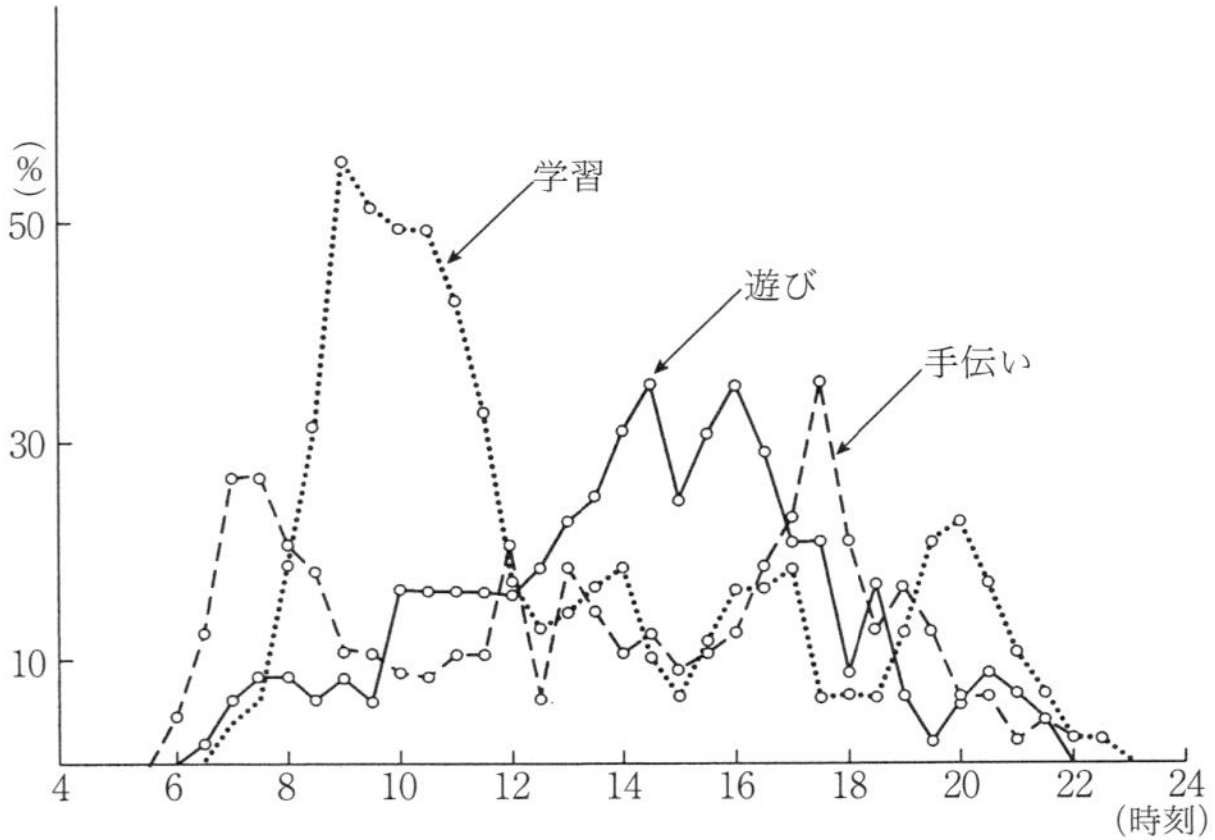


出典）表 22 に同じ

**図 10**　都市山手の国民学校初等科 6 年生女子の一日（休日）

心に、また手伝いは七時、一二時、一七時半を中心に行われていた（図10）。

これに対し、農村の高等科二年生の休日は何よりも勤労のためにあった。**図11**と**図12**をみてほしい。一見して休日は男女ともに手伝いが中心だったことがよくわかるだろう。男子の手伝いは、七時半、一四時、一六時を中心にしており、いずれも食事と食事の間におこなわれていたのに対し、女子の手伝いは、六時半、八時、一一時半、一七時と食事前に集中していた。時間帯からすれば、男子の手伝いは農業を中心とし、女子は家事を中心にしていたといってまちがいない。手伝いを中心にした一日ではあったが、男子の遊ぶ時間は平日よりは多く、手伝いの少な

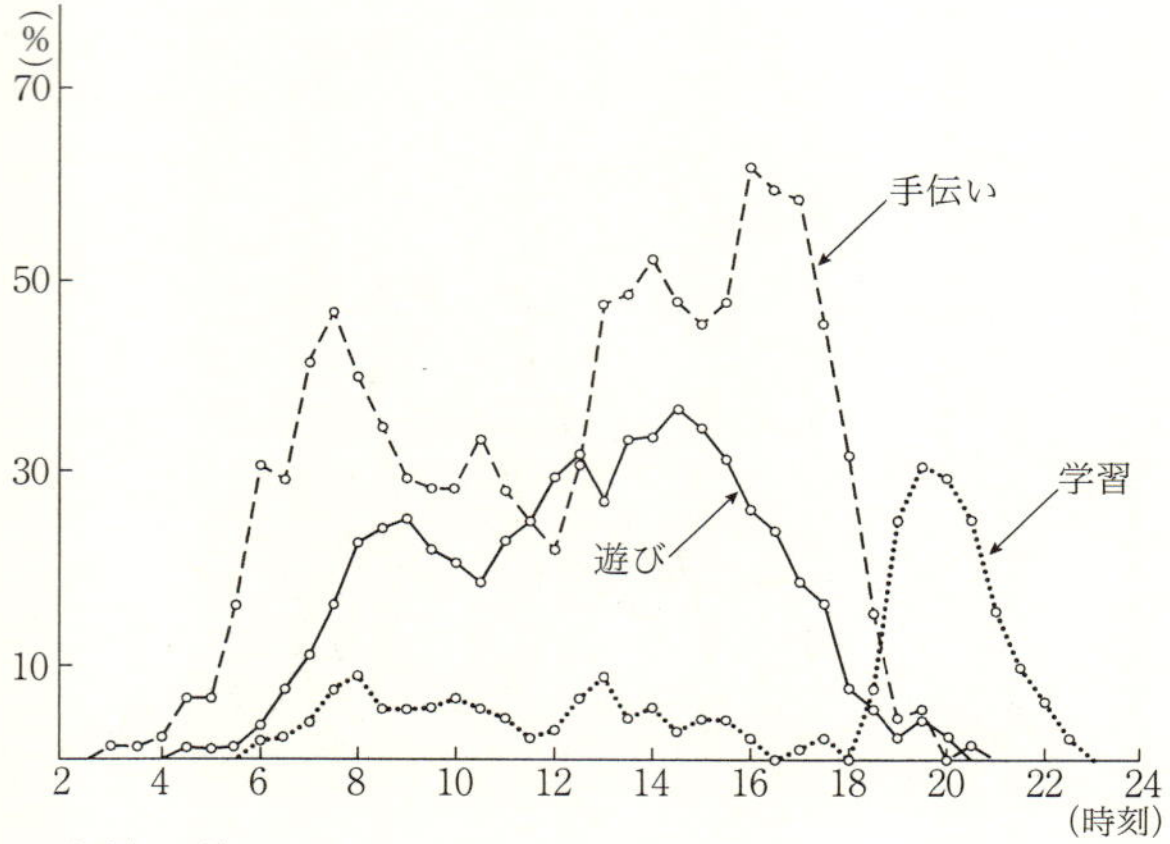


出典）同前

**図 11**　農村の国民学校高等科２年生男子の一日(休日)

くなる九時頃と一五時頃に遊んでいたのに対し、女子で午前中に遊ぶものはきわめて少なく、一三時から一四時頃に遊びの時間がみられる程度であった。予習復習は男女ともに夕食後にある程度みられただけであった。このように、農村の一四歳の休日は、何よりも手伝いを軸に構成されており、とくに女子の昼間は手伝いの比重がきわめて高かった。

**表25**はＢの資料にもとづいて手伝いの種類を示したものである。この資料での農村は、農業(六〇%)を中心とした東京府西多摩郡が対象になっており、都市山手は公務自由業(三七%)、商業(三五%)を中心とする東京麻布区が、都市下町は商業(四〇%)、工業(二五

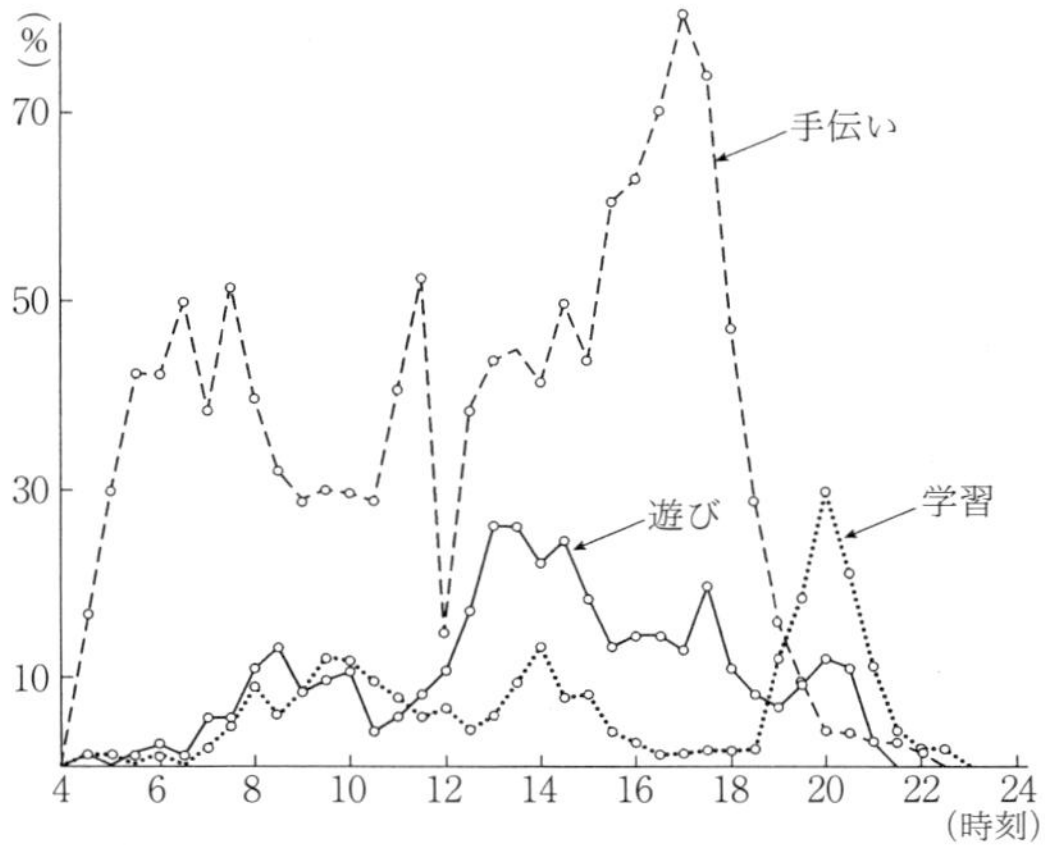


出典）同前

**図 12**　農村の国民学校高等科２年生女子の一日（休日）

%）を中心とする東京深川区がそれぞれ選ばれている。[22] 表の集計は複数回答のため、あくまでも目安にすぎないが、農村では男女ともに家事と家業、掃除、弟妹の世話が、都市山手では女子の掃除、食事の手伝い、家事が、下町では男女の掃除、食事の手伝い、家事、お使いがそれぞれ目についた。商工業を中心とした都市下町の手伝いに家業がほとんどみられないのは意外だが、この点は日中戦争以降の経済統制と関係していたのではないかと思われる。すなわち、経済統制によって切符制や配給制、下請制が実施され、中小の商工業では事務上の手続きや処理が煩瑣になった。そのため子どもの手伝う余地がなくなり、家業手伝いはほとんどみ

**表 25**　子どもの手伝いの種類(東京府，平日)

（単位：人）

| 内　訳 | 男　子 | | | 女　子 | | |
|---|---|---|---|---|---|---|
| | 農村 | 山手 | 下町 | 農村 | 山手 | 下町 |
| 家事 | 102 | 59 | 86 | 105 | 68 | 67 |
| 家業の手伝い | 109 | 4 | 9 | 96 | 5 | 2 |
| 掃除 | 53 | 90 | 120 | 86 | 160 | 170 |
| お使い | 19 | 34 | 57 | 59 | 50 | 43 |
| 弟妹の世話 | 45 | 15 | 26 | 40 | 26 | 30 |
| 食事の手伝い | 35 | 22 | 66 | 27 | 72 | 138 |

出典）東京府社会教育課『少国民生活調査報告』1943 年
注 1）1942 年 6 月 8 日〜13 日までの平日 1 日の調査
2）各地域ともに，国民学校 4 年生以上高等科 2 年生までの児童で，各学年男女各々 50 名ずつの調査．地域の調査人数合計は 500 名
3）農村：初等科・高等科ともに西多摩郡調布国民学校
山手(都市山手)：初等科―麻布区麻布国民学校，高等科―麻布区麻布中央国民学校
下町(都市下町)：初等科―深川区白河国民学校，高等科―深川区明川国民学校
4）回答は複数回答
5）調査項目には，ほかに「るす番」があるが，回答数が少ないので省いた

られなくなった。しかしその代わりに親の家事を手伝うことが多くなり、都市下町の子どもの掃除・食事の手伝いは三地域のなかでもっとも多かった[23]。

表示はしてないが、Bの資料からは手伝いの内容をもう少し詳しく知ることができる。それによれば、都市下町では高等科になると手伝い数が「飛躍的に多く」なり、男子も「意外に多く」、食事の手伝い、弟妹の世話、家事などを担当していた[24]。これに対して都市山手の男子に手伝いが「特に少」ないのはAの資料と同様であり、また農村では尋常科四、五年生が掃除、

弟妹の世話に当たり、食事の手伝いや家事は女子が、家事のなかの水汲みや風呂炊と戸外での農業手伝いは男子がそれぞれ当たっていた。

児童生活調査からもう一つ、子どもがだれと娯楽をしたかを調べた表を掲げておこう（**表26**）。この表からは男女差と地域差の二つを読み取ることができる。男女差とは、女子は母親と、男子は父親と娯楽をすることが比較的多いことであるが、それ以上に印象的なのは農村と都市の地域差であり、農村では父母と一緒に娯楽をする子どもが多かったのに対し、都市では母のみと娯楽をする子どもが多かった。

**表26**　子どもは家庭でだれと娯楽をしたか

（単位：件）

| 内訳 | | | 父と一緒 | 母と一緒 | 父母と一緒 |
|---|---|---|---|---|---|
| 農村 | 男子 | 初等 | 122 | 177 | **255** |
| | | 高等 | 237 | 249 | **301** |
| | 女子 | 初等 | 133 | 298 | **304** |
| | | 高等 | 123 | **349** | 288 |
| 都市 | 男子 | 初等 | 220 | **238** | 212 |
| | | 高等 | 41 | **63** | 44 |
| | 女子 | 初等 | 174 | **356** | 208 |
| | | 高等 | 42 | **112** | 44 |

出典）教育研究所同志会事務局『学童の生活調査』1942年
注 1）農村は1941年11月から12月の調査．都市は1940年10月から11月の調査
2）各地域ともに，初等科は6年生，高等科は1，2年生を調査
3）農村：青森・岩手・栃木・東京・山梨・静岡・新潟・広島の各府県の16小学校（初等科866人，高等科1125人）
都市：東京市下の7小学校（初等科468人，高等科367人）

## 児童生活調査にみる戦時下の子どもの生活

以上の児童生活調査の検討から確認できることは、戦時下の子どもの生活は、地域、年齢、男女の三つによって大きく異なっていたことである。とくに農村と都市の地域差は戦時下にあっても大きく、農村で生産と生活に密着した農家でくらすのか、都市山手の住宅地で公務自由業や商業などに従事する親とくらすのか、あるいは都市下町の中小商工業の家でくらすのかで、子どもの生活構造は大きく異なっていた。農村の場合、子どもの日々の生活を規定していたのは、家業と結びついた手伝いであり、そして学校であった。平日は朝夕を、また休日は一日の大半を家業や家事の手伝いに費やしていた農村の子どもは、それゆえ学校にいる時間も長く、農家の時間と学校の時間の二つの時間によって生活を成り立たせていた。農村の子どもの生活を律していた二つの時間の意味を過不足なく理解することが大切であろう。

手伝いの時間は、農村、都市下町、都市山手の順で少なくなっており、都市山手の子どもの日々を規定していたのは、手伝いというよりも予習復習の時間であった。都市山手と農村の子どもは親との娯楽でも対照的であり、家族形態を反映して都市では母のみと遊ぶことが多かったのに対し、農村では父母と一緒に遊ぶことが多かった。

手伝いや遊びは年齢とも関係しており、一四歳頃になると責任ある手伝いを任されていた。年齢とともに、本項でむしろ強調すべきなのは、男女による生活構造の差であろう。男女の差は手伝い時間に明瞭にあらわれており、とくにその相違は一四歳と休日にはっきりとしていた。なかでも農村の一四歳女子の手伝い時間は長かった。男女差が歴然としていたのは都市山手の場合であり、都市山手では家事を手伝う女子とほとんど手伝わない男子に明瞭に分かれていた。予習復習と手伝いにとりくむ女子に対し、予習復習の時間以外は遊ぶ男子というのが都市山手の男女の相違であった。

以上の特徴について、三つほど留意点を指摘しておく。一つは児童生活調査では階層を検討することができないため、調査結果には階層の平均化された姿が映し出されていることである。この点は言わずもがなのことだが、とくに農村での手伝いや予習復習時間には階層差が予想されるので、留意しておく必要がある。農村の子どもの階層差についてはまたのちにとりあげることにしよう。二つ目に、農村の子どもの生活には農業の一年間のリズムが強く反映しており、農繁期か農閑期かで一日の生活構造も異なっていた。この点でCの児童生活調査は一〇月初旬におこなわれており、農閑期の冬場とは異なる結果が反映されていることに留意する必要がある。

三つ目は戦争の影響である。先にも述べたように、児童生活調査では戦争の影響を直接読み取ることが難しい。いままで検討したなかでは、都市下町での家業手伝いの少なさに戦争の影響が反映しているように思えるが、必ずしも判然としない。ここでは、次の三つを指摘することで児童生活調査を戦時期に位置づけてみよう。

一点目は、戦争が進行する最中にも手伝いや学校生活時間、予習復習などによって仕切られた子どもの生活構造は継続していたことであり、子どもの生活が戦時色一色になってしまったわけではないことである。この点は戦時下の都市での受験熱や農村での学校の位置を測定するうえで留意すべき視点だと思われる。

しかし二点目には、児童生活調査はいずれも太平洋戦争の前半期にあたる一九四一年から一九四二年に行われており、そのことと関係して、父母や兄弟姉妹のいる家族像が暗黙の前提になっていることに注意する必要がある。別の機会に指摘したように、太平洋戦争の進行とともに兵力・労働力の動員や商工業の転廃業が進み、また戦争末期には学童集団疎開が開始されるにおよんで、家族の一員を戦争で失ったり家族が離ればなれになる家族崩壊の「危機」が進行した(25)。子どもの生活もこれらの事態と無縁だったわけではもちろんなく、農村では父や兄に代わって男女の子どもが基幹的な労働を任されるようになったり、都市の子どもは空襲や集団疎開を体験せざるをえなかった。

三点目に、子どもに対する戦争の影響は都市と農村で共通点と相違点があった。端的にいえば、空襲や疎開の有無、食糧事情の相違が戦争の影響に差をもたらすことになった。**表27**は、農村と都市における一二歳の子どもの体格を比較したものであり、ここにはいま述べた戦争の影響の差がよくあらわれていた。まず両地域に共通したことは、日中戦争期から太平洋戦争開始頃までは体格の発達がみられたが、太平洋戦争開始頃をピークとして体格の発達が鈍りはじめ、太平洋戦争末期から敗戦直後にかけては体格の発達の遅れがあらわれたことである。これは男女に共通することであった。ただし、体格の発達の遅れは農村よりも都市のほうが著しく、たとえば身長のピーク時と一九四六年をくらべてみると、都市では五、六センチ減少したのに対し、農村での減少は二、三センチにとどまっていた。その結果、都市と農村の子どもの体格は太平洋戦争末期に逆転し、それまでは農村の子どもより都市の子どもの体格のほうが発達していたのに対し、太平

**表 27**　戦時期から戦後直後の子どもの身体(12 歳)

(単位：cm/kg)

| 内訳 | | 男子 | | 女子 | |
|---|---|---|---|---|---|
| | | 農村 | 都市 | 農村 | 都市 |
| 身長 | 1937 | 132.1 | **134.7** | 132.9 | **135.6** |
| | 38 | 131.3 | **134.9** | 133.1 | **136.1** |
| | 39 | 131.8 | **135.0** | 133.8 | **135.3** |
| | 40 | 132.6 | **135.4** | 133.3 | **136.5** |
| | 41 | 132.9 | **134.9** | 132.8 | **135.6** |
| | 42 | 133.2 | **133.4** | 132.3 | **134.3** |
| | 43 | 133.0 | **133.4** | 132.5 | **133.6** |
| | 44 | 132.4 | **133.0** | 132.3 | **132.9** |
| | 45 | **131.3** | 131.2 | **131.7** | 131.2 |
| | 46 | **130.9** | 129.9 | **130.4** | 130.1 |
| 体重 | 1937 | 29.0 | **29.8** | 29.2 | **30.4** |
| | 38 | 28.9 | **30.1** | 28.9 | **30.3** |
| | 39 | 29.1 | **29.6** | 29.5 | **30.1** |
| | 40 | 28.9 | **29.9** | 29.5 | **30.7** |
| | 41 | 29.7 | **29.9** | 29.3 | **30.2** |
| | 42 | 29.1 | **29.2** | 28.8 | **29.2** |
| | 43 | 28.6 | **29.1** | **29.1** | 28.9 |
| | 44 | **29.0** | 28.6 | **28.8** | 28.5 |
| | 45 | **28.5** | 28.1 | **28.5** | 28.2 |
| | 46 | **28.2** | 27.5 | **28.0** | 27.1 |

出典)『第 1 回日本統計年鑑』1949 年
注 1) 宮城, 石川, 東京, 愛知, 京都, 大阪, 広島, 福岡における特定の小学校について, 1937 年以来, 毎年調査したもの
2) 毎年春の定期身体検査の成績による

洋戦争末期から敗戦後になると農村の子どもの体格が都市の子どもの体格を上回るようになった。

以上のように、戦争の進行は、地域や男女、年齢によって異なる生活構造の継続と家族崩壊の「危機」、子どもへの影響の地域差をもたらしたのであり、戦時下の児童生活調査はこうした全体の構図のなかに位置づけて理解する必要がある。

## 4　農村の子どもの戦時期

### 『富岡寅吉日記』

戦争は子どもにどのような影響を与えたのか、この点をもう少し詳しく検討するために、本項では農村の子どもをとりあげ、次章では都市の集団疎開を検討する。両者を通じて、農村と都市の子どもの戦時期を対比することが目的である。

ここで最初にとりあげるのは、埼玉県比企郡菅谷村に在住する富岡寅吉の日記である。寅吉は一九三九年一月、菅谷尋常小学校六年生のときに日記を書きはじめ、今日にいたる。寅吉日記は、幸いなことに一九三九年から一九四五年までのものが活字になっており、ここから戦時下の農村の男子の生活を知ることができる。(26)

富岡寅吉は、一九二六年九月一八日、準三郎とかねの長男として生まれた。富岡家は、農地改革の頃に耕作面積一町三反、所有三反程度ということであり、地域の平均耕作面積を上回る自小作上層の農家であった。(27) 寅吉が日記をつけ出したとき、富岡家には九人の家族がいた。籠屋を兼ねる祖父(五八歳)に祖母(五七歳)、農業の父(三六歳)と母(三六歳)、そして一二歳の寅吉を筆頭に一〇歳の守平、八歳のまき、五歳の隆次、三歳のいねと続く三男二女である。以下に、一九三九年の日記から太平洋戦争直前の寅吉の生活を素描してみよう。

寅吉日記を読むと、寅吉の毎日は家業の手伝いと学校生活、そして遊びによって成り立っていたことがわかる。手伝いには、子守やウサギ・馬小屋の世話、庭掃除、温床のふたの開閉など、寅吉に任されていたものと、麦ふみや縄ない、苗代耕し、草刈り、麦刈り、稲刈りなどのように、祖父母や父母から習いながら一緒に作業するものがあった。農閑期の冬場には、妹の子守や馬小屋への木の葉入れ、母との麦ふみが大事な仕事であり、家のなかでの縄ない、使い、車の後押しなどもあった。

春から夏になると手伝いは増え、田起しや草刈り、蚕の仕事が始まった。繭かきや大麦刈りが続き、夏が近づけば田の仕事が忙しくなる。真夏になると、田の草取りと蚕の世話がまた始まり、九月中旬まで蚕で忙しい日々が続いた。この間、朝早く起きて祖父や父と草刈りに出かけることが日課になり、下校後にはまた農作業の手伝いや風呂の水汲み、庭掃除などが待っていた。日曜日は手伝いで忙しく、たとえば七月二日の日曜日には、早朝に麦刈りに出かけ、日中は、父が車につけて引く肥の後押し、田へ行って肥ちらし、草引き、車の後押しと手伝いが続いた。秋になると肥運びと稲刈りを手伝い、一一、一二月には、麦蒔きや麦ふみ、木の葉集めがあった。

このようにみると、先の児童生活調査の高等小学校二年生男子の平日と休日は、春から秋にかけての寅吉の生活にふさわしいことがわかる。別言すれば、農村の子どもの生活には農業のリズムが反映されていたのであり、児童生活調査の生活をすべての季節にあてはめることはできない。しかし、それにしても寅吉日記に出てくる手伝いの種類の多さには驚かされる。農家の労働は時間が長く、きつかっただけではない。そこには膨大な種類の労働があったのであり、その労働を日々の時間のなかで家族構成員に段取りよく配分することが農家の維持にとって欠かせないことであった。富岡家の家族構成からすれば、寅吉は労働力として必要な存在であり、かつ長男として後継ぎを期待される存在でもあった。一二歳の寅吉には、補助的だが年齢に応じて大切な労働が与えられており、日々の事実を淡々と記述した寅吉日記からは、かえって手伝いに対する寅吉の責任感が伝わってくる。

寅吉は、手伝いと学校生活の合間や子守のときなど、とにかくも時間をみつけてはよく遊んだ。ぶつけ(めんこ)や鬼ごと、雪合戦、騎馬戦、ヘビや魚、ホタルをつかまえるなどが当時の遊びであった。ただし、九月から一二月の日記には遊びの記述が少なくなる。それは、手伝いや学校が忙しくなったからのように思われる。

## 学校生活が拡大することの意味

寅吉日記には、手伝いとともに学校生活についての記述が多い。寅吉の学校生活には三つの内容があった。一つは、読方や国史、理科、修身などの授業や行事にみる学校での日常生活であり、二つには高等科になってから農業実習が増えたことであり、三つには、戦争に関する行事が学校生活のなかで増えたことである(戦争については後述)。農村の高等科にはこのように農業実習があり、稲や大根、小豆の成育のために土運びや下肥やりを行い、朝や放課後の当番もあった。

従来、農村の子どもは、家と村のなかで農作業を経験し習得していた。寅吉も同様であり、寅吉は家族から農作業の技術や経験を受け継ぐとともに、家でそろばんも習っていた。これらは、教育学でいうところの「一人前になるための教育」であったが[28]、寅吉は農家だけでなく、学校を含めて「一人前になるための農作業」を習得していたことになる。「一人前になるための場」には、家や村があったが、同じ農作業の習得であったとしても、それが家や村のなかだけでおこなわれていた段階と、学校がその一部を担うようになった段階とでは、習得の意味が異なっており、戦時期は家や村の教育機能が減退して学校の教育機能が拡大する、ちょうどその境目に位置していたことに留意しておく必要がある。と同時にここでの変化は、子どもに一方的に押しつけられたわけではなかったことにも注意しておきたい。寅吉は自分から学校を休むことはなく、早朝に草刈りに出かけたときにも始業時間までには必ず登校していた。手工や運動会、遠足、修学旅行を楽しみにし、また友だちと一緒に通学する寅吉をみていると、寅吉の日々には農家の時間と学校の時間の二つの時間が流れており、寅吉はその二つの時間を生きていたことを強く実感する。寅吉日記が教えてくれることは、農村であったとしても、いや農村であるがゆえにいっそう学校生活に愛着をもつ子どもがいたことであり、一九三〇年代末ともなれば、学校生活は農村の子どもの生活に深く浸透していたのである。

一九四〇年の寅吉日記には、起床・登校・下校・就寝の時間が毎日記されている。いま試みに、高等小学校二年生の一九四〇年五月、平日の登校時間を調べると、もっとも早かったのが朝当番の日で六時二〇分、遅いときは神社の参拝と掃除のあった日で七時五〇分であった。[29] これに対し、下校時間がもっとも早かったのは簡閲点呼の日で一三時一〇分、一番遅かったのは週番のあった日で一八時三〇分であった。朝当番のあるときに登校時間の早い日が多く、下校時間が遅いときは週番や武道、農業実習などをしていた。以上の結果、下校時間から登校時間を引いた学校生活時間は、八時間台がもっとも多くて五日間あり、ついで六時間台と七時間台、九時間台が四日間ずつ、一〇時間台が三日間、一一時間台が一日間となっていた。この学校生活時間を平均すると八時間五八分になり、先の児童生活調査の農村男子の学校生活時間よりもやや長い結果となった。

寅吉はもちろんこの間も農作業を手伝っている。蚕に桑をあげたり馬のための湯をわかすなど、早朝五時頃に起きて農作業を手伝った日が五月には五日間あり、下校後はほぼ毎日草切りや桑切り、子守などをしていた。日曜日に終日農作業を手伝うのは当然だったし、農繁期には例年のごとく学校が休みになった。だが、学校生活は寅吉の世界に確固とした位置をしめており、尋常科から高等科に進むにつれて、寅吉の生活のなかで学校生活の比重は徐々に増していった。農村に住む寅吉にとって、学校は本や新聞と並んで外界と寅吉をつなぐ貴重な窓口でもあった。(30)

## 日常に拡大する戦争

農村の子どものなかにも確固とした位置をしめるようになった学校。戦争の影響はこの学校を通して子どもの世界にひろがっていった。一九三九年の日記によれば、寅吉たちは学校で戦地に送る慰問文を書き、先生から修身の時間に満州や義勇軍、戦局についての話を聞いた。毎月一日には神社に出かけ、出征兵士の武運長久を祈ってから登校した。七月七日、学校で日中戦争二周年記念日の行事があった。この頃から戦争に関連した行事や授業が多くなり、防空演習や建国体操・国民体操・行軍の合同訓練が始まった。合同訓練の際には、愛国行進曲や君が代、校歌など、歌の訓練もあった。秋になると行事や訓練は頻繁とおこなわれるようになり、行事のなかで日の丸も使われるようになった。一一月三日は明治節であり、寅吉はその日、日の丸の旗を立てて登校した。校長の話のあとに明治節の歌をうたい、その後、ラジオ体操、遊戯、建国体操、行進、閲兵分列、国民体操、体育大会と行事が続いた。歌や旗といったシンボルが戦意を高揚する手段に使われ、体操、行進が秩序を整え、体力を強化する手段に利用された。

登校の前には、出征兵士の見送りに出かけることが多くなった。神社に集まって万歳を叫び、歌をうたいながら停車場まで見送った。一〇月からは、見送りの際に日の丸を持って行くようになった。見送りだけでなく、この年には戦死した兵士の出迎え、村葬もおこなわれた。三月三日の日記には次のようにあった。「明日将軍沢の兵隊さんが無言のがいせんをして来るのでおむかへするのだ」。

寅吉日記にはその日にあったことが淡々と記されており、感情や意見を記した個所をみつけることはほとんどできない。しかし戦争の影響が学校生活にひろがるようになると、寅吉日記にもついに次のような記述が登場することになった。「今朝起きて見ると大霜で大変に寒かった。だが一線の勇士の事を思って学校に行った」(一二月二四日)。農村の子どもの日記にこのような記述が登場したのは、神社参拝や見送り、訓練が毎日のようにおこなわれ、農村の子どもの日常に戦争が深く浸透したからであった。学校を軸にした動員の日常化、学校の機能の拡大、少国民はそのなかでつくられたといっていいだろう。

ただし、戦争の日常化は寅吉の農業労働を制約する側面をもっていたことも付記しておかなくてはならない。一九三九年の寅吉日記には、神社参拝や見送り、学校の朝当番などで早朝の草刈りができない日があったことが記されている。

神社参拝なので草刈りに行かなかった（六月一五日）

今日は皇軍（行軍のこと―引用者注）なので草刈に行かなかった。そしてべんとうをもって学校に行った（六月二二日）

## 山村の子どもの事例

戦争が農村の子どもに与えた影響を考えるために、ある山村の例を紹介しておきたい。一九二九年、山梨県東山梨郡増富村強戸部落に生まれた有井金弥から、山村の少年時代についての話を聞いたことがある(31)。金弥によれば、山村の生活は戦前にそれほど変化がなく、昭和に入っても明治期の生活の多くを引きついでいたという。その山村の生活に変化が訪れるきっかけになったのが戦時期であった。

平地の農村とくらべた場合、山村の生活は農業と養蚕、炭焼き、賃稼ぎなど、多くの生業と労働を組み合わせることではじめて成り立つことができた。そのため、平地の子どもより山村の子どものほうが農作業にはたす役割が多く、強戸部落の場合、小学校二、三年生ともなれば早くも一人前として扱われて、重要な労働を任されるようになった。小学校二、三年生の金弥が任された大事な仕事は、木炭用の俵を編むことであった。自給自足の割合の高い山村の生活のなかで、当時は養蚕と木炭が貴重な現金収入源であり、有井家では父が焼いた炭を金弥の編んだ俵につめ、馬の背に乗せて山のふもとの甲府盆地の農村まで毎日売りに出かけた。

有井家で一昼夜かけて焼く炭の量は、一五貫目程度。そのため学校から帰宅した金弥は、四貫目用の俵を毎日三〜四個編まなくてはならなかった。一つの俵を編むのにかかった時間は約二〇分というので、金弥は毎日一時間程度俵を編んだことになる。金弥は、このほかにも朝づくり(ごはんを炊くこと)や田の水見を任されており、小学校五、六年生になると馬のたづな引きが仕事に加わった。

しかし、有井家の炭焼きは戦時期に大きな転機を迎えることになる。それは国民学校尋常科を卒業した金弥が、一九四一年に山梨農林学校に進学して甲府市に下宿したからであった。この時代ともなれば山村の男子でも尋常科だけで終わるものはほとんどなく、金弥の同級生の男子四五名は全員が上級学校に進学した。だがそのほとんどは高等科であり、中学校や農林学校、師範学校に進学できたのはわずか三、四名にすぎなかった。有井家の場合、決して経済的余裕があったわけではなかったが、父親の薦めによって金弥の農林学校進学が決まった。しかし、進学したことで金弥はいままでのように家で木炭用の俵を編むことができなくなった。有井家では、結局俵編みを母親が代わることになったが、金弥の進学は有井家の労働分担と炭焼きに大きな影響を与えることになったのである。

金弥によれば、戦時期の有井家にあらわれた変化は、戦後の六三三四制によって村内全体へとひろがったという。中学校の義務化により、子どもが炭焼きで役割をはたせなくなったからであり、そのため戦後には俵を売買する人も出てきた。戦時から戦後にかけての学校の機能の拡大や教育改革には、農民家族経営における子どもの役割を減少させる側面があったことに留意しておきたい。

## 矛盾の結節点＝戦時期

農村の子どもにとっての戦時期の意味を二つの側面からまとめておこう。一方で、学校生活時間の長さや学校の機能拡大、さらに戦争による動員の日常化には、農民家族経営内の子どもの労働分担と抵触する側面があったことである。その典型例が神社参拝や朝当番によって草刈りなどの早朝労働が制約されたことであり、山村での事例にも同様の傾向が含まれていた。この過程は、別言すれば家と村の農業教育機能が減退して学校の機能が拡大する過程であり、学校では農業実習や勤労奉仕がとりくまれたが、学校が家や村の機能を代替できるわけではなく、学校はむしろ戦争を日常化させて少国民をつくり出す機能を強めていった。

他方で戦争は戸主・長男などの兵力・労働力動員を強力に進め、農民家族経営に困難をもたらした。農村からの労働力動員は三つの時期に区分することができる。(32)男子青壮年を中心に農業労働力が激しく流出し、農家の側に市場対応もみられた一九三七～一九四〇年、農業要員制度を定めて農工間調整をはかったが、実際には引きつづき男子労働力が流出した一九四一～一九四二年、そして徴用が強化されて農工間調整が困難となり、兵力動員もピークを迎えることで男子労働力がいっそう枯渇した一九四三～一九四五年である。男子労働力の流出に対し、政府は勤労奉仕や共同作業所で対応したが、個々の農家でとられたのは、ともかくも残された家族の労働を強化することであった。そこで中心的役割を担ったのが農家女性であり、女子の農林業人口はこの間に一貫して増加する傾向を示した。(33)父や長男などが不在になった農家では、農家の女性に加えて子ども・老人の労働を強化し、経営主の不在を補おうとした。この点で戦争の進行は先の特徴とは逆に、農家の子どもに労働負担を強いる側面があったのである。

戦時期における家族労働の強化には、階層差と地域差がみられた。階層差とは自作農家・自小作農家よりも小作農家のほうが労働負担を強いられたということであり、地域差とは都市近郊農村より山村の方が労働を強化しなければならなかったということである。山形県飽海郡北平田村で一九三八年度におこなわれた調査では、農業労働力の中心的部分(一六歳から五〇歳までの男子)と補助的部分(上記以外の男子と女子全員)の比率を階層別に明らかにしている[34]。それによれば、家族に年雇を加えた農業労働力のなかで中心的部分の比率は、自作・自小作農家で四五・五％、小作農家で三二・六％であり、小作農家のほうが補助的労働力に依拠する割合が高かった。これを別言すれば、年雇を加えた中心的労働力は、自作・自小作農家では一戸当り二人強いたのに対して、小作農家では一戸当り一人にとどまっていた。そのため、「小作農においては特に軍事応召或は工業動員による青壮年男子労働力の減少が、直接に婦人及幼老年者の労働強化を結果することは免れ難い[35]」と指摘されていた。

戦時下における農業労働力の地域差については、近藤康男の指摘がある[36]。近藤は茨城県における都市近郊農村(日立製作所の周辺農村)と山村を比較し、近郊農村では兼業に対応した農業経営が早くからとられ、家畜や農機具を合理的に使っていたので、戦時期になって中心的労働力がとられても「案外困ら」なかったが、山村では「農具らしい農具を使は」ずに人手に依存する割合が高かったために、「却って人馬を徴発されました影響が酷い」と評した[37]。先の山梨県の山村の事例もここに位置づけることができるだろう。農村における児童労働の強化は、以上のような階層と地域のなかでとくにみられたことに留意しておきたい。

戦時期における児童労働の強化は、次の四つの局面でみられた。一つは、農家の女性労働が強化された結果、平時に女性が担っていた家事や育児の労働が子どもに転嫁されたことであり、[38]二つには農繁期における児童の欠席早退率が高くなったことである。この点について福島県下一農村の調査では、一九三八年六月の田植期において、尋常科四年生では七％が、六年生では二〇％、高等科二年生では三一％が欠席早退している。[39]三つには、農業の中心的労働を児童が担うことは難しかったものの、[40]労働力不足の農家では「止むなく幼い児童をもこれに動員せざるを得ない状態」にあった。四つには、応召農家に対する勤労奉仕に児童も動員されたことである。[41]

以上のように、農村の子どもにとっての戦時期には、範型としての少国民が提示され、児童労働を制限する方向性があらわれたが、全体としてみれば戦争の日常化と学校の機能拡大によって農民家族経営は困難の度を増し、児童労働を強化せざるをえない局面をかかえることになった。そこには、平準化の傾向と同時に差異が拡大する戦時期固有の特徴が反映されていたのであり、戦時期の農村の子どもは、農民家族経営の困難化による矛盾を体現する存在となった。戦時期の子どもを考える場合には、少国民という範型への統制と同時に右のような矛盾を視野に入れることが大事であろう。

# 第７章　学童集団疎開から戦後へ――吉原幸子の戦時と戦後

## 1　学童集団疎開と吉原幸子日記

### なぜ吉原日記をとりあげるのか

学童集団疎開をはじめとした戦時期の子どもを検討するためには、戦時教育政策の実施過程に留意するとともに、戦時期の子どもの綴方や日記など、子ども自身が書いた史料の位置づけ方に注意を払う必要がある。とくに教師や行政、メディアの期待のまなざしのなかで書かれた史料を読み解くためには、歴史的・社会的文脈のなかに史料を位置づける必要があるのであり、またそれが可能な史料の選択が求められている。この二つの点は、すでに前章の冒頭で指摘した。ここでは、学童集団疎開の検討にあたって留意すべき点をもう一つ付け加えておこう。

それは、戦後になって綴られた膨大な疎開体験をどのように位置づけるのかということである。この点については、先に紹介した逸見勝亮の本でも「学童疎開体験と相渉るために」という研究課題が掲げられていたが[1]、逸見の仕事では徹底した史料調査から判明した事実を通じて疎開体験を照射する方法をとっており、疎開体験そのものの検討は残された課題となっていた。疎開体験については、前田一男の次のような評価がある。疎開体験の評価は、強制的に疎開させた政治権力を批判する立場と、疎開先での生活に貴重な人生経験も認める立場の二つがあり、それぞれレベルが異なるが、しかし両者ともに「『平和』の価値を認めているのであり、ある意味で基本的立場は同じといえるかも知れない」という指摘である[2]。膨大に綴られた疎開体験を含めて集団疎開の意味を考える必要があるという前田の意図はよくわかる。だが両者の評価がなぜ異なるのかを十分問う前に両者の「基本的立場」を接近させてしまうと、検討すべき論点が不鮮明になってしまうように思われる。私としては、前田のいう両者の評価の相違自体を検討すべきだと考えており、そこに疎開体験をめぐる論点があると思っている。疎開体験を考えるためには、先に指摘したように、少なくとも当時の史料を歴史的・社会的な文脈に位置づけることと、疎開体験を疎開者の戦後体験と重ね合わせて検討することの二つの作業が必要であろう。

右に掲げた二つの作業をはたしながら、都市の子どもにとって学童集団疎開とは何であったのかを考えるために、ここでは『豊島の集団学童疎開資料集(3)』(以下、『資料集(3)』と略記)に収録された吉原幸子日記をとりあげる[3]。吉原日記をとりあげるのは以下の四つの理由による。

第一に、吉原日記は他の子どもの集団疎開日記とくらべてもはるかに詳細であり、集団疎開時の様子を詳しく知ることができる。吉原日記の価値はまずこの点にあるが、日記の価値はそれだけにとどまらない。吉原幸子が日記をつけはじめたのは小学校一年生の正月からであり、その事情を吉原はのちに次のように記している。「小学校一年生の終りごろから、Sは父親に言はれて日記をつけはじめる(4)」、「(一九四〇年から―引用者注)親にすすめられていやいや日記をつけはじめる(5)」。ここで吉原が「いやいや」といっているのは、後年になってからの自分の日記に対する評価が加わったからであり、その点についてはまたのちにふれるが、ここではともかくも吉原日記は集団疎開前から書かれており、吉原は日記をつける習慣を身につけて疎開に出かけたことを確認しておきたい。いままで発掘された集団疎開日記のほとんどは、集団疎開の時だけに書かれたものであり、そこには銃後の覚悟や兵士への感謝の言葉などがよく書かれている。だが、それらをどのように評価すべきかということになると、ことはそう簡単ではない。

これに対して吉原日記は、集団疎開の前後との比較が可能であり、幸いなことに、吉原日記を掲載した『資料集(3)』には集団疎開時だけでなく、疎開前後の時期も収録されている。具体的には幸子が集団疎開に出発した一九四四年八月二九日以前の七月四日から、集団疎開から帰宅後に縁故疎開に出かけた時期の一九四五年九月一四日までである。

疎開出発前の日記がわずか二カ月しか掲載されていないのは残念だが、この資料集が集団疎開の前後を検討できる貴重なものであることはまちがいない。のちに詳しくみるように、吉原日記には疎開前後の変化がよくあらわれている。これが吉原日記をとりあげる第二の理由である。

第三に、やや細かなことであるが、疎開中の記述についても吉原日記には二通りの書き方があり、この点も集団疎開の影響を考えるうえで役立つ。二通りとは、疎開中の出来事を疎開中に書いたものと、疎開後の一九四五年三月と七月に書いたもののことである。同じ疎開中の出来事についての記述であっても、この二つのあいだには明らかな差がある。

第四に、吉原の場合には吉原自身の戦後史と日記を重ね合わせて考えることがある程度可能なことである。戦後になると吉原は、父に言われてつけはじめた日記がいやになり、一九四七年、中学二年生のときに「七年間続けた習慣を自ら閉ぢ」て日記をやめた。(6) そののち、吉原は自らの子ども時代を「いい子」「純粋病」と呼び、失われた子ども時代を回復するために、第一詩集『幼年連禱』と第二詩集『夏の墓』を一九六四年に出版して詩人としてのスタートをきった。(7) この二つの詩集発刊にいたる吉原の戦後史は、明らかに吉原の子ども時代の自己総括と関係しており、その子ども時代にはさらに学童集団疎開の体験が大きな影を落としていた。

学童集団疎開の体験者は、戦後の自らの歩みのなかで疎開体験の意味を考えてきたはずである。疎開の回想記には、体験者それぞれの戦後史が反映しており、集団疎開の体験を読みとくためには、疎開体験と体験者の戦後史を重ね合わせて検討する必要がある。その点で吉原には詩集をはじめ、吉原の戦後史を考える資料がある程度残されており、検討が可能である。

以上のような理由からすれば、吉原日記は集団疎開の事実経過を詳しく知るだけでなく、多様な視点をもってその体験を読みとくことのできるものであり、その点で格好の歴史的資料だといえる。吉原幸子の少国民体験はもちろん吉原のものでしかないが、ここではできるだけ吉原個人の体験に寄りそいながらその意味を考え、そのことを通じて最終的には少国民体験の普遍的意味を考察することができればと思っている。個人的体験に徹底して内在することで、そこに普遍的意味を見出すこと、それがここでの課題である。

## 吉原幸子の略歴

最初に吉原幸子の経歴を簡単に紹介しておこう（表28参照）。

幸子は、一九三二年六月二八日、「東京・四谷のある中流家庭に生まれた」(8)。銀行家である父吉原陽と母菊とのあいだには、すでに一九歳、一六歳、一二歳離れた長兄、次兄、

表 28　吉原幸子年譜

| 年月日 | 事　　項 | 出典 |
|---|---|---|
| 1932. 6. 28 | 父吉原陽，母菊の二女として，東京四谷に生まれる．兄 2 人，姉 1 人の末っ子 | ①⑦ |
| 1939. 4 | 四谷区立四谷第五尋常小学校入学 | ⑦ |
| 1940. 1 | 1 年生の正月，三学期から父に言われて日記をつけはじめる | ⑥⑦ |
| 1942 | 豊島区高松に転居．豊島区立長崎第二国民学校に転校 | ⑦ |
| 1944. 8. 29 | 学童集団疎開で山形市光明寺に移り住む．同日，長兄出征 | ⑤ |
| 1945. 1 | 疎開中に父死去の報せを受ける | ⑤ |
| 3. 2 | 帰京．その後，大空襲の炎を見る．都立第十高等女学校に書類のみで入学 | ⑤⑦ |
| 3. 25 | 縁故疎開で群馬県水上及び敷島村へ．群馬県立渋川高等女学校に転入 | ⑤⑦ |
| 1946 | 帰京．都立第十高女(改称・都立豊島高校併設中学校)に復学 | ⑦ |
| 1947 春 | 7 年間続けた日記をやめる | ① |
| 1951. 3 | 都立豊島高校卒業 | ② |
| 1952. 4 | 東京大学文科二類入学 | ② |
| 1956. 3 | 東京大学文学部仏文科卒業 | ② |
| 1964 | 詩集『幼年連禱』『夏の墓』出版 | ② |

出典) ①『吉原幸子全詩 I』(思潮社，1981 年)，②『吉原幸子全詩 II』(同前)，③『花のもとにて春』(思潮社，1983 年)，④『吉原幸子詩集』(思潮社，1973 年)，⑤『豊島の集団学童疎開資料集(3)』(豊島区立郷土資料館，1992 年)，⑥『子どもたちの出征』(豊島区立郷土資料館，1992 年)，⑦『現代の詩人 12　吉原幸子』(中央公論社，1983 年)

姉がいて、幸子はその末っ子であった。幸子の母は一八九二年の生まれで、幸子が生まれたときには四〇歳。その頃、家庭内には複雑な事情があり、幸子は母に連れられて家を出て家族と別に暮らす経験をした。兄姉と年が離れており、また母と二人だけでの生活をしたこともあって、幸子は「母親べったりの甘ったれ」(9)であったと自らをふり返っている。

小学校入学頃になると、幸子は母とともに家に戻り、一九三九年四月に四谷区立四谷第五尋常小学校に入学した。先述のように、幸子は一年生の正月から父に言われて日記をつけだす。一九四二年、一家は豊島区高松に転居し、幸子も豊島区立長崎第二国民学校に転校した。日記を書きはじめた頃から「読書の虫」で、「愛読誌は『少年倶楽部』だったという幸子は、転校する頃には「兄姉の本棚から、白秋、春夫、朔太郎、中也などをのぞき読む」子どもであった。(10)集団疎開に出かける前の吉原日記には、「十五夜の月」という創作詩が記されており、小学生の頃からすでに詩に対する特別の関心をもっていた様子がうかがえる(一九四四年八月四日の項、以下、一九四四年の場合は、月日のみを8・4と表記する)。

一九四四年八月末、国民学校六年生のときに学童集団疎開で山形市に出かけた。疎開中の一月に父死去の報せを受け、三月二日に卒業のために帰京した。六カ月余りの集団生活であった。その後、都立第十高等女学校に書類のみで入学したものの、空襲が激しくなるなかで母は縁故疎開を決意し、三月下旬に群馬県敷島村へ疎開した。それにともない、幸子は群馬県立渋川高等女学校に転入し、勤労奉仕などに明け暮れるなかで八月一五日を敷島村でむかえた。翌一九四六年に帰京し、都立第十高等女学校(改称・都立豊島高校併設中学校)に復学した。一九四七年春、それまで七年間にわたって続けた日記をやめ、一九五一年に都立豊島高校を卒業した。翌年四月に東京大学文科二類に入学、一九五六年三月に東京大学文学部仏文科を卒業した。幸子は在学中から演劇に強い関心をもっていたが、中学・高校の国語教師に詩人の那珂太郎がおり、那珂などから影響を受けて詩をつくることもあった。一九六四年、幸子は『幼年連禱』と『夏の墓』の二冊をたて続けに出版して詩人としての道を歩みはじめ、以後何冊にもわたって詩集をまとめている。

## 疎開前の生活(一九四四年七月から八月)

学童集団疎開について検討する前に、疎開前の幸子の生活についてふれておこう。資料集の日記が始まる一九四四年七月四日の頃には、国民学校の錬成教育が徹底し、学校生活の内外に浸透していた。幸子の通う豊島区立長崎第二国民学校でも同様であり、吉原日記によれば、学校生活のなかでは空襲警報発令に対する訓練や教練、毎月八日の大詔奉読式、修身教育の徹底などに追われる日々が続いていた。六年生は自ら錬成教育にとりくむだけでなく下級生を導く役割を負っており、空襲警報の訓練では幸子が一年生・三年生を連れて学校の防空壕に入っている(7・4)。また教練では、「気をつけ」「右へならへ」「歩調をとれ」などの号令に従って動き、汗びっしょりになったとある(7・10)。

錬成教育は学校内だけでなく、学校外の時間にも深く入りこんでいた。朝、登校する前には必ず「早起きの会」がおこなわれ、いったん集まって人員点呼をしたあとにラジオ体操をしたり家の前を掃除し、その後集団で登校している。学校からの帰宅後や休日には少年団や海洋少年団の行事があった。幸子は海洋少年団(11)の一員に選ばれており、七月一六日の休日には学校に集まり、講堂で海洋少年団歌を歌ったあと、夏休み中の訓練の話を聞き、手旗訓練をおこなった(7・16)。夏休みになると海洋少年団の訓練がおこなわれ、朝七時過ぎに学校に集まって先生の話を聞いたあと、「整列五分前」などの教練と手旗訓練、ロープ結びの結索をおこなっている(7・25〜26)。錬成教育だけでなく、日常の生活のなかにも戦争は色濃くその影を落としていた。幸子は空襲警報のおそれのある夜には防空服装のまま寝たり(7・4)、家の防空壕づくりを手伝っている(7・16)。あるいはまた、幸子が読んだ本のなかには、『海南島の開発者、勝間田善作』や『密林の島々』といったものがあり、家族で観た映画にも『日常の戦ひ(12)』があって、いずれも戦時色の濃いものであった。

このように、錬成教育や銃後の活動は確実に幸子の生活に浸透していたが、しかし日記を読んで印象的なことは、一九四四年夏という戦争がおしつまった時期であっても、幸子の生活にはまだ戦争にくるまれない私的な時間・空間が残されていたことである。この点は、その後の学童集団生活と比較するとき、何よりも印象的な事柄であった。

たとえば学校生活では、この時期にプールが始まり、日記にはそれに熱中する幸子の気持ちがよく記されている。七月八日、プールに入るための身体検査があり、「私の時は、お医者さんはちょっと見たゞけで『よろしい』とおっしゃった。うれしくてたまらなかった。『よぉし、今度こそ一級になってみせるぞ』と誓った」と日記にある。幸子は鼻に慢性的な病気をもっており、またからだも決して丈夫ではなかったので、病院に通うことも多く、身体検査ではよく引っかかっていた。だが、幸子は小さい頃から「オママゴトよりも、ヘイタイゴッコの方が好きな」子であり、男の子と遊び回ることの多い子であった[13]。プールが楽しみな幸子は、その後も毎日のように日記に書き、「とても面白くて、いゝ気持ちだったが、まだ進級試験がなかったので、少しつまらなかった」(7・14)などとあった。プールでの水泳は錬成教育の一環に組み込まれていたのだろうが、水泳の好きな子どもにとってみれば学校生活のなかの楽しみの場にほかならなかった。

学校では、プール以外にも図画の時間に花を写生したり、理科の時間に「私タチノカラダ」を習ったりと、精神的な教育や行事以外の領域もまだ残されていた。(14) あるいはまた錬成教育も当初の予定通りにおこなわれていたわけではなく、空襲警報の訓練や教練などのあおりで時間割りはいつも変更されていた。そのため、あるときには進行の遅れた修身教育をとり戻すべく、算数の授業を修身にかえたが、「国民皆兵」「伊能忠敬」など、四つの単元を二時間で終わらせたので、「私達は、何が何だかわからなくなってしまひさうだった」(７・17)と日記にある。錬成教育は額面通りに徹底していたわけでなく、また子どもの学校生活がそれのみでおおわれていたわけではなかったことを確認しておく必要があるだろう。このように、幸子にはともかくも家族と暮らす家庭での時間や自分の時間があった。これは特段強調すべきことではないように思われるかもしれないが、学童疎開での集団生活とくらべてみるとき、留意すべき事柄だと思われる。

## 吉原幸子日記への二つの印象

吉原幸子日記に書かれた家庭生活や自分の時間についての記述を読むと、そこからは二つの異なった印象が浮かんでくる。その一つは、学校の内外で求められる少国民としての生活は、家庭での私的な生活が別個に保持されていてはじめて可能だったということである。たしかに幸子の家庭生活にも戦争が深く入り込んでいた。だがそれでも幸子の家族と幸子自身には、まだ戦争に侵されていない時間があり、それが幸子の日常の維持にとって欠かせない要素になっていたように思われる。

たとえば幸子は、八月六日におばさんに連れられて新宿で映画を観ている。そこにも戦争が入り込み、デパートでの買物には衣料切符が必要だったし、その日に観た映画も先述のように戦時色の濃い『日常の戦ひ』であった。だが、ともかくも幸子の家族は、買物といえば伊勢丹などの新宿のデパートに出かけ、『日常の戦ひ』であったとしても映画を観る生活を送っていたのである。ここには、東京の「中流家庭」の慣れ親しんだ生活スタイルがあり、戦時下であってもこのような家庭の時間があることで、幸子は身体と精神のバランスをどうにか保っていたように思われる。

幸子自身の時間にとって欠かせないのは読書であり、外での遊びであった。自分の家や友だちの家で、あるいは電車のなかで幸子はよく本を読んだ。いま、日記から確認できる本のタイトルをあげてみると、『日曜物語』『海南島の開発者、勝間田善作』『歴史に名高い歌物語』『密林の島々』『遠雷』『僕らの海』『グリム童話集』があった。幸子の読む本にも戦争の気配が忍び寄っていたが、なかには『グリム童話集』のように四、五回読んだものもあり、読書は幸子の日常にとってなくてはならないものであった。幸子は家で本だけを読んでいる子どもではなく、プールで泳いだり外で遊ぶのも好きな子であった。「貯水池の出来かけの所で思ひきりボールで遊んだ。顔も手足も、本当に真っ黒になってしまった。家へ入って、自分の顔を鏡で見て、びっくりした。これでは、男の子に『豚が屁をしたみたいな顔だ』とからかはれたのも無理はないと思った」(7・9)。

読書や外での遊びは、日常の何気ない出来事であろう。だが、これもまた学童疎開での集団生活とくらべてみると、幸子にとって欠かせないものであったことがよくわかる。自分の好きなことをする時間があり、読書や遊びを自分で選べることなど、幸子の場合、戦時下であっても子どもの領分はまだわずかであれ残されていた。家族六人で暮らしながら、読書や日記にいそしみ、ときに映画も観る幸子の家庭生活は、戦時下においても私的な時間を保持し、子どもの精神的・身体的バランスを保つ側面をもっていたのであった。

ただし、この時期の吉原日記からはもう一つ別の印象も浮かんでくる。それは生活全般をきちんと送ることが、少国民になることにつながっていたのではないかということである。

吉原日記を読んで目につくことは、幸子自身の律義さである。漢字を多く使ってしっかりと内容を表現した文章、それに加えて学校や家庭でのしっかりとした生活態度。吉原日記からはこのような都市の子どもが浮かんでくる。幸子は学校の成績が優秀であり、六年生の一学期の成績は「全優」であった(7・20)。勉強以外でも、学校では先生に頼まれて授業を手伝ったり、下級生の面倒をみており、学校外では青少年団の班長や海洋少年団員に選ばれていて、学校生活全般で模範的な児童であった。平日の帰宅後には宿題にとりくみ、休日には午前中に勉強して午後から遊ぶ規則正しい生活を送っている。日記を読む限り、平日に家の手伝いをすることは少なかったようだが、休日や夏休みには家の前の掃除、食後の片付け、家に来る姪・甥の面倒をみる、菓子や夏服購入券の配給に並ぶなどの手伝いをしていた。そして日記のこうした記述には、「今日は、ずゐ分お手伝ひをしたので、気持がよかった」(7・16)とか、「(一学期最後の大掃除に際して─引用者注)私は集団疎開をするかも知れないので、班員が皆でかうして揃って掃除するのも最後かと思って、一生懸命やった」(7・19)といった言葉が付されていた。

家庭や学校での勉強、手伝いをきちんとおこなう幸子の生活態度は、「中流家庭」で身につけたものということができるだろう。「甘ったれ」で外遊びの好きな幸子であったが、家の手伝いをしながら女学校受験をめざして勉強する幸子は、学校生活でも模範的な児童であり、またそうした役割を自覚した子どもでもあった。こうした幸子の生活態度には、「よい少国民」につながる側面もあったのではないだろうか。たとえば、吉原日記からの次の引用をみてほしい(15)。

今日は大詔奉戴日──六年になって始めて迎へる大詔奉戴日だ。さう思ふと、何だか胸がどき〳〵した。大詔奉読式で校長先生がお話をして下さったのを、いつにない真面目な心で聞いた。後で考へて、そんなふうになったのも、六年生になって

「最上級生」といふ考へが頭にこびりついてゐるからだらうと思った（4・8）

大詔奉戴日での校長の話を「真面目な心」で聞く自分の姿を、幸子は「最上級生」と重ねて理解している。しっかりとした生活を送る「よい子」から期待される少国民へ、都市の新中間層の子どもたちにみられた「よい子」には、こうしたつながりもあったように思われる。この当時、学校では死を当然のことと考える話もされていて、幸子はそれにも反応している。[16] これは入営する教師の送別会についての記述である。

先生に教はった三年二組、四年二組の代表達がお別れの文を読んだら、先生はそれを押し戴いて受取られた。校長先生のお話の後で先生はお話をなさった。〔中略〕私達日本人は、生まれたその日にその時間に心は天皇陛下にさし上げてしまった。私達は魂の抜けがらです。日本人は、皆幽霊です。先生はお召しによって、今肉体を魂の所へ持って行くのだ。やがて大戦果をあげて、この肉体が魂と手をつないで靖国神社へがいせんするのだといふことをたのしみにして、先生は行って来ます。では、行きます。」とおっしゃった時は、感激して涙が出てしまった（3・18）

ただし、集団疎開前の幸子を、強固な「よい少国民」としてのみ位置づけてしまうと、少し単純な評価になってしまうように思われる。吉原日記には、錬成教育に対する異なった反応も記されている。

朝大詔奉読式があった。校長先生のお話が長かったので他の組の者が一人吐いてし

まった。方々で、ずゐ分まっ青になって倒れた人がゐた。私はどうもなかった（7・8）

修身は、私が詔書を読む日だ。始めから終りまで奉読するのだが、長いので、終りの方はくたびれてしまった（7・10）

錬成教育に対して、子どもはいつも緊張しながら対応できたわけではない。精神的な緊張だけでは対応できない肉体的限界があり、吉原日記は、はからずも錬成教育が徹底しえない側面を映し出していた。「よい子」から期待される少国民へという関連をどのように考えるべきか、この点は学童集団疎開の検討ののちにまたとりあげることにしよう。

### 学童集団疎開の決定

吉原日記で学童集団疎開についての記述がはじめて登場するのは、七月一八日のことである。これに先立つ六月三〇日、閣議は「学童疎開促進要綱」を決定し、七月一〇日には、内務省の外局である防空総本部が「帝都学童集団疎開実施要領」を発表していた。これにより、大都市の児童は縁故疎開を基本にしつつも、国民学校単位で学童集団疎開を実施することが決まったのであり、幸子たちの父母に学童集団疎開が知らされたのは、それから八日目のことであった。吉原日記によれば、七月一八日の一時間目に青少年団の班長が集められ、「学童集団疎開について、今日父兄会があるから、班長は、自分の班へ帰って、三年以上の班員の家をまはり、家の人にそれを伝へて来い」と言われた。幸子は急いで家に帰り、自転車で各家をまわった。

　翌一九日の日記には、「集団疎開の話で、私はどうしようか、お母さんはどうしようかと、皆でずゐ分考へた」とあり、幸子の家族が集団疎開に対して思い悩んでいる様子がうかがえる。結局その日は、幸子が集団疎開をして、母は「私が心強いやうに」姪と甥を連れて近くの旅館に泊まり、来年三月に一緒に帰ることに決めたとあり、母が先生のところにそれを伝えにいった。この計画は実行されなかったものの、ここからは集団疎開に対する親の不安を読みとることができよう[17]。

　幸子の通う長崎第二国民学校の六年生は、八月二九日に集団疎開へと出発した。この間の吉原日記でまず印象的なことは、集団疎開が子どもを選別する機会になったことだ。七月三〇日、集団疎開に出かける児童の身体検査がおこなわれた。「身体検査を受けるのは、身体の弱い人だけださうだった。私は受けさせられなかった。弱い人の中に入れなれ《ママ》なかったのは始め《ママ》てだ。うれしかった」と幸子は日記に書いた。集団疎開はからだの丈夫な児童と弱い児童を選別する。健康―虚弱による区分、そして疎開―残留による分割、この二つの区分線により健康で集団疎開に出かける児童が少国民の範型になった。この少国民の対極に位置づけられたのはからだが弱く都市に残留した児童だ。「身体の弱い人」のなかに入らなかったことを「うれしかった」という幸子の気持ちのうちには、少国民から脱落したくないという心情が働いている。その心情が子どもたちを錬成教育へと駆り立てることになる。

疎開が決まってからの一カ月余り、時間はあわただしく流れていった。七月下旬から八月下旬にかけて、幸子は母とともに所持品の調達や名前つけなど、疎開のための準備に追われた。この間に洗面器やリュックサックを購入しており、疎開によって「思わぬ出費」[18]を強いられたことになる。所持品の用意と並んで、幸子の鼻の持病も心配の種であり、疎開出発までの短い間に、幸子は東京駅近くの病院や日大板橋病院に通って治療に専念した。病院には夏休みが明けた八月二一日以降もほぼ毎日通い、疎開出発の前日も病院に足を運んでいる。こうしてみると、集団疎開とは子どもの生活をまるごと移動させるものであり、そのための出費や心配が尽きなかったことがあらためてわかる。たとえ一二歳になっていたとしても、子どもの精神や身体を長期間にわたって家族から離すことが、いかに大きな出来事であったのかということを思い知らされる。

集団疎開の出発にいたるまでの連絡は、もっぱら地域に組織された青少年団が利用され、学校から青少年団の班長を通じて各家に通知された。連絡のなかには、その日の集まりをその日に知らせるような緊急のものもあり、集団疎開のあわただしさと、青少年団組織の徹底ぶりを知ることができる。幸子たちの疎開先が長野県から山形県に変更されたのは八月一六日のこと、そこから山形市の決定、学寮の決定(山形市光明寺)と続き、わずか半月での出発となった。これを受入れ側からみれば、準備に一カ月もなかったことになる(19)。

疎開に先立ち、出発前日の八月二八日には、町会と学校の主催の疎開学童壮行会がそれぞれ開かれた。翌日の出発は、夜一〇時一六分上野発の臨時列車。学校から池袋駅まで提灯行列がつづき、親や家族は池袋駅までの見送りで、省線(現在の山手線)に乗ってからは児童と引率の先生だけとなった。出発当日の幸子は、長兄の出征歓送会と重なったため、遅れて池袋駅に集合している。出発前日から当日の様子が幸子の日記に淡々と書かれているが、その文章の処所には出発にあたっての不安と悲しい気持ちが記されており、幸子の揺れ動く心情があらわれていた。「夜、一寸としたことで色々悲しくなり、わあ〳〵泣いてしまった」(8・28)。「来年の三月までお母さんと一緒にこの部屋で寝ることは出来ないと思ふと、朝、中々床をはなれることは出来なかった」。「涙がどん〳〵出て来て、恥かしかったので、顔を表に向けてとび出した。『元気を出しなさい、〳〵』と皆がいふので、一生懸命で大きな声を出して『行って参ります』と言った」。「お母さんも、後から一緒になったお兄さんも、一生懸命手を振ってゐられた。又涙が出て来たが、無理に笑って階段を下りた」(以上、8・29)。

吉原日記のなかに、不安や悲しさをのぞかせる文章が出てくるのは、これ以降しばらくない。そうした文章が次に書かれるのは、集団疎開が二カ月過ぎた一一月のことであった。

## 2 学童集団疎開の体験

### 学童集団疎開の実施

学童集団疎開は、一九四四年八月から九月までに東京都や神奈川県の横浜市・川崎市・横須賀市、愛知県名古屋市、大阪市、兵庫県神戸市・尼崎市で実施された。三年生から六年生までの疎開学童数は、東京都の二三万人をはじめ、大阪市の八万人、名古屋市の三万人など、全国で約四〇万人に達した(九月二五日現在)[20]。文部省の疎開計画は四〇万人だったから、この人数はほぼ計画通りということになるが、実際には学校や教員が親を強く説得した結果であった。集団疎開はこのほかに沖縄で実施されており、その後も京都市や舞鶴市、西宮市、芦屋市、広島市、呉市、釜石市、山形市、函館市などでおこなわれた[21]。集団疎開の学童は、六年生が卒業のために一九四五年二月から三月にかけて帰宅したほかは、長らく疎開先に留まり、大部分の学童が帰宅したのは敗戦後の一九四五年一一月頃であった。この間、疎開計画は変更を重ね、アメリカ軍の上陸予想や空襲の影響、食糧増産の理由などで疎開地の変更(再疎開)が相次いだ。

集団疎開体験には共通性とともに個人差も大きい。その理由は、疎開先の地域や学寮の状況、学年、食事、期間などによって条件が大きく異なったからであり、そこからさまざまな疎開体験がつくり出されることになった。なかには、疎開先の地域や学寮を数回代わった学童や、疎開先の旅館が火事にあって命を落としたり、一命をとりとめたものの預けられた農家で子守などをはじめて手伝った例もあった。(22) 疎開体験の検討にあたっては、このような個別性と共通性の両者を把握する必要がある。

## 到着、歓迎、一日の生活

さて、話を吉原幸子たちに戻そう。

八月三〇日の朝、幸子たちを乗せた列車は山形駅に到着した。駅では、「大勢の子供が、並んでゐて手を振ってくれた。重いリュックサックを、やっとのことで背負ひ、腰をかゞめて、一生懸命階段の上り下りをした」(8・30)。駅前では山形市の人たちによる歓迎式がさっそく開かれ、幸子たちは疎開先の光明寺から来たリヤカーに荷物を乗せて寺まで歩いた。道の途中には、「こゝの子供が大勢ならんでゐて『ごくらうさま』『ごくらうさま』と言っておじぎをして呉れた」(8・30)。

光明寺に着くと、七日町第九町内の人たちによる歓迎会があり、九月一日には、山形市に集団疎開した豊島区立長崎第二・第三国民学校学童と山形市内の学童全員との交歓式が開かれた。市内全体の式と通学先の国民学校ごとの式があり、幸子は後者の式で疎開児童を代表して挨拶をした。こうして、歓迎の行事の続くうちに幸子たちの集団疎開生活はスタートした。

光明寺には幸子を含めて長崎第二国民学校の六年生女子一五名が寄宿した。長崎第二国民学校の集団疎開先は山形県の山形市・寒河江町・白岩町であり、そのうちで山形市に疎開した児童は二九八名、学寮は一五であった(23)。学寮の平均学童数は二〇名であり、学寮のなかには複数の学年が寄宿したところが六つあったので、一五名で一学年という光明寺は、その限りでは条件のいいほうだったのかもしれない。

光明寺には、長崎第二国民学校から来た先生と寮母、寺の家族の人たちがいた。光明寺での日常生活はどのようであったのか、幸子が帰京後に書いた二つの文章「寮での日課」と「山形市第五国民学校」から、集団疎開生活を再現してみよう(24)。幸子たちは五時半(冬は六時半)に起床し、班ごとに人員点呼をしてから、ラジオ体操、掃除、礼拝をおこなった。礼拝は、宮城遥拝と本尊拝礼、朝の挨拶であり、挨拶の声をかける相手は、東京の父母、山形市の皆さん、そして寺のおじさんである。

食事後に全員で山形市第五国民学校に出かける。登校後の朝礼では、校長の挨拶、宮城遥拝、祈念、御製奉唱、「海ゆかば」の合唱がある。二時間目と三時間目の間に手旗信号の訓練や体錬、音楽の訓練をする中間体錬があり、寮から持参した弁当で昼食を食べた後には昼会でお話などをした。体操や体錬をするときには裸であり、「体錬をするときが、一番いゝ気持だ」と幸子は書く。体操の先生はとてもきびしいが、「一生懸命やると、必ず『ようし、りっぱだぞう』とほめられる」。音楽と体操が盛んで、図書室や遊具などの設備の整った第五国民学校は、「とても規律正しい、よい学校」であり、「こんなによいこの学校に帰るまで通ってゐたら、私はどんなにきまり正しい、丈夫な、よい子になれるだらうと、今からうれしく思ってゐる」[25]（傍点、引用者）。

三時頃に学寮に帰ってからは、自由時間、自習時間、掃除と続き、夕食となる。その後、再び自習時間となり、八時頃には蒲団を敷いて反省会をし、一日を終える。

集団疎開生活が四カ月過ぎた一九四五年一月一二日の日記に、「光明寺寮則」というものが記されている。「新しくきま」ったというその寮則は次の八項目である。

一、何事も無言ですること
一、みんな仲よくすること
一、返事と動作は活発にすること
一、時間をよく守ること
一、身なりを正しく、上品な人にすること
一、指揮者の命令は絶対に守ること
一、各々の責任は立派に果すこと

一、言葉遣ひは正しく標準語を使ふこと

規則は守られない内容があるからこそつくられたと考えられるので、これらを守ることが期待された集団疎開児童像ということになる。その児童像とは、時間を守って作業や訓練は黙々とおこない、返事と動作を活発にして各自の責任を果たすこと、命令には絶対に従い、かつ標準語を使って身なりにまで気をつけることとなる。幸子は、このなかで「まづ三番目を一生懸命守らうと思ふ」と日記に書き留めている。

さて、右のような学寮と学校での生活をみると、学童集団疎開がいかに規律と統制の強いものであったかがよくわかるだろう。もちろん、実際には緊張した時間だけを過ごしていたわけではなく、休息の時間や自由時間もあった。しかし、東京にいたときには、戦時中であったとしても家族とともに休息する時間があり、また子ども自身が読書や遊びを選べる時間があったのに対し、学童集団疎開には個人の自由な時間や空間はきわめて限られていた。学校生活の全般的日常化、日常自体の学校化、そのなかで集団疎開中の子どもたちは緊張の絶えない生活を送らざるをえなかったのである。

## 幸子の役割、幸子の日々

疎開中の幸子には五つの役割があった。寮長・級長・分団長・算数部長・理科部長の五つである。寮長の役割には、朝の人員点呼の報告や礼拝の号令かけ、登校の際に皆を並ばせることがあり、就寝後に皆を代表して光明寺の住職夫妻に挨拶するのも寮長の仕事だった。あるいは寮を代表するのは決まって寮長の役割であった。幸子は級長を二学期中つとめ、約七〇名を率いる山形市第五少年団七日町第一四分団分団長として毎月開かれる少年団常会に出席した。一〇月頃、組の人はみな算数や修身、理科など教科に関する部に二つ入ることになり、幸子が算数と理科を選んだらさっそく部長にさせられた。

後述のように、幸子は疎開中にもよく病気をした。その幸子に多くの役割が与えられたのは、長崎第二国民学校時代から「よい子」としてクラスを代表していたからであり、その役割がそのまま疎開先の生活や学校にも持ち込まれたと考えられる。その意味で学童集団疎開とは、戦時中に肥大化した学校生活が疎開先に移行して、それがさらに生活全般に適用されたものということができよう。

幸子の疎開生活には、先の日常生活に加えて学寮での暁天常会(早朝に開かれる学寮の常会)や道路清掃などの勤労奉仕、学校での防空演習や入院兵士への慰問活動、大詔奉戴日での行事などがあった。また身体の訓練のために、体錬や体操、強歩大会、乾布摩擦、闘魂錬磨運動などがおこなわれている。闘魂錬磨運動とは、冬の一月二日から九日まで、毎朝四時半に起きて国民儀礼・体操・かけ足をするものだ。娯楽会や学芸会、紙芝居、映画会など、緊張を緩和するための娯楽もあったが、学寮で共同生活を送っている分だけ、疎開生活の錬成教育はより徹底していたといっていいだろう。

錬成教育の徹底は、さまざまな矛盾をつくりだす。もともとからだの丈夫でなかった幸子は、疎開中にもたびたび病気にかかっていた。腹痛や指のけがに加え、一二月に入ると体調のすぐれない日がつづき、一二月一八日にレントゲンをとった結果、内科医から学校を休むことを言い渡された。三学期になり、激しい運動をしないという条件付きで通学を許可されたものの、先の闘魂錬磨運動ではすぐに体力がもたなくなり、三日目から最後の日まで休んだ。長崎第二国民学校時代以来の「よい子」としての幸子、その延長線上に疎開先での役割もあったが、実際の疎開生活は幸子にとって大きな負担であり、それが病気やけがとなってあらわれたのである。一日のすべてを学校生活として送らなくてはならなかったこと、そのもとでの身体的鍛練と精神的緊張は幸子にとって相当の負担であり、しっかりとした少国民になろうとすればするほど、幸子の負担は大きくならざるをえなかった。

そうした幸子にとって、疎開生活のなかの「大好き」なことは、「食事・おやつ」であり、ゆっくりと眠れる「ねむり会」であった(12・10)[26]。幸子や子どもたちはまた、家族との手紙のやりとりを心待ちにした。一週間に一度か三、四日に一度手紙が来るのが普通だが、一カ月くらい便りのこない人もいたという[27]。一二月一日、幸子は兄の来訪をうけた。鼻の治療で仙台に行くという理由が認められ、幸子は兄と一緒に一泊した。こうした外泊は集団疎開であまり例のないことのようだが、兄に会ったときに思わず泣いてしまったと日記に書かれており、緊張した集団生活と家族生活とのあいだの落差がうかがえる。

集団生活のなかで幸子が安らいだ様子をみせたのは、「宿泊訓練」と称した近隣民家への外泊のときであった。一九四五年一月二五日から二泊三日で、幸子は割り当てられた小松家に泊まりに行った。宿泊先で幸子は時間があればとにかく本を読み、夜はぐっすりと寝て朝もゆっくり起きた。ゆったりとした時間を過ごすことが、集団疎開生活を送る幸子には何よりもうれしかった。朝、顔を洗うためにお湯をわかしてもらうなど、宿泊先のおばさんの様子を見ているうちに、幸子は何度も家のことを思い出している。

## 地方と都市

学寮の住職夫妻や「宿泊訓練」先の家族、国民学校や少年団での山形市児童との接触を通じて、幸子ははじめて東京以外の人びとと交わる体験をもった。幸子たちと山形の児童とのあいだに、実際どの程度の交流があったのかはよくわからない。日記によれば、山形市の子どもたちは幸子たちを「疎開」と呼び、幸子たちは地域のことを「土地」と表現していた。この点からすれば、両者のあいだには一定の距離があったように思われる[28]。ただし、幸子は「土地の子」を競歩が早く(11・6)、「音楽がうまい」と書き留めている。

「土地の言葉(29)」と題する文章のなかで、幸子は方言について記している。そのなかで幸子は、いくつかの例をあげて「東京」との違いを説明しているが、方言をきらったりからかう風情はみられず、幸子たちは「一時皆ずゐ分とうまく土地言葉を真似するやうになった」。だが、方言の使用はある理由で禁止されることになった。それは、「先生に、女学校入学の口頭試問の時困ると注意されたので、やめるやうになった」のだという。先に記した寮則には、「言葉遣ひは正しく標準語を使ふこと」という一項があったように、標準語の使用は、東京の小学生にとって不可欠だと教員は判断していた。幸子たちは集団疎開で山形市に来ており、「宿泊訓練」先の家族との親しい交流もあったが、実際の疎開生活は東京・標準といった基準で仕切られていたことに留意しておく必要がある。

## 少国民をつくる——新聞取材の検証

学童集団疎開は国家による一大事業であり、そのため疎開中にも学校や地域を巻き込んだ行事やマスコミによる取材が多数おこなわれた。日々の疎開生活における行事や取材が、子どもたちを政治的自覚の明瞭な少国民につくりあげていく。

ここでは、幸子たちを取材した山形新聞の事例をとりあげて、「少国民がつくられる」過程を検証してみよう。この取材については、『山形新聞』と吉原日記にそれぞれ記述があり、二つの記述をあわせて読むことで、戦時下における新聞記事のつくられ方、新聞から学童疎開児童を読み解く方法、記事が子どもたちに与えた影響などを考えることができる。その意味でこの事例は、戦時下にあって少国民はいかにつくられたのかを知る格好の材料である。

『山形新聞』の取材は二回あった。その一回目は一〇月二八日。当日の吉原日記によれば、幸子たちが学校から帰ると新聞社の記者が来ていて、台飛びやじゃんけん相撲、タドンをこねているところを写真に撮った。その写真が一一月二日付の『山形新聞』に載り、記事になった(図13)。

あたし達の白兵戦
朗らかにふとる疎開児

図13 『山形新聞』1944年11月2日

「あたし達の白兵戦　朗らかにふとる疎開児」と題された記事では、「慈父」のように慕われた住職が子どもたちに雑巾がけを教え、「是が非でも肥らしてやりたい」という住職の意気に感じて町内会も協力し、その結果、子どもたちは「朗らかに肥るばかりだ」と書かれている。三時のおやつのあとに、住職の指揮のもとでじゃんけん相撲を「朗らかに」遊んでいる子どもたちとその写真、記事ではそれを「白兵戦」に見立てている。

この記事のポイントは四つある。「朗らかに」「太る」「住職」「白兵戦」である。疎開生活は何の問題もなく、子どもたちは明るく健康に過ごしていること、しかも「白兵戦」で一時も戦争を忘れていないこと、記事はこのように学童疎開児童を描き出す。疎開生活を規則正しく送り、戦争に協力する態勢を整えている少国民、それを支える地域の人びと、これが記事の伝えた疎開生活であった。

一一月二四日、二度目の取材があった。再び、当日の吉原日記から取材の様子を再現してみよう。学校から帰ると新聞記者がやってきて、二つのシーンを撮影した。一つは防空演習をしているところであり、「すぐ、防空服装をして外へ出て下さい」と言われた幸子たちは、頭巾をかぶり、火ばたき、とび口などを持って外に出て、「とび口隊が、天をめがけて『やぁ！』ととび口をつき上げた」ところを撮された。もう一つのシーンは、寮のなかで「手紙書き(の真似)」をしているところであった。

翌日の『山形新聞』にその時の様子が掲載された(図14)。「御両親様頑張つて下さい敵機に戦意燃やす　疎開学童らの決意は雄々し」という文字が躍るその記事には、「父

御両親様頑張つて下さい
敵機に戰意燃やす
疎開學童らの決意は雄々し

図 14 『山形新聞』1944 年 11 月 25 日

母に激励の便りを書く」子どもたちの写真が添えられている。東京の空襲を聞いて「親や友を気づかふ不安にかられながらも恩愛の絆をたち切」り、「幼い口もとにも確固とした決意」をみせて、「私達は空襲があるから、来たんですもの、これからのお国のことを思ふとどんなことがあつてもあわてませんわ」と話す子どもたち。その子どもたちに送られた親の手紙が二通紹介されており、その一つに吉原幸子の母きくのものがある。

先日空襲警報がありました時お母さんは幸子が疎開してゐるのでほんとに安心だとしみ〴〵思ひました、こちらでも何時来ても困らぬ様にすっかり準備は出来てますから少しも心配せず勉強し、身体を鍛へて下さい、あなたの一生のうちで山形の生活は立派な日本人となるための本当に大切な時でほんとに懐しい想出となるのですからね、何事をきいても決してとり乱してはいけませんよ

この新聞記事では、親子の「恩愛の絆」をたち切って

「戦意」を燃やす「幼い」疎開児童たちと、その子どもたちに「立派な日本人」になるようにと励ます親が描かれている。集団疎開のなかで親子の「恩愛の絆」はたち切られなくてはならないものだったが、記事には親の手紙が配置されることで、かえって親子の「恩愛」の深さを暗示する構成になっている。戦争が深まるなかで、大規模な集団疎開がおこなわれて家族が離ればなれになっている不安、その不安を打ち消すためには改めて親子の「恩愛の絆」を確認する必要があった。離れていても「恩愛の絆」を確認して戦争を支える銃後の意識を高めること、新聞記事はこうした効果を発揮したといっていいだろう。

新聞記事と吉原日記をあわせてみると、戦時下の新聞記事は戦意高揚のために「つくられた」側面が強く、記事に登場する人びとの声や形容をそのまま鵜呑みにして戦時下の民衆像を描くことはできないことがわかる。とくにこうした記事から、幼い疎開児童のけなげな決意といったものを描くとしたら、それは大いに留保が必要であろう。この点は戦時下に子ども自身が書いた綴方でも同様であり、あらためて集団疎開児童の資料利用の難しさを知らされたように思う。

あるいはまた新聞記事と吉原日記を読みくらべてみると、子ども自身は新聞記事が「つくられた」ものであることを知っていたこと、しかし記事には期待される疎開児童像が描かれており、子どもたちはその期待のまなざしのうちに自分たちがいることを感じとっていたものと思われる。疎開生活のなかでつね日頃強調されている期待される少国民像、新聞や各種の行事は期待のまなざしをいっそう強める役割をはたしたのである。

## 「しっかりとした少国民」への道——決意表明の日記

幸子にとって疎開生活は、決して平穏だったわけではなく、実際にはさみしい気持ちや不安をかかえて毎日を過ごしていた。吉原日記には、「今朝、顔を洗ってゐたら、汽笛が『ぼーっ』と鳴ったので、何だか淋しくなった」(11・8)とか、「夜、三ケ月前の今日を思ひ出して、少し悲しくなった」(11・29)など、自分の気持ちを率直に綴った個所がいくつかあった。だが、これらの文章の後には必ずといっていいほど「でも」という言葉が続き、自分の心情を否定したり、疎開生活を送るための決意を述べた文章が付されていた。一一月八日の引用のあとには、「でも、すぐ元気を出した」とあり、一一月二九日の文章には、「でも、そんな弱い心では戦争に勝てない。私達はこんなに幸福なのではないか。山形の人達に感謝して、四ケ月目もしっかりやって行かねばならないと思った」(傍点、引用者)と書かれていた。

心情否定や決意表明の文章が書かれたのは、何よりも疎開中の日記が教師の監視のもとにあったからだ。吉原日記には教師の検閲印が三カ所あり、親元から離れた幸子は教師の視線を意識しながら日記をつけていたことがわかる。これは疎開以前にはみられないことだった。

ここで決意表明の文章とは、少国民としての自覚を表明し、疎開生活をしっかり送るための覚悟を述べた文章のことであり、こうした文章が初めて日記にあらわれたのは、一〇月二三日、靖国神社臨時大祭のあった日のことであった。学校で臨時大祭の話を聞き、一九四四年には二万四六七人が「英霊」になったことを聞いた幸子は、「私達は、この忠義な兵隊さんに報いる為にも、がんばらなくてはならない」と記し、日記の最後を次のように結んだ。「あゝ幾多忠義の士の魂は、永遠に護国の鬼と化し、皇国日本の歴史にさんぜんと光りかゞやくのだ。このありがたいすめら御国に生まれた身の幸福を、私は瞬間強く強く感じた。英霊に報いる――つまり、自分のなすべき事をまじめにやる――それが、私達のたゞ一すぢの道である。祈念を終って、私はたゞ、一言で頭がいっぱいだった。それは――『がんばらう！』」。

こののち幸子は、節目になる日には必ずといっていいほど疎開生活を送る決意のほどを日記に書き留めた。たとえば一一月一日には、「しっかり心をひきしめて今月中をやって行きたい」(傍点、引用者)と書き、一一月三日の明治節には、「本当に日本の子としての御奉公になる大切な疎開生活だから、このよき日にあたって、ます〳〵、自分の務めを果し、身体をきたへ、勉強にいそしんで、立派な人になるやう励まうと思った」と書いている。

決意のなかに必ず出てくるのは、国や兵隊、山形の人に対する感謝であり、それを受けて「しっかり」「がんばろう」という言葉がくり返された。何をがんばり、何をしっかりとやるのか。それは身体を鍛えて勉強に励み、生活をしっかりと送ることであった。幸子にとって身体を鍛えることはまず病気をしないことであり[30]、しっかりとした生活には、わがままを言わない、目上の人の命令をよく聞く、寮長としての役割を果たして皆をよくする、などがあげられていた[31]。国や疎開先の地域に報いるために生活をしっかり送ること、これこそが少国民の責務であり、「日本の子」の「務め」にほかならなかった。

## 「しっかりとした少国民」とその矛盾

幸子が日記に書いた決意とは、先述の光明寺寮則にみられた期待される疎開児童像と同様であり、日記を書きつづけるなかで、幸子はしだいに期待される少国民像へと自らを仕立てていった。ここに示されたのはまぎれもなく銃後を担う一員としての自覚であり、戦時下には戦争遂行意識を明瞭にもって自らの役割を遂行することが子どもにも求められたのである。

「しっかりとした少国民」になるためには、精神・身体双方の陶冶が必要であった。幸子はそのための決意と自覚をくり返し書いたが、しかし、「しっかりとした少国民」

でありつづけることは決して容易なことでなかった。病弱な幸子の場合、疎開生活にはつねに健康面での不安がつきまとっていたからである。「しっかりとした少国民」でありつづけるために、少国民から脱落しないために、幸子はいっそう決意を表明する文章を日記に書いた。吉原日記の決意表明は、少国民の自覚の単なる表現だったのではない。そうではなく、幸子自身のうちにある不安、恐怖心、里心を打ち消すためのものだったのであり、そのためにこそ幸子は書きつづけたのである。「しっかりとした少国民」とは、さまざまな矛盾や葛藤を否定し、強力な統合力を発揮するために設定された範型だったのであり、その範型を維持するために行事や訓練がくり返し行われたのである。

「しっかりとした少国民」のもつ統合力は、疎開生活のなかに相互監視や序列化、いじめを生み出すことにもなった。ここでは光明寺寮で起きた一つの事件を紹介しておこう。

疎開生活のなかである女子が干柿を盗むという事件が起きた(一九四五年は45と表記、以下同。45・1・5)。寮母は児童全員を集めて本人に謝らせ、前もって約束してあった一週間の絶食を言い渡した。寺のおばさんは、涙ながらに「御飯を食べさせないわけに行かない」と言い、自分が代わりに謝るので「ゆるして上げてください」と言った。児童は皆「わっと泣いて」「いゝです、〳〵」と言い、本人も「心を改めてくれた様子だった」ので皆泣きやんだ。この事件を知ったときの気持ちを幸子は、「このいゝ寮に、一人でもさういふ人がゐるといふのは、本当に悲しいことだ」と書いているが、日記の最後は、「もうこの寮には、悪い人なんかゐない。皆いゝ人で、仲よくし合ひ、光明寺といふ名のやうに、明るく光る模範の寮を作り上げようと思った」と結ばれていた。この事件はしかし翌日も続き、干柿を盗んだ当人は結局祖父が迎えにきて帰京したという（45・1・10）[32]。

吉原幸子は、一九八八年に開かれた豊島区立郷土資料館主催の特別展記念公開座談会「集団疎開の子どもたち」に講師の一人として招かれ、光明寺寮での疎開生活について語ったことがある[33]。そこで吉原はこの干柿事件についてふれ、当時、「私は、大人をあんなに悲しませて悪い友達だなと憎んだ」ことを告白している。だが、いま考えるとその子の身体は大人への変わり目にあり、それが事件に大きく影響していたという。吉原は、自分が「大人になり、やっと被害者だけでなく、加害者にもなったことがわかった」と述べ、その当時は、「直線的な子どもの罪を責める目つきをきっと私もしたにちがいない。ある主張にこりかたまるということがとてもこわいことだなと思う」と述べた。

吉原は「ある主張」のことを、味方と敵を善悪で区別して敵を憎む教育のことだと指摘した。「ある主張」が効力を発揮し、教師、寮母、寺の人たち、児童による集団生活が「しっかりとした少国民」をつくるための凝集力を強めたこと、それに加えて食糧不足があり、育ち盛りの子どもたちに我慢が押しつけられたこと、そうしたもとで相互監視や脱落者への指弾、いじめなどの軋轢が発生することになったのである。

## 決意表明の日記の検証

幸子が疎開中に書き綴った決意表明の文章の意味について、帰京後の文章、戦後の回想とつきあわせて検証してみよう。

先に引用した「寮での日課」は帰京後の一九四五年三月一三日に書かれたものであり、そのなかに疎開中の心情を率直に吐露した個所がある。

　朝洗面に行った時、夕方お掃除の済んだ時、夜床に入った時等、「ぼーっ」といふあの変にかすれたやうな汽笛を聞くと、何か淋しさが胸の底からこみ上げて来るやうであった。夜床の中で家の事を考へて泣く事もあった。(中略)私はその度に「こんな事でいゝか、東亜の敵と決戦してゐる日本の少国民、しかも皆のお手本となり、他の人を励まして行かなければならない寮長の私が、家の事を考へて泣いたりしていいだらうか。私達は自分の家をなつかしがる為に疎開して来たのではない」と自分で自分を叱ってはゐたが、でもやはり時々は家を思ひ出してぼんやりしてゐるやうな事があった。

幸子はここで少国民の役割を強調し、寮長の立場を考慮しているが、最終的に自分の心情を否定したり、決意表明で文を結んでいるわけではない。文章のトーンは疎開中の日記と明らかに異なっており、親元から離れたさみしさを率直に綴っているのが印象的である。このちがいは教師の検閲の有無に起因しており、帰京後の幸子は教師の視線から解放され、疎開生活をふり返っていたといっていい。

吉原は、疎開生活や日記について戦後にどのような感想を抱いていたのか、戦後の一九八一年の回想から引用してみよう。

> (日記には―引用者注)明らかにウソを書いた記憶もあって、(中略)時には事実を半分しか語らず、だんだん気づかせられる大人のウソにはとぼけてみせる、といふ芸当は、子供の身にとっては重い日課であった。／Sの〝いい子振り〟はまた、たまたま時代を染め上げつつあった軍国教育とも微妙に照応し合って行く。学校に提出する日記となると、ヘイタイサンヨアリガタウ、カチヌクボクラセウコクミン、的な模範作文の色を帯び、また当人も周囲に言われるままにそれを信じこんでゐたのだ。集団疎開に行けば寮長といふ立場上頑張らなくてはと、汽笛を聞いては泣きだす仲間たちをなだめ、実は人一倍の泣き虫顔をあとでそっとふとんに埋めたりしたものだった(傍点、引用者)[34]。

ここでSとはもちろん幸子自身のことだが、この回想からすれば、幸子は軍国主義に照応した模範作文の内容を「信じこんでゐた」側面と、「明らかにウソ」を書いた側面があって、父や教師の目を意識しながら求められる子ども役割（〝いい子振り〟）を半ば自覚し、半ば無自覚のままに演じていた（書いていた）ということができる。

だが、吉原日記の決意表明を、戦後の回想にもとづいて子ども役割の自覚という側面でのみ理解すると、十分でないように思われる。先に指摘したように、疎開中と帰京後の幸子の文章のあいだには確かにトーンの相違があった。だが、帰京後の吉原日記に決意表明の文章がなくなったのかといえば決してそうではなかった。

たとえば一九四五年三月二二日、大本営発表によって硫黄島での日本軍の報に接した幸子は、「日本の強い兵隊さんは、きっとまだ生きて敵をなやましていらっしゃるかも知れない。私は、必ず、硫黄島や大宮(35)・テニヤン島等の兵隊さんの仇を討つ為にがんばらうと思った」と日記に書き留めている。縁故疎開先での幸子は新聞をよく読んでおり、戦局への関心を強めていた。ドイツ軍の全面降伏を新聞で知った日には、「いよ〳〵、日本は、東洋の盟邦と共に、全世界と戦はなければならないのだ。しっかりやろう」（45・5・9）と書き、激しい沖縄戦の様子を知ったときには、「何、負けるものか」（同・5・17）と書いた。

帰京後の幸子は縁故疎開先でも母や家族と一緒に暮らしており、教師や集団生活からは解放されていた。にもかかわらず、幸子が決意表明の文章を書きつづけていたのには、二つの意味があったように思われる。一つは、集団疎開後の幸子は、それ以前よりも自覚的な少国民になっていたことである。教師の視線を受けなくなった幸子は、たしかにかつてのような高揚する文章は書かなくなったが、新聞を読んで自分で戦局を判断するようになった分だけ政治的自覚の明瞭な少国民になっていた。自覚的な少国民がつくられる素地は、何よりも集団疎開生活とそのときにくり返し書かれた決意表明のなかにあったのであり、そこでの意識は集団疎開後も容易には変わらなかったのである。それが集団疎開後も幸子が決意表明の文章を書きつづけた主たる要因であった。その意味からすれば、学童集団疎開は幸子の政治的自覚にとってまさに決定的な影響を与えたのであった。

ただし、縁故疎開中の幸子の文章にはそれまでにない変化があらわれていた。その変化とは、新聞を読んで戦局を冷静にみつめ、戦局の行方を思いやる視線がみえることである。これがもう一つの点であった。たとえば、沖縄戦についての次のような記述、「沖縄本島の陸上戦果に、敵死傷三千八百が追加された。合はせて、二万二千百だ。こっちの損害はどの位なのだらう」(45・5・3)。あるいは、「横浜・東京に、敵戦爆聯合約六百機が来襲したさうだ。ずゐ分ひどくやられたらしい」(同・5・29。以上傍点、引用者)。自覚的な少国民は、戦意を高揚させるだけでなく、戦局を自分で冷静に判断する力を身につけた。幸子の日記にも、今後の戦局や空襲への心配、不安が顔をのぞかせている。とはいえ、幸子に判断できる材料は限られていた。それゆえ縁故疎開中の幸子は、決意を表明することで不安を打ち消すしかなかったのであった。

## 3　縁故疎開へ

### 帰京から再びの疎開へ、そして敗戦

一九四五年二月になると、春の女学校受験が近づき、帰京が間近になったためか、吉原日記にはそれまでとかわって東京を懐かしむ言葉があらわれるようになった。そして二月九日には帰京が決まり、三月一日、いよいよ東京への帰途についた。

三月三日、久しぶりに自宅で目を覚ました幸子は、「寮にゐるのだと思ったら、家だった。うれしくてたまらなかった」(45・3・3)と日記に記している。しかし、戦争はまだ終わらない。三月一〇日、西の夜空に東京の大空襲を見た後、幸子たち家族は迫りくる空襲を避けて、群馬県水上および同県敷島村に縁故疎開することになった。三月二五日、また再びの疎開生活が始まった。すでに書類のみで都立第十高等女学校に入学が決まっていた幸子は、群馬県立渋川高等女学校に転入した。

縁故疎開の経緯ははっきりとしない。だが「貸別荘のやうな所」(45・3・20)を買い上げて疎開したということであれば、経済的には相当に恵まれた疎開だったといっていいだろう。もちろん、縁故疎開は幸子たちにとって楽だったわけではない。幸子には教科

書や帳面もなく、女学校では勤労奉仕の日々が続いた。母親は東京とのあいだを始終往復していたので、子どもだけで夜をすごすこともあった。父のいないなかで、母は文字通り家族の大黒柱として活躍し、疎開地との付き合いや、農家の手伝い、子どもの世話、東京との往復など、日々を生き抜くために必死であった。七月に入ると群馬も空襲にあい、幸子たちは不安な毎日を過ごすことになる。

縁故疎開についてはまだ書いておくべきこともあるが、紙幅の余裕がない(36)。ここでは、幸子が敗戦をどのように迎えたのかについて記しておく。それまで比較的冷静だった縁故疎開中の日記とはうってかわって、八月一五日の幸子は感情の激しい揺れを日記にぶつけるように書いている。終戦の詔書を聞いた時、幸子は、「胸が熱くなって、只涙がとまらなかった」という。「本当に、その気持ちを何と言ってい ゝ かわからないが、只涙がとめどなく流れて来た」。幸子は、「あ ゝ ！　陛下も、御心の中ではどんなに泣いてゐられるだらう」と書き、今後は、「辛いことがあるだらうが、日本といふ国をいつまでも守り続ける為には、どうしても、それを我慢し、必ず勢を盛りかへして、敵をやっつけなければならない」と記した。

ここには、苦しい日々であっても子どもの役割を自覚し、「しっかりとした少国民」としての覚悟をもち、戦局に関心をもってくらしてきた戦時中の思いや矛盾、無念さのすべてが噴出している。生活を支え、統制していたものが崩れ落ちていく、それを防ぐ

ために も「日本といふ国をいつまでも守り続ける」と幸子は書き留めた。

いったいに何が起きたのか、そのことを確かめるために幸子は新聞を「夢中になって読んだ」(45・8・16)。幸子は、終戦の詔書とカイロ宣言を日記に書き写して事態の把握につとめたが、かえってカイロ宣言に対して「本当にしゃくだった」(同前)と怒りをぶつける結果となった。その後、連合軍の進駐や敗戦にともなう自殺者の動向などを新聞から書き留めた幸子は、九月一四日に日記を一旦終えている。日記の最後には、東条英機の自殺(未遂)の様子が書かれ、自殺をはかりながら遺言を述べた東条を「本当に偉いなぁ」と評している。

## 日記を書きつづけるということ

幸子にとって日記を書きつづけることにはどのような意味があったのだろうか。この点を考えることで吉原幸子の学童疎開に関する考察をひとまず終えることにしよう。

戦時下の吉原日記を読むとき、幸子は日記を書きつづけることで銃後の意識の明瞭な少国民になっていったことがよくわかる。とくに学童集団疎開のときの日記には、少国民としてしっかりとした生活を送る決意がくり返し書かれており、行事や訓練とあいまって、日記は幸子を自覚的な少国民に仕立て上げる役割をはたしていた。こうした行為の背後には教師の監視の目があり、その周囲には学校や行政、地域、メディアによる期待の目があった。子ども自身はその視線をある程度意識していたが、しかし、集団疎開が終わっても吉原日記から決意表明の文章がなくならなかったように、学童疎開生活とそこで日記を書くことは、いやが応でも少国民としての自覚を子どもに植えつけていったのである。

日記を書きつづけるという限りでいえば、小学校一年生のときから日記を書き、「よい子」として育てられた幸子には、「しっかりとした少国民」になる素地があったといえる。だが、集団疎開の前と後では、幸子の日常と戦争のかかわりに一つの断絶が存在していた。集団疎開前の都市新中間層家族には、戦争の進行から子どもを保護する力を残しており、子どもが読書や遊びをする時間もまだ残されていたが、学童集団疎開はこうした余地を最終的に奪うことになった。学童集団疎開は教室の仕組みと秩序を日常全体に拡大し、二四時間にわたって少国民を育成する体制を敷いたために、幸子のような学校での「よい子」は「しっかりとした少国民」への道を一心に歩まされることになった。『赤い鳥』に代表されるような都市新中間層の子どもの育て方のなかには、たしかに戦前の学校教育を批判する側面が含まれていたが、しかしそれは最終的に少国民の批判にはなりえなかった。純粋・無垢な子どもを「よい子」とする『赤い鳥』の子ども観は、学校教育の描く子ども像と異なる側面をもっていたが、子ども役割の自覚という点では共通していた。新中間層の多く住む都市の学校では、成績優秀な「よい子」に依拠して教室の秩序が組み立てられており、戦時期にはその「よい子」を錬成して少国民につくりかえる過程が進行したのであった。「よい子」から「しっかりとした少国民」へと接続する以上のような側面については、吉原日記の存在が何よりもよく証明している。だが、「よい子」を「しっかりとした少国民」へとつくりかえる過程には、矛盾と断絶が含まれていたことに注意しなくてはならない。「しっかりとした少国民」とは心身ともに錬成した存在であったので、身体的鍛練と精神的緊張は子どもに相当の負担を強いることになった。とくに幸子のような病気がちの子どもは、少国民から脱落する不安をつねにかかえることになった。学童集団疎開生活に潜む矛盾はまた、相互監視や脱落への指弾、いじめなどを生み出すことになる。

以上の点を考慮するとき、集団疎開先で日記を書くということには、少国民を内面化させる側面と、精神的なバランスを保持させるという両面があったことに留意する必要がある。幸子は自分の不安を打ち消し、しっかりしようとする気持ちを奮い立たせるために日記を書きつづけた(少国民の内面化)。と同時に、思うように読書のできない幸子にとっては、たとえ教師の監視があったとしても、日記を書くことが唯一自分らしさをとり戻せる行為だったのであり、その行為のなかで幸子はかろうじて精神的なバランスを保持していたのである。縁故疎開になってからの幸子が戦局を冷静に判断する文章を書くようになった背景には、日記のもつこうした機能があったものと思われる。だが、幸子は最終的に少国民の立場に依拠する日記を書きつづけながら敗戦を迎えることになった。

戦時下にあって日記を書きつづけるということは、このように多義的な意味をもっていたのであり、幸子はさまざまな矛盾をかかえながら日記を書きつづけたのであった。吉原日記は、その意味で、戦時下を生きた少国民とその矛盾を象徴する存在であった。

## 4　少国民誕生の意味

### 少国民への統合

吉原幸子の戦時期を書き終えるにあたって、いままで述べたことを敷衍しながら戦時下に少国民が誕生したことの歴史的意味をまとめておこう。

戦時期に範型とされた少国民像とは、戦争遂行の意味をよく自覚し、心身を鍛練して勉学に励み、生活をしっかりと送る子どものことであった。かつての児童が将来の国民として位置づけられていたのに対して、少国民とはあくまでも小さな国民であり、国民としての自覚を明瞭にもった存在にほかならなかった。その意味で学校教育の側からみた場合、少国民の誕生は、初等教育の普及による児童の誕生に次ぐ第二の画期ということができる。

戦時教育は男子だけでなく、女子にも徹底した少国民意識を求めた。この点も少国民の特徴であった。女子については吉原幸子について指摘した通りであり、そこには男子に劣らない少国民意識を認めることができるように思う。

近代日本の初等教育では、低学年を除いて男女別に学級を編成することが多く、男女に異なる教育が実施された。小学校では児童を将来の国民と位置づけ、その国民にはもっぱら男子を想定して、女子には男子と異なる役割を求めたのに対して、国民学校では男子だけでなく女子にも徹底した少国民意識を求めており、その点が大きく異なっていた。国民学校にもたしかに裁縫や家事の科目があり、小学校以来の「婦徳の涵養」(国民学校令教則案)が位置づけられていたが、新設された国民科や体練科は女子にも実施されており、国民学校では男女を問わず少国民という一個の存在になることが求められた。この点で、少国民への統合を強力に進めた戦時教育には、男女の性差をなくす方向性が含まれていたということができよう。

国民学校から学童集団疎開へといたる過程で、小さな国民の特徴は極端なまでに浮き彫りになり、小さな国民はときに大人以上に国民化された存在になって、大人を撃つような能動性を発揮することすらあった。山中恒の次の指摘は、少国民の先鋭化した側面をよく描き出している。(37)

ぼくらは天皇制ファシズムの教育の下で、一方的に虐待されただの、被害者であったなどという気持ちは毛頭ない。当時の教育を徹底的に学習していくことで、完璧な皇国民＝天皇制ファシストになることに、喜びと誇りさえを持っていたのである。それだけではない。その時点で受けた教育の一定成果として、ぼくらは子どもであることの稚拙さ、おとなはそれを子どもらしい「幼さ」というが、それやおとなたちが善意に「純真さ」と解釈する単純さなど、おとなにとってのそれらの泣き所を武器として、世俗的怯懦と保身意識を潜在させているおとなの指導者たちを、逆に厳しく体制的な軌範へ追いやる後方督戦隊の役割りを果しつつあったのである。

　少国民への徹底した統合は、能動性や共通の経験をつくりだすと同時に、そこから脱落する恐怖感もうみだす。戦時期にミッション系女学校の付属小学校に通っていた中山博子の回想文は、「孤立することを極度に恐れていた日々」と題されており、少国民から孤立する恐怖心をよくあらわしている。[38] 小学校三年生のときに、学校からの集団疎開に参加することになった博子は、仲のいい友だちと遊んだり勉強をすることができなくなったものの、「それでも誇らしく晴れがましかった」と当時の気持ちを記す。地域で一人だけ遠くの学校に通っていた博子は、集団登校もなく、兵隊への慰問文も一緒に書かなかったために、「子供心にも肩身のせまい思いをさせられることがあった」からだという。集団疎開に行くことになり、「私はこれでみんなと経験を共有できることが、まずうれしかった。それに私は小さい時から〝いい子〟なのだ。(中略)少国民はいつも胸を張っていねばならない」。実際の疎開生活が始まると、博子の関心はほぼ一点に集中した。それは食事や帰宅への願望ではなく、「経験の共有」への期待でもなく、何よりも集団から「孤立することを極度におそれ」ることであった。「私は仲間の中に身を縮め、ただ目と耳となることを選んだようだ。大げさな言い方をすれば、こうして、私は世界と対面した」[39](以上傍点、引用者)。

中山博子の文章は戦後三〇年以上たってから書かれたものであり、その点の考慮が必要であろう。だが、ここでむしろ注目すべきは、戦後三〇年を過ぎても中山博子のなかに孤立への恐怖心が鮮烈に残されていたことであり、中山博子の戦時体験はそのような内容のものとして戦後に凝集されたことである。経験の共有と、そこから孤立することへの極度の恐怖心を指摘したこの文章は、少国民のもつ求心力(作用)を鮮やかに表現している。

### 少国民と家族

戦争の進行は家族を離ればなれにし、家族解体の危機をつくり出した。学童集団疎開のさなかに吉原幸子の父が亡くなったように、学童集団疎開には家族の結びつきを引き裂く側面があった。地縁・血縁の強かった都市旧中産階級が空襲と疎開によって結びつきを解体された例もあり[40]、戦争の進行は都市の家族に固有の困難をもたらしたのである。

こうした解体の危機のなかで、戦時下の家族は子どもに対して相異なる二つの機能をはたした。一つは戦争の進行に対して子どもを保護する機能であり、もう一つは学校と一体になって少国民をつくったことである。前者については、集団疎開前の吉原幸子をめぐる分析においてすでに指摘したことであり、都市新中間層の家族は解体の危機の強まった戦時下にも子どもを保護する機能をまだ残していた。

右の二つの機能については、学童集団疎開時の子どもと家族の往復書簡のなかに確認することができる。吉原幸子の手紙は残念ながら残されていないので、ここでは別の例を紹介しておきたい。豊島区立高田第五国民学校の五年生であった佐藤静子は、一九四四年八月末から一九四五年一一月初めまで長野県下高井郡平穏村に集団疎開をし、その間に膨大な書簡を家族とのあいだで交わした。佐藤静子の往復書簡は、豊島区立郷土資料館の編集した資料集に収録されており、それによればこの間の静子の手紙は八三通、母の手紙は一一一通、父八通、兄三八通であった(41)。資料集の解説によれば、母の場合には一週間に二通の割合で頻繁に手紙を書き送ったことになる(42)。

母の手紙で印象的なことは、健康への気づかいや生活上の指示がこと細かに書かれていることである。手を洗い、よくうがいをすること、風邪を引いたと思ったら風呂に入らないといった健康への注意、あるいは娘に送った小包の説明や使い方、着方、しまい方、さらには子どもの手紙でまちがっていた字の添削など、母の手紙には娘への心配と教育的配慮があふれていた。佐藤静子の住む豊島区目白地区は、大正期以降に新中間層の住居が多くなった地域であり、佐藤家も子どもの教育環境を考えて目白に転居してきたという[43]。親元から離れて暮らす子どもへの気づかいにあふれた母の手紙は、育児と教育に熱心な都市新中間層の心性を反映したものであり、物資が欠乏するもとで疎開生活を送る子どもは、こうした手紙によってかろうじて保護されていたといっていいだろう。

だが、子どもを気づかう家族の手紙には、他方で学校と一体になって少国民をつくる側面があったことに留意しなくてはならない。この点で印象的なのは、母の手紙に、「体を大切に」と「しっかり」の二つの言葉がくり返し書かれていたことである。集団のなかで何でも一人でやるためには、「体を大切にしてしっかりおやりなさい」(44・9・27)、「体を大切にます〱しっかりおやり下さい」(45・1・10)と、母は二つの言葉をくり返し子どもに言いきかせた。この「しっかり」という言葉は、生活上の信念を説く場合にのみ使われたのではない。それは、少国民としての覚悟を教える場合にも用いられていた。「疎開の生活をしっかりやる事が、国家への学童の務です。どうぞ今後もしっかりやって下さい」(44・11・29。傍点、引用者)。母は、このようにして疎開生活を「しっかり」送ることが少国民の道だと教えたのである。

ただし、佐藤静子の母は、「しっかり」とした少国民の役割を教える場合にも、健康への配慮を決して忘れなかった。たとえば、一九四四年一一月二六日の手紙の一節には、

「あなたが今疎開生活を正しくするといふ事が日本のお国への一番の御奉公といふ事を忘れないでおやりなさい。しかし、静子、一つぜひ〳〵注意してほしい事が有りますの、それは体にけっして無理しない事なの」とある。「しかし」と区切られたこの文章は、「お国への御奉公」より健康に力点をおいており、そこに静子の母の心情を読みとる必要があるだろう。

だが健康や生活への配慮に満ちた母の手紙は、それ自体が学童集団疎開を支えるものだったのであり、さらには学校と一体になって少国民をつくる役割を担うものだったことを見落としてはなるまい(44)。その意味で静子の母の手紙が担った子どもの保護と少国民化という機能は、別個のものではなくて相互に深く関連していたのであり、またそのことゆえの矛盾を含むものであった。母の手紙に含まれた矛盾とは、子どもの健康と安全を何より気づかいながらも、その子どもに少国民としての自覚を呼びかけ、いざとなれば国家に尽くすことを訴えることとの矛盾であり、戦時下の家族には解体の危機だけでなく、そうした矛盾も背負わされていたのである。

それにしても、佐藤静子の母の手紙といい、吉原幸子の日記といい、それらにたびたび登場する「しっかり」は、戦時期の少国民の存在を象徴する言葉にほかならなかったといっていいだろう。

## 映し出される差異と矛盾

ところで少国民への統合は、それが強力に進められれば進められるほど、逆に子どものおかれた状況の差異や矛盾を明瞭に映し出した。今度はその側面に注意して整理してみよう。

子どものおかれた状況の差異や矛盾が浮き彫りになったのは、地域や学年、身体、性差、階層などによってであった。農村と都市の地域的差異は、すでに第一次世界大戦以降明瞭になっていたが、戦争の進行は両地域にそれまでとは異なる影響を与え、とくに食糧配給や空襲、学童集団疎開によって、都市の子どもは固有の困難を受けることになった。戦争末期から敗戦後にかけての両地域の子どもの体格の差が、以上の影響差をよくあらわしているだろう。両地域の差異には、子どもの存在が家業と結びついているか否かが大きくかかわっており、この時代には農村で農家に育つのか、都市山手で新中間層の家庭に育つのか、あるいは都市下町で中小商工業の家に育つのかで、子どもの育ち方が大きく異なっていた。ただし、家業との結びつきと学校とのかかわりは逆説的であり、国民学校にいる時間は都市の子どもより家業と結びついた農村の子どものほうが長かった。

以上のように、農村と都市の子どもの地域的差異は、戦争、家業、学校を条件として複雑にあらわれたのであり、そこには少国民への統合と差異の両作用が反映していた。

都市山手の子どもは、家業と切り離されただけでなく、戦争の進行によって家族離ればなれに暮らすことを余儀なくされ、都市下町の子どもは経済統制の影響を受けたのに対して、農村の子どもは農家経営の困難化を下支えしつつ、学校とのかかわりも強めていた。

戦時下の錬成教育は、健康か否か、疎開か残留かという基準で都市の児童を選別し、健康で身体を鍛練し、疎開に出かける児童を範型にして、その対極に都市に残留した児童を浮き彫りにすることになった。いわゆる「残留組」となった子どもは、身体が弱く、病気や障害をもっていたり、経済的条件などの家庭の事情があったりした。(45)

都市に残った「残留組」が、「疎開組」と比較されていかに厳しい状況におかれたのかについては、二つの体験記がある。その一つ、一九四四年に国民学校四年生だった眉村卓の回想によれば、眉村は身体が弱くて縁故疎開先がなかったために学童疎開に行かず、大阪に残ることになった。学校生活はそのときから「がらりと気分が変わる」ことになり、教師は「残留組」を「ぬくぬくと親元にとどまっている」存在とみなして、徹底的に鍛えようとした。そのことは、教師と児童のあいだにそれまでにない権威的関係をつくり出し、さらに「残留組」の児童のなかにもけんかやいじめなどの凄惨な問題を発生させることになったという。(46)もう一人は、やはり一九四四年、国民学校四年生のときに大阪に残った清水保の例である。(47)集団疎開に行くことができず、結核で身体の弱かった清水は、アメリカ軍の飛行機がまいたビラを何度も集めて警察に届けることで戦時特別褒賞に推薦され、「帝国少国民の誇り」を得たという。しかし、清水はまさにその行為によって敗戦後、「少年戦犯」と呼ばれることになり、大きな苦労を背負わされることになった。

以上のように、戦争の進行は身体や経済的階層による子どもの差異をおしひろげて明瞭にする側面があったのである。

## 集団疎開にあらわれた矛盾

疎開体験自体も、決して一つの像にくくられるものではなく、学年や性差、疎開先などによってさまざまな差異があった。**図15**にみられるように、学童集団疎開に該当したのは、集団疎開の実施都市で一九四四年度に三年生から六年生までの男女であり、生年でいえば一九三二年度から一九三五年度生まれの児童であった。このうち、一九四五年春には六年生が帰郷して、四月からは新三年生が加わった。戦時下に何歳だったのか、男女いずれだったのかによって、疎開体験は大きく変わった。学童疎開体験については、先に吉原幸子の例を示した。ここでは、集団疎開時に実施された珍しいアンケートを紹介しておこう。

東京都滝野川区(現北区)滝野川国民学校の第三学寮(群馬県坂上村大運寺)では、一九四

四年一一月、疎開した児童からアンケートをとった（**表29**）。アンケート実施の主旨は明示されていないが、アンケートに「一番嬉しかった事」「悲しかった事」「一番嫌な事」「食事について」という項目が並んでいることからすれば、その目的が集団疎開上の問題点を把握することにあったことはまちがいないだろう。男女ともに「一番嬉しかった事」は「面会人が来た時」が圧倒的に多く、男子の「悲しかった事」には「疎開直後」や「面会に来て帰るとき」があった。女子の「悲しかった事」には「友達や男児にいじめられた時」が四割あり、男子の「一番嫌な事」のなかにも「いじめられた時」が一割あった。この表ではわからないが、男子で「いじめられた時」を「嫌な事」にあ

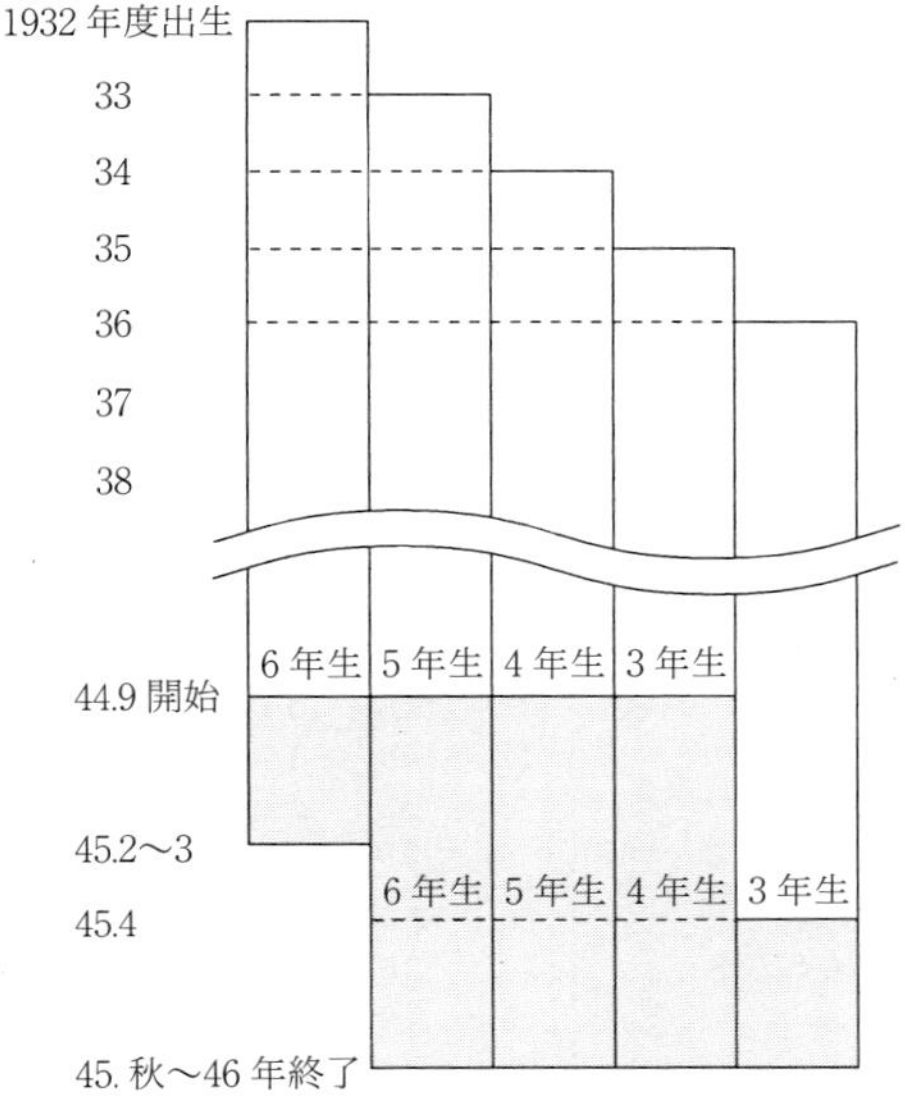


**図 15**　学童集団疎開の該当学年（アミ部分）

**表29** 集団疎開学童からのアンケート(滝野川国民学校第三学寮大運寺宿泊の児童)

(1944年11月調査, 単位:人, %)

| 内容 | | 男子 | | 女子 | | 計 | |
|---|---|---|---|---|---|---|---|
| 一番嬉しかった事 | 自分の家から面会人が来た時 | 83 | 80.6 | 76 | 76.0 | 159 | 78.3 |
| | 自分の家から小包や手紙が来た時 | 7 | 6.8 | 8 | 8.0 | 15 | 7.4 |
| | オハギ, オシルコの出た時 | 11 | 10.7 | 2 | 2.0 | 13 | 6.4 |
| | 学芸会の時 | 2 | 1.9 | 3 | 3.0 | 5 | 2.5 |
| | 毎日温泉に入ること | | | 5 | 5.0 | 5 | 2.5 |
| | 疎開して来た時 | | | 2 | 2.0 | 2 | 1.0 |
| | 映画をとった時 | | | 2 | 2.0 | 2 | 1.0 |
| 悲しかった事 | 友達や男子にいじめられた時 | 11 | 10.7 | 43 | 43.0 | 54 | 26.6 |
| | 疎開直後 | 22 | 21.4 | 10 | 10.0 | 32 | 15.8 |
| | 面会に来て帰るとき | 17 | 16.5 | 5 | 5.0 | 22 | 10.8 |
| | 寮を替わった時 | 10 | 9.7 | 10 | 10.0 | 20 | 9.9 |
| | 先生にしかられた時 | 13 | 12.6 | 4 | 4.0 | 17 | 8.4 |
| | 仲間はずれにされた時 | 11 | 10.9 | 1 | 1.0 | 12 | 5.9 |
| | 自分の家を思い出した時 | 6 | 5.8 | 5 | 5.0 | 11 | 5.4 |
| | 小包通信などが自分の家からこない時 | 4 | 3.9 | 5 | 5.0 | 9 | 4.4 |
| 一番嫌な事 | 朝のかけ足と午後の鍛練 | 36 | 35.0 | 48 | 48.0 | 84 | 41.4 |
| | 友達や男子にいじめられる事 | 14 | 13.6 | 7 | 7.0 | 21 | 10.3 |
| | 朝起きる事 | 5 | 4.9 | 10 | 10.0 | 15 | 7.4 |
| | 冷水カンプ摩擦 | 3 | 2.9 | 8 | 8.0 | 11 | 5.4 |
| | 薪取りに行く事 | 8 | 7.8 | 3 | 3.0 | 11 | 5.4 |
| | 3年生と同じ量の食事 | 8 | 7.8 | | | 8 | 3.9 |
| | 寮を替えられた事 | 4 | 3.9 | 3 | 3.0 | 7 | 3.4 |
| 食事について | ご飯が不足 | 51 | 49.5 | 37 | 37.0 | 88 | 43.3 |
| | 飯副食物ともに不足 | 27 | 26.2 | 18 | 18.0 | 45 | 22.2 |
| | ご飯が少々不足 | 15 | 14.6 | 17 | 17.0 | 32 | 15.8 |
| | 食事の苦情 | | | 12 | 12.0 | 12 | 5.9 |
| | ご飯はちょうどよい | 5 | 4.9 | 5 | 5.0 | 10 | 4.9 |
| | オヤツがほしい | 3 | 2.9 | 6 | 6.0 | 9 | 4.4 |
| | ご飯は足りるが副食物が不足 | 2 | 1.9 | 5 | 5.0 | 7 | 3.4 |
| 計 | | 103 | 100.0 | 100 | 100.0 | 203 | 100.0 |

出典) 滝野川国民学校『疎開関係資料綴』
注 1)「計」は, 4つの項目に共通の合計のこと
2) 比率は, それぞれの項目の合計に対する割合
3) 各項目には「其他」があるが, 表には省き,「計」に加えた

げたのは三年生がほとんどであり（一四人中の一二人）、集団疎開先でのいじめはとくに女子と下級生に強く意識されていたといっていい。「一番嫌な事」は男女を問わずかけ足や鍛練であり、空腹感も男女に共通していた。親元を離れて暮らす寂しさとひもじさ、そのなかでの鍛練は子どもの負担になったこと、それら全体がいじめをつくり出す要因になり、そのいじめは女子と下級生に集中したといえよう。先述のように、少国民には性差をなくす方向性が含まれていたが、実際の疎開生活はさまざまな形の男女差を反映していたのであった。このアンケートには、戦後の回想のなかでしか語られない疎開生活のつらさや歪みが率直に示されており、大変貴重である。

## 5　吉原幸子の戦後体験

### 敗戦後の吉原幸子

集団疎開の体験者は、戦後の自らの歩みのなかで疎開の意味を反芻してきた。疎開体験は、戦後体験と重ね合わせて検討することで、その歴史的意味を最終的に考察することができる。ここでは、最後に吉原幸子の戦後体験に即して集団疎開の意味を考えてみたい。

一九四六年に帰京して都立第十高等女学校に復学した幸子は、翌春、七年間続けた日

記をやめた。その点について幸子は、一九八一年の回想で次のように記している。(48)

Sたちにとっての問題はむしろ、終戦を境とする〝大人たちの急激な変化〟だったのである。少くとも日記の中で〝学校用〟の演技をする必要から解放されたSは、そのことによってやうやく感受性の自立に目ざめたのか、〝家庭用〟の演技をも放棄する姿勢をとり、やがて昭和二十二年(中学二年)の春、七年間続けた習慣を自ら閉ぢたのだった。

幸子にとって、終戦を境とする大人への不信感がどのようなものだったのか、残念ながらこの回想以外に記述がない。だが少なくとも確かなことは、敗戦とそこでの変化をきっかけとして、幸子は日記をやめたということであった。「よい子」の証となった日記、「しっかりとした少国民」へと導いた日記、その日記をやめることで幸子はそれまでの自分と決別しようとした。幸子の戦後は、こうして日記をやめることから始まったのである。

その後の幸子は、第十高等女学校でのちの詩人・那珂太郎に出会い、大学では演劇部に情熱を傾けた。この頃のことを幸子は、のちに、「優等生を返上」して「私はやっと本来の私になることができたらしい」とふり返っている。(49) 高校・大学時代を過ごした戦後の一〇年間、この時期を転機として「本来の私」になったと思えた幸子は、自分の関心を将来にではなく、過去へと向けるようになった。ひとりの大人としてものの見方が定まりかけたころ、「私はしきりに『子供であったこと』にこだわっている自分を発見した」。演劇部でとりくんだJ・アヌイ劇の影響もあり、「或る種の『純粋病』の病因を、幼年と結びつけて解剖してみよう」と思った幸子は、幼年の記憶をたどり、幼時を回復する作業へと向かう[50]。そして、その作業のなかから誕生したのが初めての詩集『幼年連禱』であった。

## 幼年期へと向かう吉原

幼時を回復しようとした吉原は、あらためて小学生時代の日記に向き合った。だが、「小学生のころ一日欠かさずつけさせられた日記のページをめくってみても、偽善的で、ほめられたことばかり書いてあって、子供らしいほほえましい突飛さや舌足らず、書き誤りなども少なく、鼻もちならない[51]」と、吉原には思えた。

かつては「いい子」の幸子をつくっただけでなく、自身の拠り所でもあったはずの日記は、戦後になってみると「偽善的」なものに姿を変えていた。吉原は、「日記以前の、或いは決して日記に書かれていない筈の、おぼろな、しかし色彩にあふれた閃きのような存在感」の記憶をたどっていった。「道の、家のたたずまい。陽ざしと暗がり。音のきこえ方。匂い。――それらを手がかりに、私はいつの間にか、数年がかりで私の幼時を再体験していた。そうしながら眺めてみると、それは実在の記録より以上に親しみ深く、生き生きと、〈ほんとうの幼年〉として私の眼に映ったのだった」。

吉原は、「再体験してみてはじめて、子供は天使であるだけではなく、純粋な悪魔、かなしい悪魔でもあることを私は憶い出した」という。吉原にしてみれば、それは「実在の記録」＝日記のなかにはない、〈ほんとうの幼年〉と呼ぶのにふさわしいものだった。日記のなかにはない〈ほんとうの幼年〉を探す行為には、痛みや苦い思いをともなう。たとえば『幼年連禱』のなかの「罪」という詩には、縁日の見世物を一人でこっそり見たにもかかわらず、看板だけを見たことにした日記のことが書かれている。「……そんなみせものがあるんだって　と／看板だけみたふりをして／さもけいべつした　幼い日記／すでに偽善を知った　その夜[52]」。子どもは家庭や学校の求める子ども役割を半ば自覚し、半ば無自覚のままに担っていること、そのことに気づいた吉原は、自分の痛切な思いを「偽善」「罪」という言葉で書き留めたのであった。

一九六四年に『幼年連禱』とそれに続く『夏の墓』を出版したとき、吉原は二冊の詩集が「現在までの私のすべて」であり、「総目録」だと書き留めた[53]。前著は「こどもの私」篇、後著は「をんなの私」篇であり、「ふたたび歩き出す前に、〝精算〟をすませたかった」と吉原はいう。前著の最後の詩は「墓碑名」、その詩は「ココニワガ　ハルノヒネムル」という言葉で結ばれていた。

## 歴史のなかの吉原幸子

一九三二年に都市新中間層の家庭に生まれた吉原幸子は、小学校時代を優等生として過ごすなかで、父母に対する子ども、先生に対する生徒、国家に対する少国民という三つの役割を担うことになった。吉原は、家庭のなかでのいい子と学校での優等生という自覚をもち、その象徴として日記のなかにいい子や「しっかりとした少国民」を書き込んだ。この役割は、学童集団疎開時に矛盾を深めるかたちでいっそう凝集されることになった。強烈な戦時体験と敗戦後の落差は大きな転機となり、その後吉原は、高校・大学時代に詩作・演劇体験をへて、いままでの自分を総括する作業へと向かった。

幼時を再体験するという吉原の総括の意味を三点指摘してみよう。一つは、吉原自身、自分の関心が「個人的な人間関係」にあり、戦後の時代や政治運動とは距離があったことをたびたび語っていることについてである。吉原は、一九八一年の回想のなかで、「時代は確かに存在したがSの傍らを早足で通り過ぎ、Sにとっての関心の所在は――少くとも〝詩〟のテーマになり得るものは、ほとんど常に個人的な人間関係(愛)、及びそれをめぐる自分自身の感情の状態ばかりであったのだ」。「これは近年に至るまでSの世界の決定的な限界線となってゐるが、Sはその点をあへて自認し、弁解を試みよう」とは思っていない、と述べている[54]。あるいは、吉原が第一詩集をまとめていた頃は、ちょうど六〇年安保の時代であり、吉原もデモに参加したことがあったが、「しかしこれらの状況も、作品にはほとんど投影してゐない」と述べている。[55] この点はおそらく吉原個人の率直な心情なのであろう。その意味でいえば、「個人的な人間関係」にこだわり、自分の過去に分け入って幼時を回復しようとしたことは、吉原のまったく個人的な行為だったが、しかしそれは単なる個人的な行為ではなかった。奇妙ないい方だが、吉原が回復しようとした幼時とは、あくまでも戦前と戦時という時代に規定されていたのであり、その時代とは言い換えれば近代と戦争という二つの契機を含むものにほかならなかった。近代と戦争によって仕切られた子ども時代を回復し、再獲得することなしに吉原の戦後はありえなかった。『幼年連禱』は、その意味で吉原個人の格闘の産物であるとともに、近代と戦争に規定された吉原幸子という一個の歴史的人間を回復する行為でもあったのである。吉原の行為は、吉原自身の心情とは別の次元で、単なる個人的行為にとどまらない普遍的な意味をもっていたのである。

吉原の総括の意味を考えるうえでもう一つ大事な点は、それは吉原が詩を書いたということである。日記をひとたびやめた幸子は、詩を書くことで自己の回復をはかろうとした。言葉との決別と言葉による自己の回復。それは近代を受け継ぐなかで近代と格闘する行為だったといっていいだろう。[56] 吉原の総括は日記に書かれた幼時を全否定しているようにみえるが、しかし決してそうではない。吉原は、言葉への信頼を捨て切らなかったのであり、それはまぎれもなく言葉とのかかわりのなかにあった幼時を回復する行

為だったのである。(57)

　吉原の総括については最後に、体験と回想の関係について考えておきたい。この点については二つ指摘をする。一つは、回想と体験の落差についてである。吉原が戦後に幼時を回想する場合、戦前・戦時を「いい子」「純粋病」と一括することが多かった。だが日記の詳細な分析からわかったように、体験は歴史的な変化や矛盾をともなうものであった。いい子や「しっかりとした少国民」を引き受ける自覚をもっていた吉原幸子、しかし集団疎開体験は吉原の自覚を超えた意識や矛盾を生み出し、吉原は徐々に強力な少国民意識にとらわれていった。この強力な少国民意識こそ、戦後に吉原が幼時を「いい子」「純粋病」として忌避した一因だったと思われる。だが、戦時下に強められた少国民意識や体験時の矛盾は、戦後の回想になると徐々に一括され、みえにくくなってしまう。体験と回想のあいだに生じる落差を読みとる必要があるだろう。回想についてはもう一つ、それがどのように凝集されたのかという視点も必要なように思う。戦後の吉原は、戦前・戦時体験を何よりも「いい子」「純粋病」として凝集して意識するようになった。そこでは、戦前・戦時に都市新中間層の家族に育ち、集団疎開に遭遇した吉原の経験が大きく影を落としているように思う。

## その後の吉原幸子

『幼年連禱』以後の吉原について、ここでは先にとりあげた一九八八年の公開座談会についてだけ言及しておく(二四七頁参照)。吉原はその座談会で高良留美子の詩「赤鉛筆」を朗読した。「赤鉛筆」は、集団疎開のなかで赤鉛筆紛失の嫌疑をかけられた女の子が病死したあと、手洗いから赤鉛筆がみつかり、「わたし」もまたその子をいじめた一人であったことを告白する詩である。[58] 吉原は、この詩をとりあげて集団疎開時の自分の体験である干柿事件に言及し、「大人になり、やっと被害者だけでなく、加害者にもなったことがわかった」と述べた。

吉原のこの指摘は、戦後の時代に即してもう少していねいに考えるべきだと思う。たしかに『幼年連禱』の段階の吉原には、大人との関係のなかで自分をみつめる視点があったが、いい子への批判にせよ「偽善」への着目にせよ、吉原の最大の関心事はあくまで自分にとっての問題にあった。それは被害と加害という次元とやや異なる問題であり、『幼年連禱』のなかに加害の視点をみつけることは難しい。[59] だが『幼年連禱』を書くことは、吉原にとってどうしても必要な過程であった。「個人的な人間関係」を幼時にさかのぼって徹底して総括すること、そのことなしにその後の吉原はありえなかった。吉原は、『幼年連禱』にいたる過程をくぐり抜け、その後の長い発酵期間をへるなかではじめて「赤鉛筆」にたどりつくことができたと私は考える。[60]

『幼年連禱』から「赤鉛筆」にいたる吉原の長い発酵期間は、一人吉原だけの問題ではなく、戦後日本の戦争観とかかわらせて考えるべき事柄でもあるだろう。被害の視点の強かった戦争観に加害の視点が登場するのは、民衆の戦争責任が論じられるようになった一九七〇年代以降のことに属する。高良留美子の詩「赤鉛筆」をおさめた詩集が出版されたのは一九八七年であり(61)、吉原の講演がおこなわれたのも一九八八年であった。その意味でいえば吉原の指摘は、一九八〇年代にふさわしいものと理解すべきだろう。長い発酵期間をへた吉原は、一九八〇年代になると、新たなつながりを求めた活動を開始した(62)。

# おわりに――民衆の教育経験とは何だったのか

本書では、農村と都市で初等教育が受容される過程を一八九〇年代から戦時期まで、そして一部は戦後まで叙述してきた。そのなかで一貫して考えてきたことは、近代日本の民衆の教育経験とは何だったのかということであった。ここでは、「はじめに」で設定した課題に対応させて本書を総括し、あらためて民衆の教育経験とは何だったのかを考える。そのなかで、いままでふれることのできなかった敗戦後の教育事情や、吉原幸子以外の少国民の戦後体験にも言及し、戦後の教育経験についても若干の考察を加えたい。そして最後には、本書冒頭の「〈シリーズ　日本近代からの問い〉刊行のメッセージ」*で指摘した三つの問いに即し、シリーズ刊行の主旨に照らして本書はどのような意味をもつのかを考えてみたい。

＊「〈シリーズ　日本近代からの問い〉刊行のメッセージ」については本書「参考資料」(三五九頁)参照。

## 農村と都市——教育と家族のかかわり

農村と都市で初等教育が受容される過程を、家族とのかかわりでまとめてみよう。

東京府田無町の検討から判明したことは、日清・日露戦争期における初等教育の普及には、男女差と同時に地域差があったことである。この時期、尋常小学校の卒業率は男子で八割程度、女子は七割程度であった。農村部と町場の両地域を含む田無町の場合、興味深いことは、この男女差と地域差が関連しており、日清・日露戦争期の町場に女子の不就学者が多く存在したことである。不就学者のほとんどは、町場の雑業・手工業の家族に育った女子であり、彼女たちは中高学年になると経済的事情や病人・家族数の多さなどの理由で、家族を助けるために不就学を余儀なくされた。田無町で不就学者がほとんどいなくなるのは、第一次世界大戦後のことであった。

以上の例に「はじめに」で紹介した土方苑子・清川郁子の研究を加えて考えれば、初等教育の普及には男女差と地域差があり、都市下層社会的な地域よりも農村部の方が早期に初等教育の普及をみたこと、初等教育の普及には家族のあり方が大きく関係していたと指摘できる。生業と生活が一体化した農民家族では子どもも大事な働き手であったが、家族総出で農家経営にとりくんでいたため、教師の勧めや親の理解、子ども自身の希望が重なれば、子どもを小学校に通わせることは不可能なことでなかった。これに対して、都市や町場の下層の家族では、親の生業が不安定で収入も限られていたので、親の病気や子ども人数の多さは、いきおい中高学年の女子に学校を休んで一家を補助することを求めることになった。家族の形態にともなう初等教育の普及の差は、階層ともかかわる事柄であり、都市・町場の下層の家族で子どもの就学がもっとも遅れた。

女子や都市下層社会を含めて初等教育が定着するのは第一次世界大戦後のことであった。初等教育の定着に対応して、自由教育のなかからは童心主義による「純粋・無垢」の都市の子ども像が提示され、綴方教育のなかからは農村の子ども像が示された。第一次世界大戦後は、さまざまな子ども像が議論された「子どもの時代」にほかならなかった。

農村と都市では子どもをとりまく家庭環境が大きく異なり、農村の子どもは労働力として期待され、日々農家の手伝いをしていたのに対して、都市新中間層の子どもは家を手伝うことは少なく、放課後は勉強や遊びの時間にあてられていた。また東京府滝野川の例で確認したように、階層性(経済的状況)と教育水準のあいだには明瞭な相関関係があった。要するにこの時代には、家族のあり方(家族労働の有無)と階層性が子どもの教育環境を大きく規定していたのであり、農民家族・都市新中間層・都市下町のいずれに生まれたのか、どのような階層だったのかによって、教育経験は大きく異なることになった。

とはいえ、家庭環境や階層の違いから、農村の子どもの教育経験が都市の子どもより小さな意味しかもたなかったと理解してはいけない。戦時期の児童生活調査が明らかにしたように、小学校での生活時間は都市の子どもより農村の子どもの方が長かった。農家の手伝いに時間をとられたものの、むしろそれゆえ農村の子どもは小学校から絶大な刺激を受けたのであった。農村では小学校が教育経験にとって大きな役割をはたしたのに対して、新中間層の多く住む都市では小学校だけでなく、家庭が重要な教育経験の場になっていた。家庭と小学校の連携や家庭教育は、一九二〇年代から三〇年代の小学校教育でとりくまれたものであり、この点は新中間層の住む地域だけでなく、都市下町や農村でも議論されたが、実際に家庭と小学校の連携がみられ、家庭教育がとりくまれたのは、新中間層の多く住む地域に限られていた。

以上のように、第一次世界大戦後には、家族のあり方と階層性が子どもの教育環境を大きく規定していたこと、また、それにもかかわらず農村では小学校が絶大な刺激を与える場として教育経験に大きな影響を与えていたこと、この両面を把握する必要がある。

満州事変以降の戦時期になると、小学校教育のなかに戦争の影響が徐々にひろがった。童心主義・個性尊重と国民教育のあいだには、本来矛盾する側面があったが、第5章で検討したように、満州事変前後になると「よい子」と帝国意識が交錯し、両者の結びついた議論もあらわれた。子どもの国家意識が強化されるのは日中戦争以降であり、とくに小学校が国民学校にかわってからであった。戦時期には学校生活そのものが拡大し、戦争は学校を通して子どものなかに浸透した。少国民として錬成された農村の子どもは、農作業を手伝う時間を狭められながらも、他方では兵力・労働力の動員によって、農作業をいっそう手伝わざるをえない矛盾を背負いこむことになった。都市の子どもは、少国民としての錬成に加えて、食糧事情の悪化や空襲による生活水準低下、兵力・労働力の動員による家族解体の危機をこうむった。その結果、太平洋戦争末期から敗戦直後にかけては、都市の子どもの体格が農村の子どもより下回るようになった。少国民の矛盾が極端にあらわれたのが学童集団疎開であった。家族の協力にも支えられた二四時間にわたる学校化は、国家意識と規律を明確にもった少国民をつくる場になったが、それは子どもたちにさまざまな矛盾・困難を与えることになった。

集団疎開では何よりも自覚的な少国民が求められた。実際、集団疎開のなかの子どもたちは、行政・学校・地域・メディアからつねに期待のまなざしを浴びており、かれらはいやが応でも少国民へとかりたてられていった。ただし、少国民は単に受身でつくられたのではない。少国民を徹底してつくる過程では、子ども自身も自ら少国民たらんとし、心身ともに錬成した存在になろうとした。少国民の徹底化は、しかし、身体的鍛錬と精神的緊張による負担を子どもに相当に強いたのであり、こうした負担に食料事情による空腹感や共同生活の圧迫感などが加わったとき、そこからは子ども自身による相互監視や脱落者への指弾、いじめなどの矛盾・軋轢が発生することになった。少国民への統合はまた、その対極にさまざまな差異や矛盾を映し出した。健康か否か、疎開か残留か、男子か女子か、何学年か。強力な統合の対極に映し出された差異は、少国民の矛盾を深める一因になったのである。

## さまざまな子ども像

子どもの教育経験を考えるうえで注意すべきことは、学校や親の望む子ども像と子どもの自己認識とのあいだにズレがあり、子どもは小学校で多様な経験を積んでいたことである。この点もまた都市と農村で異なっていた。新中間層の多く住む都市では、「純粋・無垢」な心で個性を発揮した「よい子」に育ち、受験にもとりくむことを願った親の気持ち、国民教育と個性尊重をともに進めようとした学校に対して、子ども自身は親や学校の意向にとどまらず、立身・英雄主義に熱中したり、受験にとりくんだりした。農村の場合、学校に対する親の希望は、しつけを望む段階から勉強・進学を希望する段階まで階層によって異なっていた。学校や親の期待を受けとめつつも、農村の子どもにとっての学校は、絶大な刺激を受ける場であり、読み書き能力を獲得して世界をひろげる場であり、社会的上昇志向をもつ場であった。

## 子どものジェンダー

戦前の民衆の教育経験は家族のあり方によって大きく規定されるとともに、男女による差も大きかった。本書から確認できる子どものジェンダーについてまとめてみよう。

第一次世界大戦前については、何よりも東京府田無町の例に示された女子の不就学を指摘できる。町場の雑業・手工業の家族で、女子に不就学が求められたのは、生計が苦しく、かつ家族や病人に手がかかったからであった。第3章の豊田村の検討で子守りに女子が多かったこととあわせて考えれば、家族の世話や家事など家のなかでの分担にはもっぱら女子が選ばれていたことを確認することができよう(1)。

戦前の子どものジェンダーについて詳しく知ることができるのは、戦時期の児童生活調査である。子どもの平日について印象的だったのは、早く起床して家の手伝い時間が一番長かった農村の女子が学校生活時間も一番長かったことである。農村の子どもの家業手伝いと学校生活時間の相関関係についてはすでに指摘したが、その関係がもっともはっきりあらわれたのは女子であった。ここから、手伝い時間が長くなるほど学校に残る時間も長くなることがあらためて確認できよう。平日の生活スタイルが農村の女子と似通っていたのは農村の男子であり、ついで学校生活時間は短かったものの帰宅後は家の手伝いをしていた都市下町の女子をあげることができる。これに対して、都市山手の子どもは男女ともに学校生活時間が短く、帰宅後は男子が遊びと勉強を、女子は勉強をしていた。農村と都市山手の子どもの生活スタイルは対照的であり、なかでも農村の女子と都市山手の女子の相違が際立っていた。

休日にジェンダーがもっともはっきりあらわれたのは都市山手であり、手伝い時間の少ない男子と手伝い時間の多い女子にはっきりと分かれた。この相違は学年によってさらに明瞭となり、初等科から高等科に学年があがるにつれて男女差はよりはっきりとした（高等科二年生女子の手伝い時間三時間三九分に対して男子はわずか二六分）。これに対して農村の休日は何よりも家業を手伝う日であったが、手伝い時間は男女差よりも学年差の方がはっきりとしており、男女ともに初等科から高等科にあがるにつれて手伝い時間は増大した（高等科二年生の手伝い時間は男女ともに五、六時間であった）。これは、おそらく年齢に応じた役割分担が農家のなかで明確に存在していたためだと思われる。ただし、手伝いの内容には男女差があり、農業を中心にした男子と家事を中心にした女子に分かれた。

以上からすると、戦前日本の子どものジェンダーにとって、まず大きな分岐点は家族労働であったのか否かということであり、そのうえで男女の役割分担が決められていた。家族労働のある農民家族での年齢に応じた役割分担と、そのもとでの男女の役割分担。これに対して家族労働のない都市新中間層では、農民家族より手伝い時間が短く、そのなかで手伝いから離脱した男子に対して、女子はとくに休日に家事を手伝っていた。家族労働のない家族での家事の分担には、男女差が明瞭にあらわれていたのであった。

## 敗戦後の教育事情

第一次世界大戦以降に対比されるようになった都市と農村の子ども、その状態は戦時期に変化し、都市の子どもは多くの困難を受けることになった。こうした状態が敗戦後どのように推移したのか、ここでは敗戦後の教育事情について今後検討すべき点を三点指摘しておきたい。

まず第一は、戦後教育の出発を規定した戦争の影響について検証することである。本書でたびたび紹介した東京府田無町では、日中戦争以後の軍需工場の進出と、それにともなう大量の労働力流入、空襲、戦災や引揚げによる流入などによって、地域構成・人口構成が大きく変化した。その結果、敗戦後の小学校には、戦時中に来町して父が会社や工場に通う核家族の子どもがもっとも多く、三世代同居の農業・商業の家族の子ども、戦災や引揚げで親戚に身を寄せていた家族の子どもがそれに続いた。第一・第二の家族とくらべれば多くはなかったが、第三の家族には、満州・中国・朝鮮などから引揚げ、田無と東京市内に家族別々に暮らしていた例や、戦災によって田無にある父の実家に身を寄せ、物置を改築して住んでいた例、父親の戦死や家族の病気で親戚に引き取られていた例など、戦争によって家族を離ればなれにされた子どもが少なくなかった。田無における戦後の混乱と貧困は一九五〇年前後まで長く続いた(2)。戦争や戦後の引揚げの影響など、戦後教育の出発を規定した状況を、都市と農村に即して検証する必要があるだろう。

第二は、子どもと家族・学校のかかわりについてである。本書で検討したような、戦時中までの農村と都市における子どものあり方は、いったいいつ頃まで続いたのであろうか。とくに農家の手伝いと学校生活の両方に深くかかわっていた農村の子どものあり方は、いつ頃変化したのであろうか。この点で参考になるのが無着成恭編『山びこ学校』(一九五一年刊行)である。(3) この本については、生活綴方の意味、戦後民主主義とのかかわりなど、さまざまな観点からの議論があるが、(4) 敗戦直後の山村の子どものおかれた状況という点から読み直すこともできる。この時代にあっても、山村の子どもの生活の基調はきびしい労働から成り立っていた。毎日の生活をしばる労働、先行きのみえない農業への不安、にもかかわらずのみこまれていく子どもたちの暮らし、重い現実とわずかな希望。子どもたちの日々はまちがいなくこのようななかにあった。一部の子どもたちは、働き手としてたよりにされていることを自覚しており、そのような子どもは学校に何も期待していなかったのかもしれない。だが、子どもが意識するにせよしないにせよ、労働力として期待されることと学校は単純な対立物ではなかった。ここでの学校は、広い世界、書物へ誘う入口であり、労働力としての期待とは一人前＝大人として早く認められることにほかならなかった。学校が日々の厳しい労働や暮らしにどのように役立つのか、無着成恭の指導にもかかわらず、そのことはそれほど明瞭でなかった。しかし、子どもたちにとってみれば、労働も学校も必要だったのである。『山びこ学校』は、山村の子どもたちが労働力として期待されることの意味を深くとらえた本であり、この本からすれば、一九五〇年頃の農村の子どもは戦前来の労働の現実と学校を通じた関心をかかえていたこと、そこには戦後民主主義の要素も加わっていたことなどがわかる。戦後の状況に即した農村と都市の分析が今後必要であろう。

三つ目は、戦後の新制中学校の役割についてである。中学校の義務化にともない、各地域では多大な苦労や協力のもとでようやく中学校を新設した。戦争の影を背負いながら、戦後民主主義教育が実践された中学校。戦時期の山村の聞き取りで紹介したように(第6章)、一五歳まで義務教育になったことで農民家族経営にもたらされた変化(5)。戦前の複線型教育体系から単線型に一元化されたことの意味。とくに一五歳でいっせいに卒業して社会に出ることになったために、戦後には中学校と職業安定所が強く結びつき、学校から社会に向けての就業システムがつくられたことなど(6)、新制中学校については、多様な視点からの検討が必要だろう。

## 教育の民衆的なとらえ返し

民衆の教育経験を考えるためには、直接教育を受けている時だけでなく、その後の過程まで含めて検討する必要がある。第一次世界大戦後になると、民衆の経験のなかで教育の比重が高まり、学校教育を通じた国民形成の過程は、それをとらえ返す民衆的な過程をともなうようになった。講義録・夜学校での勉強、社会集団の新しい担い手の形成、民衆運動におけるリテラシーのなかに、そのとらえ返しをみてとることができるだろう。第5章で指摘したように、ここでの農民運動第二世代や講義録購読者、民衆運動のリテラシーの担い手の多くは、日清・日露戦争期に生まれた世代であり、初等教育の普及から定着にいたる過程で、小学校教育を受けた人びとであった。この時期には、学校教育のなかで制約されていた「話す」という行為の新たな獲得、学校教育で付与された「読む」「書く」という行為のとらえ返しがみられた。全国津々浦々の青年団でおこなわれた討論会は、さしずめ民衆自身が「話す」という行為を獲得した代表例だといっていいだろう。ここでは、「話す」という行為に加えて、さらに「討論する」という双方向のコミュニケーションスタイルが試みられた。共同体的・音読的な読書形態から個人的・黙読的な読書形態へと転換される過程に民衆自身が加わったことも、第一次世界大戦後の大きな特徴であった。学校教育でのリテラシー獲得を前提にして、民衆の個人的読書が可能になったこと、それを通じて書物のまわし読みや読書会などの新しい共同体的な読書が形成されたこと、以上によって民衆の読書体験はいっそう促されることになった。読書は民衆に自己啓発や自己確認の契機を与えた。この時期の民衆運動の展開には、民衆自身の読書体験がかかわることが少なくなかったが、その背景には、学校教育によって与えられた「読む」という行為のとらえ返しがあったのである。

「書く」という行為を民衆自身が獲得したことも、この時期の大きな特徴であった。農村の上層の地主や自作農家だけでなく、小作農家のなかからも文章を「書く」ことへの関心をもった青年が登場し、日記をつけはじめた。地域においてガリ版で作成された無数の出版物、民衆運動のなかに必ずといっていいほどあらわれた機関誌、そこにまた必ずといっていいほど添えられていた文芸欄、第一次世界大戦後から一九三〇年代は活版・ガリ版刷りの機関誌や文芸雑誌が膨大に作成された時代であり、民衆運動のなかのリテラシーが発揮された時代であった。こうした出版物や機関誌には、上からの統制の側面もあったが、何よりも民衆自身が学校教育をとらえ返した産物であった。

## 戦時体験の回想を検討する

教育経験には、民衆が学校教育をとらえ返す過程だけでなく、学校教育の内容がさらにすりこまれる過程もあった。戦時期はその代表例であろう。ここでは、戦時期の教育経験が戦後にどのようにふり返られたのかを考察する。そのことはまた、第7章で検討した吉原幸子の位置を明確にする作業にもつながるはずである。以下には、月光原小学校編『学童疎開の記録』(未来社、一九六〇年)と『別冊一億人の昭和史　学童疎開』(毎日新聞社、一九七七年)の二冊を使い、少国民の体験が戦後の二つの時期にどのように回想されたのかを検討してみよう。

前者は、東京都目黒区の月光原小学校が編纂したものであり、そのなかに集団疎開体験者一一名の回想が収録されている(7)。一一名の内訳は男子五名に女子六名、回想執筆時の年齢は二二歳から二八歳であった。一一名のなかでもっとも多かったのは、集団疎開は苦しく、感情を押し殺すことを強制された、先生から差別を受けたといういやな思い出として残っているものであり(六名)、なかには当時をなつかしむ者も二名いたが、集団疎開に楽しい思い出をもっている者はほとんどなく、ここから、集団疎開は二度とあってはならないという意見をもつものが多かった(五名)。これらの回想が書かれたのは一九六〇年のこと、なかには六〇年安保や高度成長の時代を反映して、「戦争の悲惨さ」こそ「現在のこの不安な社会情勢を熟視」する自分を形成してくれたという宮城タミ子の例や(8)、「このごろの、豊かに、恵まれて、のびのびと育っている小学生を見る」と、集団疎開は「二度と繰り返したくない」という清水洋子の例もあった(9)。敗戦から一五年目で疎開の記憶がまだ鮮明に残っていたこと、それに一九六〇年という時代が右のような回想の背景にあったと考えていいだろう。

ただし、集団疎開への回想がどのような現在意識(戦後認識)に結びつくのかは一様でなかった。たとえば右に引用した清水洋子は、集団疎開を「懐しい思い出」といいながらも、「個性ある、はつらつとした明るさを失った」集団疎開は二度とくり返したくない、と書いた[10]。これに対して、「なつかしい」と書いたもう一人の下山田允子は、「あの頃の思い出は、いやなことも、苦しかったことも、みんな浄化されて、楽しい、美しい、そして、なつかしい思い出に変ってきている」といい、「私の一生にとって、あらゆる意味で、大変ためになること」だと指摘した[11]。強烈な共同体験を後でなつかしく感じることはよくあることであり、集団疎開の体験者のなかには戦後に疎開地を再訪して疎開地の人びとと新たな交流をつくり出す人もいた。再訪する人には「なつかしい」という気持ちが一様にあったであろう。だが、「なつかしい」と感じて、集団疎開を「一生にとってためになる」と思うのか、「はつらつとした明るさを失った」と思うのかでは評価が大きく異なる。一一名の回想は、当時を苦しい体験だったと思う点でおおよその共通性があったが、意見が分かれたのはその共同体験を現在どう評価するかであった。

集団疎開は二度とくり返したくないという意見のなかには、共同体験が「喜怒哀楽の感情をすら消滅させていたほど、精神的にも貧しいものだった」からだと分析した意見や[12]、あるいは先の清水洋子のように、共同体験によって「はつらつとした明るさを失」い、「精神的な成長の空白時代」をすごすことになった、と指摘する者がいた[13]。ここには、戦後になってから学童集団疎開という共同体験を徹底してみつめ直す視点があったといっていいだろう。だがその一方で、辛い体験が現在に役立っているという評価が二名あった。一人は、苦しい体験は子どもたちに二度と味わわせたくないが、「社会人として」「如何なる辛苦に遭遇しても堪え忍ぶ事が出来るのはあの貴重な体験」のおかげだといい(14)、もう一人は、つらい生活だったが、「学童時代に一つの大きな試練を経たことは後になってプラス」のこともあると述べた(15)。困難に耐えた体験が後になって役立つことはあることだろう。だがそれが集団で強制された体験だったのか、あるいは個人で挑んだ目標だったのかでは大きく違う。あるいは集団であったとしてもそれが納得ずくだったのか、強制だったのか。さらには少国民の内面化の程度、乏しい食料の分配の公平さ、リーダー格だったのかそれ以外の生徒だったのかなど、集団疎開はさまざまに異なる体験によって成り立っていたはずだ。学童集団疎開で耐えた困難とはいったいどのようなものだったのか、吉原幸子についておこなったような集団疎開体験の徹底した検証を、個々の体験に即しておこなう必要があるだろう。

気になるのは、こうした意見の延長線上に、戦時期の集団行動を戦後の平和の建設に役立てようという意見が出ていたことである。「当時のあの集団行動、『一億一心』のもとに、みなが協力した、あのエネルギーが、いまわしい戦争のためにではなく、平和と民主主義の明るいくらしよい健康な生活への建設のエネルギーであったなら、どんなに良かったであろうか(16)」。この意見を述べた人は、他方で集団疎開は「決して愉快なものではな」く、二度とくり返したくないと述べていたが、「みなが協力した」「あの集団行動」は戦後にも活用可能だと考えていた。だが、「『一億一心』のもとに、みなが協力した」「あの集団行動」から「いまわしい戦争」を除外して活用することなどできるのだろうか。「いまわしい戦争」こそが、「あの集団行動」と「決して愉快」でない思い出をつくり出したのではなかったか。

## 戦後三二年目の回想と吉原幸子の位置

戦後一五年目の回想の検討が少し長くなってしまった。もう一つの回想について簡潔に指摘しておこう。それは渋谷区立常磐松国民学校から富山県に集団疎開した八名の回想であり、『別冊一億人の昭和史 学童疎開』に収録されている。八名の構成は男五名に女三名であり、回想は戦後三二年目の一九七七年、四二歳から四五歳になったときに書かれた(17)。ここでも疎開はつらかった、楽しかった思い出なし、厳しい規律だったと回想する人が大半をしめ(五名)、集団疎開の楽しい思い出を指摘したのは、民家への「およばれ」を記した一人だけであった。なかには逃亡した子どもへのみせしめをよく覚えており、蒸気機関車はいまでも無性にいやだと語った人もいた。ここでは集団疎開への嫌悪感がみせしめや蒸気機関車に凝集されて記憶されており、第7章で紹介した中山博子の回想同様に(二五九頁)、戦後に時間が経過しても疎開時の嫌悪や恐怖を容易に軽減できなかった人がいたことを確認しておきたい。強制された集団のもつ暴力的側面を読みとる必要があるだろう。

だが、八名の回想が先の回想と異なるのは、二度と体験させたくないと話した人が二名にとどまったことであり、逆に「子供たちに一度は疎開させたいと思っています」という人や、「苦労という点では必要だと思います」といった人が登場したことである。前者の人は、「生活の中でも物を絶対むだにしてません」、「疎開は金で得られない、貴重な体験」といい、後者の人は「疎開について、楽しかった記憶はない」が、それでも必要な苦労だという。戦後三二年たった時点でも、疎開体験の辛さはまだ共通認識になっていたが、疎開体験者が四〇歳代になったとき、疎開体験を子育てと重ねてとらえ、子どもにとって必要な苦労だと評価する者が出てきた。

以上のようにみるとき、戦後の時間の経過のなかで、疎開体験の評価は微妙に変わってきたことがわかるだろう。疎開体験は苦しいものだったとしても、それをどのように評価するのか、それが戦後一五年の時点と三二年の時点とで変化してきたのであった。と同時に、二度とくり返したくないと思うときにも、学童集団疎開の共同生活、集団行動、協力関係をどのようにつきつめて考えるのか、評価はさまざまな揺れをみせた。

さて右のような回想と対比したとき、戦後の吉原幸子は独特なポジションを占めていたといっていいだろう。右の回想とは異なり、吉原は自分の幼年期を受動形のみでとらえていなかった。いい子、しっかりとした少国民という役割を演じ、ときに嘘もつく子ども時代への自覚、その幼年期を徹底して解剖することなしに新しい自己はありえない、そのような自覚のもとに吉原は詩作へと向かった。こうした幼年期への向き合い方は吉原独特のものであり、一九六四年に二冊の詩集を発刊したとき、吉原は長い葛藤の末にようやく自己を回復する道を見出したのであった。吉原の行為は一見すると時代とかかわりない個人的なもののようにみえるがそうではない。この点は先に述べたように、疎開体験者にとって必要な普遍的な意味をもつ営為だったのである。

だが、吉原も含めて、疎開体験者の視線は長い間自分へと向けられていた。苦しい体験をした自分、孤立感を味わった自分、しっかりとした少国民を演じた自分など、疎開体験者の関心事の多くは自分に向けられていた。このことは何よりも集団疎開によってこうむった体験があまりにも苛烈だったからだが、そのことも手伝って、疎開体験者の視界のなかには、仲間はずれにしたり、いじめたりする他者が登場することはあっても、自分もまたその他者になりえた（なった）ことをみつめる視線は、なかなかあらわれなかった。

## 民衆の教育経験とは何だったのか——三つの問いに即してあらためて考える

本書冒頭の「〈シリーズ　日本近代からの問い〉刊行のメッセージ」（本書三五九頁「参考資料」参照）で指摘した三つの問いにこたえることで、本書を終えることにしたい。あらためて、「刊行のメッセージ」を読んでほしい。シリーズ〈日本近代からの問い〉に、私たちは、「歴史からの問い」「社会からの問い」「著者にとっての問い」という三つの「問い」をこめた。

「歴史からの問い」とは、歴史における人びとの体験のなかに解答を見出す方法的態度であり、現在主義的な思考方法を排して現在を歴史的に照射するための見方である。そのためには長い歴史のなかに問う必要があると私たちは書いた。この「問い」を受けとめるとき、本書からは日本近代のなかに三つの歴史の層を見出すことができる。一つは、学校教育を通した国民形成の過程であり、民衆的なとらえ返しやすり込み、内面化をともなう長い歴史過程であり、二つには家族・労働・教育のあいだにみられた変化であり、長い時間をかけて家族労働から雇用労働へと転換する過程、そこでの教育の位置についてであり、三つには、吉原幸子の経験のなかから聞こえてきた声であり、戦前・戦時体験の戦後への持ち越され方であり、戦後と戦前・戦時の往復の仕方である。現在へといたる長い道のりは幾層もの歴史の積み重ねから成り立っており、各層の相互関係を考える必要があること、幾層もの体験の接点のなかに浮かび上がってくるのが歴史なのだと私は考えている。

本書に即して三つの層のかかわりを指摘してみると、都市新中間層の場合、童心主義・個性尊重と国民教育のあいだには矛盾があり、満州事変以降になると両者に接点がつくりだされるが、それでも戦時期の新中間層の家族には、銃後の生活から子どもを保護する機能がまだ残されていた。だが、学童集団疎開は、子どもを二四時間学校に囲うことによって、「よい子」としての子どもを「しっかりとした少国民」につくりかえることになった。この過程で少国民の徹底化・内面化が子どものなかで進行した。家族と学校、戦争のあいだで揺れ動いた子どもは、戦後になり、戦前・戦時体験の意味を問い直す。その際に、吉原幸子の例は象徴的である。家庭と学校のなかで身につけた「書く」という行為が、集団疎開中には少国民の内面化を徹底することにもつながり、戦後、吉原は長年書きつづけた日記をやめた。だが、その吉原が子ども時代を回復するために採用したのは詩を「書く」という行為であった。ここには、学校や家庭によって与えられた行為や規律を身につける過程、内面化し、矛盾を強める過程、それをあらためてとらえ返す過程が示されている。長い道のりのなかに三つの層を位置づける必要があるのであり、そうしてはじめて、歴史の矛盾的過程がよくみえてくるように思われる。(18)

「歴史からの問い」を受けとめる方法として、このシリーズでは「社会からの問い」という視点を提示した。本書では、「農村と都市の生活のなかの子ども」という視点を「社会からの問い」として設定した。この視点を別の言葉でいえば、子どもの生活行動、生活規範を家族のなかでとらえ返し、それをさらに学校との関係で考えるということであった。この視点により、学校の子どもだけではみえない子どもの重層的なあり方がみえてきた。本書の分析からは、家族のあり方(家族労働の有無)と階層が子どもを大きく規定していたこと、農村・都市山手・都市下町での子どものありようのちがい、小学校のはたした役割の階層差と地域差、家業・家事に大きく規定されていた農村の子どもが逆に小学校から絶大な刺激を受けていたこと、家族労働の制約とそのなかでのリテラシーの獲得、「ガリ版文化」の普及、旺盛な自己表現、そして教育経験を通じて都市へと移動する農村の青少年、都会熱と教育熱の高まり、家庭(家庭教育)の浮上とその影響の限度、などを指摘することができる。これらはいずれも社会領域の設定によってみえてきた子どもの姿であり、社会のなかの子どもをつぶさにみることによって、学校の望む子どもとの落差、異同、ズレ、葛藤、矛盾もまたよくみえてくる。このような矛盾的過程こそが歴史研究の重要な対象であり、規範や原理の指摘と異なる歴史研究固有の領域だと考えている。本シリーズ「刊行のメッセージ」にもあるように、「社会レベルの分析を十二分に行うことではじめて歴史からの『問い』に息吹を与えることができる」のである。

日本近代を考えるための「著者にとっての問い」として、本書では「子ども」と「経験」という二つの視点を設定した。「子ども」を考えるにあたり、私はさまざまな子ども観・子ども像に加えて、子どもの自己認識を検討したかった。そのことが本書で十分におこなえたとは思っていない。だが、吉原幸子の分析も含めて考えれば、子どもは教育される存在、描かれる存在であり、子どもはそのことを半ば受けとめながらも、固有の関心をもった存在であることがわかった。学校教育の過程やリテラシー獲得の過程では、規範化と自己表現のあいだに絶えず葛藤が生じること、子どもは規範にとらわれ、しかしそれをとらえ返していく矛盾的存在であった。主体化にまつわるさまざまな規範をとらえ返していく過程があり、引き裂かれながらもとらえ返していく存在、それの絶えざるくり返し、私は子どもをそのようなものとしてとらえたかった。子どもをこのようにとらえることができれば、それは子どもに限ったことではなく、大人を考える際の視点にもなりうる。本書は子どもを対象にした本であったが、子どもについての検討を通じて私は主体としての民衆を考察する方法を考えつづけていた。(19)

「経験」とは時間軸にかかわる視点である。この視点を設定したことにより、教育の受容過程は学校教育を受けたときだけでなく、その後も射程に入れることができるようになった。右に述べた、規範化ととらえ返しの矛盾的過程という視座は、「子ども」と「経験」の二つの視点によって可能になったものである。教育経験を考える本書では、日清・日露戦争期、第一次世界大戦後から一九三〇年代、戦時期の、それぞれの時期について二つの視点のかかわりを考えてきた。

たとえば、吉原幸子について詳細に検討したような戦時期の教育経験に含まれた矛盾。戦後の吉原は、彼女固有の方法で戦時期を含めた子ども時代の回復をはかった。だが、それでも自分に限定されていた視界。こうした視界が吉原のなかでひらかれ、自分が他者に向けた視線にまで気づくようになるには、戦後も四〇年近い時間(発酵期間)が必要であった。先に検討したように、戦後になると戦時体験は濾過されて凝集したり、人生の歩みのなかで新たな意味を付与されたりしながら、さまざまに回想された。吉原に即して検討したような戦時体験と戦後体験の徹底した分析が必要なのだとあらためて思う。(20)

人びとはつねに歴史にしばられており、歴史の被拘束性を免れることはできない。とくに、近代日本の学校教育の規範(国民形成と規律)は、強い拘束力を発揮してきた。だが、被拘束性や規範化の過程でも、たえずそれをとらえ返したり、新たな意味を付与する試みがあらわれてくる。もし、いまでも私たちが歴史的経験に学ぶことができるとすれば、それは歴史の被拘束性ととらえ返し、内面化のなかに生じる矛盾的過程に焦点を合わせ、その過程をつぶさにみることなのだと思う。それが〈日本近代からの問い〉を受けとめることなのだと私は考えている。

# 補章　戦時下の本土と占領地の子どもたち

## はじめに

戦時期の子どもたちをめぐって検証と研究が行われている。検証の代表例は山中恒の一連の仕事である。『ボクラ少国民』[1]以来、山中は自己の少国民体験にもとづいて戦時下の子どもの検証を続けている。これに対して研究は、国民学校での錬成教育、学童集団疎開、戦時期の日本語教育・綴方教育・植民地教育などで進められている[2]。このなかで比較的以前から研究されてきたのは国民学校と学童疎開であり、学童集団疎開では都市の子どもと農村の子どもの関係がとりあげられることが多かった[3]。近年では植民地教育や日本語教育の研究が進んでいるが、従来の学童疎開研究などとは分立して行われる傾向にある。

こうした傾向を克服し、少国民の統合と差異のかかわりに留意しながら、戦時期の子どもをめぐる議論の視野をひろげるために、ここでは、肢体不自由児の学校(光明学校)、協和教育、占領地の教育の三つをとりあげる。この三者をとりあげるのは、以下の三つの理由＝視点による。

尋常小学校と国民学校のあいだには学校の統合力という点で大きな差があり、国民学校令では、貧困を理由にした就学の猶予・免除と私立学校に認めていた義務教育の権限が認められないことになり、各種学校は国民学校に組み込まれることになった。[4] また同時期に行われた協和教育は、在日朝鮮人の子どもの就学を一段と強めた。すなわち、それまで小学校に通わなかったり、各種学校に通ったりしていた子どもたちは、これ以降、国民学校への就学を強く求められたのであり、国民学校は義務教育の一元的担い手としての性格を強めたのである。[5] 国民学校の統合力の矛盾・差異がもっとも厳しいかたちであらわれた各種学校や協和教育の側から少国民のあり方を考えること、これが一つ目の理由である。二つ目の理由＝視点は、三者の検討にあたり、できうる限り子ども自身の側から考えることである。

三つ目は、戦時中の子どものとりあげ方にかかわる。戦後五〇年や戦後六〇年が経過した一九九〇年代から二〇〇〇年代になると、戦争体験者の少国民世代が最後になりつつあることとかかわって、戦争の企画のなかで子どもをとりあげることが多くなった。たとえば、遺児記念館として構想され、一九九九年に開館した東京・九段下の昭和館では、戦時期の子どもに関する展示がたびたび行われている。二〇〇一年七月二五日から八月二六日までには、第八回特別企画展「苦難を越えて——戦中・戦後を生きぬいた子どもたち」が開催された。(6)「戦争に巻き込まれた子どもたち」「たくましく生きる」「遺児として」「時津風理事長(元豊山)が歩んだ大関までの道のり」の四つのコーナーで構成された展示には、戦時中に「不自由な生活を強いられ」た子どもたちが、戦後は遺児として「労苦」をかかえながら「たくましく」生きた様子が描かれる。戦争に「巻き込まれ」た戦時と「たくましく生きる」戦後というように、ここでは、受動形の戦時と能動形の戦後の対比が鮮明である。

これに対して戦時中には、もう少し異なったかたちで遺児が描かれていた。それは「靖国の遺児」である。戦死者の増加にともない、靖国神社に新しく合祀された「英霊」の遺家族は、一九三九年から春秋の靖国神社例大祭に招かれるようになり、そのなかで「靖国の遺児」に注目が集まった。たとえば一九四一年三月の例大祭には、北海道、秋田などと並び、沖縄、朝鮮、樺太、関東州からも遺児たちが集められ、戦死した父や兄を継ぐ覚悟がうたわれた。(7)両方の遺児をくらべるとき、「靖国の遺児」は少国民の主体性が強調されているのに対して、昭和館の子どもは戦争に「巻き込まれた」なかにいること、また日本人の遺児を前提にした昭和館の展示に対して、戦時中の「靖国の遺児」にはアジアの子どもたちも登場していた。

以上をふまえるならば、少国民については、本土の日本人以外にも視野をひろげ、さらに主体性を含めて統合と差異を考察する必要がある。以下では、本土と占領地の子どもたちをとりまく問題を三つの方面からとりあげ、少国民の議論をさらに進めることにしたい。

## 1　健康と少国民——光明学校の例

国民学校の錬成教育から学童集団疎開へ至る過程で、少国民の範型となったのは健康で身体を鍛錬して疎開に行くことができた子どもであり、その対極に身体が弱くて疎開に行けない子どもが置かれた。健康な疎開組と身体の弱い残留組。健康は戦時下の子どもたちを分割する大きなバロメータになった。ここでは、日本ではじめて肢体不自由児のために設置された光明学校を例にして、身体の不自由な子どもの側から戦時下の健康と子どものかかわりを考えてみたい(8)。

光明学校は、一九三二年、東京市に設置された肢体不自由児のための公立学校である。当初、麻布に開校され、一九三九年には世田谷に本校が設置された。一九三五年度の児童数は高等小学校まで含めて九六名であり、教職員は校長と訓導六、嘱託教員三、看護婦七、医師一であった。子どもの障害は脳性マヒ、ポリオが多く、脊椎カリエス、股関節脱臼、関節炎がつづいている。光明学校は、軍国主義教育が強まるなかでも「個性を尊重する思い切った教育方針」を掲げていたとされており、[9]子どもの将来の自立をめざすために、普通の小学校にはみられない「生活科」や「適性」の時間を設けていた。[10]医療面でも各教室に一名の看護婦を配置し、東京帝大の整形外科の医師が校医として週三回来校していた。以下に、光明学校の側から戦時下の子どもについて考えてみよう。

障害をもつ子どもたちの存在は、国民学校の誕生と総力戦における人的資源確保の要請に大きく規定されており、子どもたちは政策対象者の内側にも外側にもおかれて大きく翻弄された。光明学校は当初、各種学校として出発した。小学校に行けずに就学を免除・猶予された子どものための学校は、小学校として認められなかったからである。[11]本章「はじめに」で述べたように、国民学校の誕生によって学校の統合力は格段と強められ、各種学校は国民学校に編入された。光明学校は、一九四一年四月、国民学校と同等以上の課程をもつ学校に認定され、一九四二年四月には国民学校となった。国民学校では団体行動が強化され、教練まがいの訓練が行われた。光明学校の当時の映像フィルム『光明の歩み』には、松葉杖を鉄砲の代わりにして行進する子どもたちの姿が写っている。松葉杖をつく子どもたちに行進の訓練をすれば、いったいどうなったのか。それはまちがいなく子どもたちの歩行困難を際立たせ、肢体が不自由なことを浮き彫りにさせたのではないか。[12]他方で政府は人的資源確保の目的から養護教育に注目した。国民体位の低下を防止するためである。一九四一年一〇月二一日、文部省は養護教育に関する講習会を開催し、講師の一人に光明学校校長松本保平をおいた(13)。

政策の内外ということでいえば、光明学校は学童集団疎開の対象にならなかった。一九四四年六月、政府は「学童集団疎開促進要綱」を発表し、これをうけて七月、文部省・内務省・東京都は「帝都学童集団疎開実施要領」を作成した。だが、この要領に光明学校は含まれていなかった。校長は都や区にかけあったが取り合ってもらえなかった。光明学校は結局、教職員と約半数の児童が世田谷本校に泊り込み、残りの児童は通学する「現地疎開」を行った。一九四五年三月一〇日の東京大空襲は現地疎開の続行をきわめて困難にした。校長は東京を離れる決意をし、五月、光明学校は独力で長野県上山田温泉への学童集団疎開を実施した。それから一〇日後の空襲で光明学校の麻布分校と世田谷本校は焼失した。以後、光明学校の集団疎開は敗戦後の一九四六年三月に東京都が学童集団疎開を解消したのちも続けられ、疎開が解かれて生徒が東京にもどるのは世田谷新寮舎の完成した一九四九年五月のことであった。肢体の不自由な子どもたちは、戦時政策の都合によって政策対象者の内外に振り分けられて翻弄され、その状態は戦後も続いた。戦時には労働力・兵力動員とかかわった健康が政策対象者の基準になり、戦後は財政難によって帰京があとまわしにされた。

光明学校の学童集団疎開は、教職員や看護婦、医師の努力だけでなく、宿泊先のさまざまな人びとの協力によって成り立っていた。生徒や教職員と農村の人びとのあいだにさまざまな協力関係ができたことは、一般の学童集団疎開の場合にも聞くことがある。(14) 都市と農村の人びととのあいだで、あるいは子ども同士で、個々にはそうした協力関係が築かれたのであろう。だが、そうした協力関係は戦争遂行という目的とからんでおり、そこから協力関係のなかにさまざまな軋轢がつくりだされたことを見逃してはなるまい。協力・和解と軋轢・反発は表裏の関係にあったことに留意すべきであろう。

それに対して光明学校の疎開の場合は、政府や都の政策の一環としてではなく、ほとんどが独力で実施されたことに大きな特徴があった。上山田温泉への集団疎開は、校長がひとりで長野県を訪ね、それまで疎開していた学校が再疎開をして空いたばかりだった上山田ホテルを借上げることではじめて可能になったことであった。その後、とくに敗戦後もつづけられた疎開は、東京都の財政や保護者による寮費だけではまかなえず、地域の人びとからの食料援助を受けてようやく続けることができた。疎開先には、近隣町村の婦人会や青年会、女子青年団が頻繁と慰問に訪れている。地域の人びととの協力関係が濃密だったのは、集団疎開政策の外側におかれ、権威とは少し離れたところにあった光明学校ならではのことであろう。戦時下の例として稀有なことのように思う。

光明学校の児童は、戦時下をどのように生きたのか。ここでは高等科二年生で集団疎開をした金沢英児の日記をとりあげてみたい(一九四三年五月一九日―八月一五日の日記)。(15)

金沢の日記を読んで印象的なことは、戦意高揚を伝える言葉が少ないことである。学童集団疎開時の日記の例として、本書第7章でとりあげた吉原幸子の場合には、「でもがんばろう」の言葉がしだいに多くなったこととくらべれば、金沢の日記にはそうした言葉は少なく、むしろ冷静な記録という印象が残る。金沢は歩くことができたので、神社参拝や空襲警報による避難にとりくみ、(16)登山や治療にあたっている。金沢の日記から冷静な印象を受けるのは、子どもとしての自覚が備わっていたからのように思う。金沢の自覚は次の二つによって形づくられていた。一つは、肢体の不自由な子どもたちの疎開には多くの困難があり、上級生で歩けた金沢は自覚をもって疎開にとりくんでいたことである。この自覚は少国民に求められた自覚とは質の違うものであり、光明学校が東京でとりくんでいた「生活科」や「適性」の時間など、将来の自立をはかるための教育から育まれるような自覚であった。

ただし、金沢にも少国民としての自覚が備わっていた。これが二つ目である。金沢の日記には三カ所、少国民らしい言葉が出てくる。裏山のお宮で「日本が勝ちますように」と祈ったこと(五月二三日)、海軍記念日に「戦争はこの夏が最絶頂です」と言った校長の言葉に対して「さあ、頑張ろう」と書きとめたこと(五月二七日)、八月一五日にラジオ放送を聞き、先生も生徒も泣いて、「しゃくにさわってきて自然と泣けてきた」金沢は、日記の最後に、「僕等は、何があってもがまんして、次の日本を背負って立つのだ」と記していた。

肢体不自由児の学校であった光明学校は、戦時政策の内外におかれて翻弄され、戦争末期にはほぼ独力で集団疎開を実施したので、それが「個性を尊重する」教育を続けたり、地域の人びとと深いつながりをつくったりすることを可能にさせた要因になっていた。ただし、その光明学校の生徒にも少国民としての意識がつくりだされていた。光明学校については、少国民の統合の遠心力と求心力の両面を認識する必要があるだろう。

## 2　内地のなかの朝鮮人の子ども――協和教育

在日朝鮮人の子どもが日本の学校に姿をあらわすようになったのは、一九一〇年代から二〇年代のことであった。日本にきた朝鮮人が日本語を使うことができなかったことから夜学校設立の要望が出され、それを受けとめた日本人の教員が開設したり、神戸市のように、日本語教育を通じて思想善導をはかろうとしたりしたところもあった(17)。一九三〇年代に入ると、夜学校の存続と昼間の小学校への就学督励によって在日朝鮮人の子どもの就学がはかられた。その後、一九四〇年に国民学校が設置され、一九四一年に協和教育が開始されると、朝鮮人の子どもは国民学校に通うことが強く求められるようになった。一九四二年、朝鮮人に徴兵が実施されることが決まると、就学はいっそう督励されることになった。

協和教育の特徴についていくつか指摘してみよう。この教育を通じて朝鮮語の使用が徹底して禁止され、日本語の使用が強制された。一九三九年に朝鮮総督府が実施した創氏改名は内地の朝鮮人にも適用され、日本名に変えることが強制された。協和教育の対象は生活にもおよび、衣服や食事の作法、衛生など、生活スタイルのひとつひとつが改善の対象にさせられた。言語、氏名、生活スタイルのすべての面にわたって同化を進め、協和からさらにすすんで「皇国民」としての自覚をもたせること、これが協和教育の目的であった。

協和教育の一例として、在日朝鮮人の多かった兵庫県尼崎市の武庫《むこ》国民学校守部《もりべ》分教場のとりくみを紹介する[18]。守部分教場は、もともと、朝鮮人の子どもに小学校教科を教える簡易教育施設であった。国民学校編入後の協和教育では、「皇国民」としての自覚をもたせるために神棚や誓詞が用いられ、国語の読み書きに多くの時間が費やされた。そこでは「温情主義」と「躾」を通じて「服従」の規律をつくりだすことが重視された。分教場の報告は註18で記した資料の「感激美談篇」におさめられている。だが「美談」には、子どもたちの「成績は十分と言へ」ず、「純朴さが失はれて行く」と教師自身の徒労感が書き留められている。生活改善と皇国民意識を徹底するという協和教育は、在日朝鮮人の子どもたちのあいだに相当の軋轢や困難をつくりだしたのではないだろうか。

ただし、協和教育の過程で朝鮮人の子どもの就学率は「著しく向上」しており、この点に注意を払う必要がある。樋口雄一によれば、「在日朝鮮人の父母は子供の教育に熱心」であり、学齢時期の子どもを働かせなければならなかった家庭も多かったはずだが、教育費を払ってでも就学させたという[19]。

一九三二年に日本で生まれ、協和教育の時期に国民学校に通った二人の朝鮮人の女性の聞き取りを紹介してみよう[20]。ひとりは島根県津和野に生まれた金京子《キムギョンジャ》。両親は京子が生まれる二、三年前に慶尚北道から来日し、父は土木工事人夫、母は飯場《はんば》の炊事婦として働いたが、生活は苦しかった。家族は山口県大津郡仙崎に移り、京子はそこで小学校に入学した。クラスには朝鮮人が二、三人いて、弁当箱を隠されたりしてよくいじめられたという。家では母がキムチを作って食べていたが、京子はいじめられるので食べなかったという。一九四四年、京子は山口県立深川《ふかわ》高等女学校に入学したものの、戦時中で勤労奉仕ばかりだったという。もうひとりは東京府城東区で生まれた洪漢伊《ホンハニ》。近くの平久《へいきゅう》小学校に通っていた漢伊は、音楽の時間に教師にバカにされたことをよく覚えている。また創氏改名も重くのしかかり、漢伊は「小山」という日本名で通ったという。平久国民学校初等科卒業後、漢伊は白河町の国民学校高等科に進んでいる。二人の聞き取りからは、協和教育のもとでのいじめや教師の対応を知ることができるとともに、在日朝鮮人の家族が教育を受けることに熱心だった様子も伝わってくる。

## 3　南洋占領地の子どもたち

朝日新聞社から一九四二年五月一七日号に創刊された『週刊少国民』は、一九四六年九月一五・二二日号まで刊行されており、敗戦前後に刊行が続いた稀有な子ども向け雑誌である。(21)『週刊少国民』にはアジアの子どもたちが多く登場した。ジャワの子どもたちは、オランダ兵を「乱暴」、日本兵を「スキデス」と言い(42・8・23)、フィリピンやインド、東インドの少年たちは特攻隊を「尊い殉国精神」と賞賛している(45・1・1)。日本や日本兵を礼賛し、大東亜の建設に協力する『週刊少国民』のなかのアジアの子どもたちに対して、植民地や南洋占領地の研究からは、子どもの姿がどのように見えてくるのだろうか。ここでは今泉裕美子の仕事に依拠して、南洋占領地の子どもを紹介してみよう。(22)

南洋占領地には、日本人・朝鮮人・現地の人びとがいた。一九四三年の日本人人口は現地住民の約二倍であり、その六割を沖縄出身者が占めた。朝鮮人は一九四一年ごろから増えてきた。サイパン島などで軍関係の施設建設が本格化し、その下請けとなった南洋群島の国策会社＝南洋興発が朝鮮半島から大量の労働者を導入したからである。このころから、国語(日本語)を常用する日本人の子どもと朝鮮人の子どもは国民学校に通い、国語を常用しない現地の子どもは四年制の公学校に通学した。委任統治下であった南洋では、日本人としての自覚がいっそう求められた。南進の担い手になるためであり、戦時期には標準語励行運動も行われた。南洋群島の植民地社会には、暗黙のうちに「一等国民日本人、二等国民沖縄人あるいは朝鮮人、三等国民島民」という序列があり、子どもにもこの序列が影響をあたえた。

　南洋で学校に通った沖縄出身の人たちの声を紹介してみよう。一九三一年に沖縄県具志川で生まれた宮城ヨシ子は、二歳のときに南洋にわたった。両親は甘藷栽培の小作人をしており、長女であったヨシ子は小学校通学の前後に、日曜日にと忙しく家の手伝いをした。小学校四年生(一九四一年)ごろから朝鮮人がたくさん編入してくるようになった。日本人の子どもが朝鮮人や現地の子どもと遊ぶこともあったが、日本語が上手でない朝鮮人の子どもに対して「私たちは一等国民、あなたたちは三等国民」とからかったり、現地の子どもとケンカして「三等国民」とはやしたてたりすることがあった[23]。一九三〇年に沖縄県具志川に生まれ、三歳のときに南洋にわたった志慶真《しげま》元仁は、沖縄出身者の子どもたちが朝鮮の子どもたちをからかうこともあったと話す[24]。沖縄出身の子どもと内地の子どものあいだには、まったく問題がなかったという声と、多少差別があったという声の両方があったことを今泉裕美子は聞き取っている[25]。

　南洋の占領地におけるこどもの関係は一様でないが、そこに一等国民・二等国民・三等国民という重層性が反映し、統合と差異の関係が刻まれたことはたしかであろう。と同時にこの時期は、教育と日本語の比重が高まる過程でもあった。右の宮城ヨシ子は、サイパン国民学校高等科卒業後に進学を望み、家計が苦しいなかでも親がやりくりしてサイパン高等女学校に進学することができた。教育を受ける機会の少なかった移民の親たちは、南洋で他府県の人たちと接触するなかで教育への関心を高め、家計をやりくりして子どもを進学させたという(26)。

# おわりに

戦時期の子どもについての視野を拡張するために光明学校と協和教育、占領地の教育をとりあげた。小学校を国民学校に統合したことにより、学校の統合力は格段と強められ、統合にともなう矛盾もまた健康や在日朝鮮人をめぐって厳しくあらわれた。また南洋の占領地では、内地出身の日本人、沖縄出身の日本人、朝鮮人、現地出身の子どものあいだに少国民の統合にともなう重層的関係がつくられていた。国民学校の統合力を総体として考察し、さらに子どもの諸関係を検討する必要があるだろう。

子どもたちの戦時を検討するうえで大事なことは、制度や雑誌だけでなく、子ども自身の側から考える視点をもつことである。光明学校の金沢英児の場合には、少国民としての自覚もみられたが、学童集団疎開の吉原幸子とくらべた場合、少国民の影響力の比重は小さく、戦前以来、光明学校で行われた「生活科」や「適性」など、将来の自立をはかるための教育からの影響が大きいように思われる。金沢と吉原にみられた差異は、戦後にどのようにつながったのか、さらなる検証が必要であろう。(27)

金沢英児の残した文章や在日朝鮮人への聞き取り、南洋占領地を体験した沖縄出身の人びとの聞き取りからは、戦時中に教育への関心が高まっていることも確認できた。教育の比重の高まりは、家族の崩壊の危機とも関連しており、在日朝鮮人の子どもにとっては日本語を習得した(させられた)ということでもあった。戦時期の教育をめぐる問題について幅広い視野から検討する必要があるだろう。

# 注　記

## はじめに

（1）土方苑子「『文部省年報』就学率の再検討」（『教育学研究』五四巻四号、一九八七年）など。
（2）田無小学校の不就学関係史料は、すべて田無町役場『稟申録』二冊に収録されたものである（西東京市立中央図書館所蔵）。
（3）土方苑子『近代日本の学校と地域社会』東京大学出版会、一九九四年。
（4）土方の著作については、私の「書評」も参照されたい（『土地制度史学』一五〇号、一九九六年）。
（5）清川郁子「『壮丁教育調査』にみる義務制就学の普及」『教育社会学研究』五一集、一九九二年。
（6）代表的研究として、安川寿之輔「学校教育と富国強兵」（『岩波講座日本歴史　近代二』岩波書店、一九七六年）を参照のこと。安川論文でも使われているが、教育史研究では以上のような内容を、「大日本帝国憲法＝教育勅語体制の確立」と表現することが多い。
（7）この研究のもっとも早いものとして、柄谷行人「児童の発見」一九八〇年（同『日本近代文学の起源』講談社文芸文庫、一九八八年、所収）。
（8）たとえば、今西一『近代日本の差別と性文化』（雄山閣、一九九八年）第二部第一章など。

(9) 近代家族については、上野千鶴子『近代家族の成立と終焉』(岩波書店、一九九四年)、牟田和恵『戦略としての家族』(新曜社、一九九六年)などを参照。近代家族論にもとづく子ども像については、河原和枝『子ども観の近代』(中公新書、一九九八年)を参照。

(10) 上笙一郎『日本児童史の開拓』小峰書店、一九八九年、野本三吉『近代日本児童生活史序説』社会評論社、一九九五年。

(11) 前掲、上野『近代家族の成立と終焉』六九頁。この点についての批判として、落合恵美子「女性史における近代家族と家」(『ジェンダーと女性』早稲田大学出版部、一九九七年)を参照。

(12) たとえば、鈴木智道「戦間期日本における家庭秩序の問題化と『家庭』の論理」(『教育社会学研究』六〇集、一九九七年)など。

(13) この点に関して、安丸良夫がM・フーコーの『監獄の誕生』を評して、歴史研究では「フーコーよりも具体的な次元で論じる」必要性があると指摘しており、同感である(同編『「監獄」の誕生』朝日新聞社、一九九五年、二頁)。

(14) 沢山美果子「〈童心〉主義子ども観の展開」(『保育・幼児教育体系』五巻、労働旬報社、一九八七年)、同「教育家族の成立」(『〈教育〉——誕生と終焉』藤原書店、一九九〇年)など。

(15) なお、最近刊行された広田照幸『日本人のしつけは衰退したか』(講談社現代新書、一九九九年)は、家族-学校、家族-地域の関係に注目して、家庭のしつけの変遷を検討したものであり、本書と問題関心を共有するところがある。広田の本では現在あるいは戦後に主たる関心があり、戦前については歴史的前提として扱われている。これに対し、本書は、戦前から戦時期までを主な対象時期として、より歴史的な検討をめざし、教育経験という視座を設定することで初等教育後に教育がもった意味についても考察したものと位置づけることができる。

(16) 西田美昭『近代日本農民運動史研究』(東京大学出版会、一九九七年)、谷本雅之『日本における在来的経済発展と織物業』(名古屋大学出版会、一九九八年)、斎藤修『賃金と労働と生活水準』(岩波書店、一九九八年)などの研究には、いずれも近代日本における農家経済の特質を解明しようとする問題関心が含まれている。

(17) 大門正克「近代日本における農村社会の変動と学校教育――一九二〇年代の社会移動を中心に」『ヒストリア』一三三号、一九九一年、大門正克『近代日本と農村社会――農民世界の変容と国家』日本経済評論社、一九九四年、大門正克・柳沢遊「戦時労働力の給源と動員――農民家族と都市商工業者を対象に」『土地制度史学』一五一号、一九九六年。

(18) 第一次世界大戦後から高度成長頃までの農村と都市の関係については、簡単にスケッチしたことがある(大門正克「『都市』と『農村』の関係」吉村武彦・安田常雄編『日本史研究最前線』新人物往来社、二〇〇〇年)。

(19) 山之内靖ほか編『総力戦と現代化』(柏書房、一九九五年)、雨宮昭一『戦時戦後体制論』(岩波書店、一九九七年)など。

(20) 前掲、大門・柳沢「戦時労働力の給源と動員」三七頁の注(22)、および、大門・柳沢「戦時労働力の給源と動員」(『一九九五年度土地制度史学会秋季学術大会報告要旨』九三〜九四頁)。

(21) 大門正克「総力戦体制をどうとらえるか――『総力戦と現代化』を読む3」『年報・日本現代史』三号、現代史科出版、一九九七年。

## 第1章

(1) 前掲、田無町役場『稟申録』二冊。なお、田無小学校の不就学については、赤坂六郎「田無町明治後期より大正期の不就学の実態」(『田無地方史研究会紀要』一一号、一九九一年)があり、本書でも参考にした。ただし、以下の分析や人数は、すべて私が検討し直したものである。

(2) 「改正小学校令」第三十三条、一九〇〇年。

(3) 『田無市史』第二巻、近代・現代史料編、一九九二年、および同、第三巻、通史編、一九九五年は、私も編集および執筆に加わったものである。この史料編については本文に示したように略記することにしたい。

(4) 田無市教育委員会『田無市教育百年史』一九七四年、九七〜九八頁。

(5) 「復命書」一九〇五年(東京都公文書館所蔵)。

(6) 「普通教育奨励に関する件」一九〇七年(東京都公文書館所蔵、『史料編』206)。なお、就学猶予申請書には「無資産」が多く、また、前掲の表4で就学猶予申請保護者の納税額にはゼロないし三円未満が多かったことからすれば、不就学者の家族は農家でなく、町場の雑業・手工業者だと思われる。日本の農家は土地を所有しない小作農であっても家屋を所有する場合が多く、無資産の農家は少ない。この点からも、不就学者の家族は町場に住む人びとが多かったものと思われる。

(7) 下層社会的様相をかかえた田無町の例は、都市部における小学校教育の定着を考えるうえで参考になるように思われる。

(8) 岐阜県稲葉郡長良尋常高等小学校『職業指導』一九二七年、三頁(東京大学社会科学研究所の糸井文庫所蔵）。
(9) 以上、岐阜県稲葉郡長良尋常高等小学校『少年職業指導叢書』第二輯、一九二八年、二〜六頁参照（前掲、糸井文庫）。
(10) 中央職業紹介事務局『職業紹介公報』二三号、一九二五年九月三〇日、一一頁。
(11) 都市における学歴社会の形成については、前掲、沢山「教育家族の成立」を参照。
(12) 第一次世界大戦後における農村での教育熱や修養意識については、とりあえず前掲、大門「近代日本における農村社会の変動と学校教育」を参照。
(13) 永原和子「民俗の転換と女性の役割」（『日本女性生活史』四巻、近代、東京大学出版会、一九九〇年）、七〇〜七一頁、参照。

## 第2章

(1) 前掲『田無市教育百年史』一二三頁。
(2) 田無尋常高等小学校『学籍簿』尋常科卒業其三。
(3)「小学校位置指定認可願」（東京都公文書館所蔵）。
(4)「学事状況」一九二五年（『町議会会議録』）。
(5) 大門正克「学校教育と社会移動――都市化と青少年」中村政則編『日本の近代と資本主義』東京大学出版会、一九九二年。
(6)『小山町史』近現代資料編Ⅰ、一九九二年、七一〇〜七一一頁。
(7) 同前、七三六〜七四三頁。

(8)『五加小学校百年史』一九七六年、二四三〜二四五頁。

(9)岩淵尋常高等小学校『岩淵小学校学報』二号、一九二二年、二頁(同史料は、『北区教育史』資料編第三集、一九九四年、一五九〜一六五頁、にも収録されている)。

(10)王子第一尋常小学校「超非常時夏季休業中の児童心得」一九三九年(前掲『北区教育史』、一六三頁)。

(11)東京府北豊島郡第三岩淵尋常小学校では、一九三一年に家庭との連絡方法として、通信箋、父母の学校参観、父母懇談会、成績品回覧、年一回の学報発行の六つをあげていた(第三岩淵尋常小学校『のぞみ』創刊号、一九三一年。この史料は、『北区教育史』通史編、一九九五年、二二六頁にも掲載されている)。

(12)前掲『五加小学校百年史』二四四頁。

(13)滝野川第六尋常小学校『滝六学報』創刊号、一九三一年(前掲『北区教育史』通史編、二二七〜二二九頁にも掲載)。なお当時の「一家団らん」については、山本敏子「日本における〈近代家族〉の誕生」(『日本の教育史学』三四号、一九九一年)を参照。

(14)前掲『滝六学報』創刊号、一一頁。

(15)新設の王子第一尋常小学校には、一九三八年に「母の会」が付設された(前掲『北区教育史』資料編第三集、七五〜七九頁)。

(16)ここでとりあげた東京府滝野川周辺については、本書第4章4節で再度とりあげる。

（1）前掲『五加小学校百年史』二四三〜二四六頁。「学校家庭懇話会」（一九二〇年）、「父兄懇話会」（一九二四年）、「職員会」（一九三四年）での教師の発言から。

（2）「職員会」一九三四年での発言。第一次世界大戦から戦前期を通して、教師や評論家は、農家の親が学校教育に熱心でないということをくり返し指摘していた。そのことは学校の望む子ども像と村の子どもとの落差を示すことであったが、それはまた学校の望む子ども像には村の実情から遊離した側面があったことや農家の親に対する固定観念など、さまざまな落差を考えることができよう。

（3）五加小学校の児童の進学状況を分析した土方苑子の研究によれば、中等教育への進学者は総じて所得ランクの高い家庭の出身者であった（前掲『近代日本の学校と地域社会』一二三頁）。

（4）農村で子どもを一人前に育てるしつけについては、民俗学の研究がある。たとえば、山口弥一郎「農村の躾」、竹内利美「しつけの伝統」など、大島建彦編『しつけ』（岩崎美術社、一九八八年）所収の各論文を参照のこと。

（5）前掲、大門『近代日本と農村社会』三一四〜三一六頁。

（6）この史料は複製版が一橋大学経済研究所日本経済統計情報センターに所蔵されており、ここではそれを利用した。

（7）郷土教育連盟『郷土教育』三四号、一九三三年。

（8）この調査結果が掲載された『郷土教育』は、一九三〇年一一月、尾高豊作によって創刊された『郷土』の名称を改めたものである。『郷土教育』については本章第4節を参照。またより詳しくは、復刻版『郷土教育』別巻二（名著編纂会、一九八九年）を参照のこと。

(9) 豊田村では衣食においてもすでに商品経済が入り込み、機を織る家は九五戸にすぎず(全戸の一三%)、大部分の家では反物を購入して自分の家で裁縫していた。また全戸のなかで、醤油を購入する家は九割、味噌を購入する家は三割をしめた。

(10) 子ども服について豊田村の郷土史料には、「子供用服着用者は年々増加せるも多くは既製品にて手製稀なり」という指摘があり、村内のミシン台数は二四、五台、ラジオ一二台、蓄音機三三台であった。

(11) 遊び唄に近い子守り唄については、赤坂憲雄『子守り唄の誕生』(講談社現代新書、一九九四年)を参照。

(12) 本章注(9)のように、郷土史料が書かれた一九三〇年代初頭になると、豊田村では反物を買って裁縫をすることが普通となっていた。また一九三〇年に在村した青年期人口(一六〜二五歳)は、男子の三五一人に対して女子は二七四人であり、女子の出稼ぎのほうが多かった。

(13) 「村の学校と子供」『郷土教育』二七号、一九三三年、一九頁。

(14) この点に関して、滝川一廣『家庭のなかの子ども 学校のなかの子ども』(岩波書店、一九九四年)から示唆を受けた。滝川は、戦前から一九六〇年代頃までの学校は、「遊び戯れていた子どもを、これまでの日常の土着的な世界(此界)」から「『異界』(彼岸)へと架橋する通路の役目をおった場所」(一四三頁)だったと指摘している。滝川のいう「異界」とは、「文化的により上昇した、より知識的、ないしより近代的な世界」のことであり、それはたとえば「折り目正しい標準語(都会語)で語る『先生』」(同前)に象徴される存在であった。

(15) 前掲「村の学校と子供」二〇頁。ちなみに、この村の自転車税は一年間で二円七〇銭だという。また記者によれば衣服には格段の差がなかったが、唯一、足袋だけは「親達の所有程度を明示」(同前)していたという。

(16) 帝国農会『東京市域内農家の生活様式』一九三五年、一三七頁。なおこの調査は、大東京(都市化)が農家の生活様式に与えた影響を知るためのものであり、中堅農家(自作農)の比較的上層を主たる対象にして実施された。調査は東京帝国大学農学部の那須皓に委嘱され、那須のもとで教員・学生が実施した。

(17) 同前、一三六〜一三七頁。

(18) 同前、一三七頁。高井戸小学校には七五〇名の児童のうちで四五名(六%)の給食児童がいた。

(19) 同前、一〇一頁。

(20) 同前、一八四〜一八八頁。

(21) 同前、一八五頁。

(22) 同前。

(23) 同前、五七頁。

(24) 以上、同前、五八頁。

(25) 同前、五八、一三八、四八二頁。

(26) 『東京朝日新聞』一九二二年一〇月二六日。

(27) 前掲「村の学校と子供」二六頁。

(28) 農村での結婚観の変化については、以前に、「都市近郊農村の変貌を伝えるもの」と指摘したことがある(前掲、大門『近代日本と農村社会』七四〜七六頁)。この点について、光岡浩二『農村家族の結婚難と高齢者問題』(ミネルヴァ書房、一九九六年)は、東京市周辺以外には結婚難問題は発生していないと批判しており、大門の利用した史料の内容には「疑問が感じられる」(三三頁)と指摘しているが、その理由については明示がない。

(29) 以下は、沢山美果子「生活綴方と子ども観」(『季刊保育問題研究』一四九号、一九九四年)、同「餓鬼から生活主体へ」(『保育・幼児教育体系』五巻、労働旬報社、一九八七年)に依拠している。

(30) 郷土教育連盟については、前掲復刻版『郷土教育』別巻二、中内敏夫『日本教育のナショナリズム』(レグルス文庫、一九八五年)、伊藤純郎『郷土教育運動の研究』(思文閣出版、一九九八年)を参照。また柳田国男と郷土教育運動のかかわりについては、杉本仁「柳田民俗学における郷土の教材化(1)」(『柳田国男・ことばと郷土』岩田書院、一九九八年)に詳しい。

(31) 山形県連合女教員協議会『女教員の社会的活動』(一九三五年)、「婦人会の指導」欄、四八〜六八頁参照。東田川郡女教員会が提出した「婦人会の指導に対する女教員の使命」による。なおこの点に関しては「中堅婦人の組織化」としてふれたことがある(前掲、大門『近代日本と農村社会』三一六〜三一九頁参照)。

(32) 前掲『女教員の社会的活動』五二〜五六頁。

## 第4章

(1) 『ももぞの』は、戦前に一九二六年六月から一九四三年六月まで発刊され、戦後は一九五一年に三〇周年記念号が一回のみ発刊された（通巻五〇号）。児童の作文の一部は『中野区民生活史』（資料・統計編、一九八五年）に転載されているが、ここでは桃園第二小学校に残されている原史料を使った。桃園二小のある中野町は、一九三二年まで豊多摩郡に属し、以後は中野区となった。なお、当時の中野の生活については、『中野区民生活史』（二巻、一九八四年）、中野区女性史編さん委員会『椎の木の下で』（ドメス出版、一九九四年）も参照のこと。

（2）念のためにいえば、子どものありようは下町や山手という地域によってすべて決まっていたわけではもちろんない。一九三二年、東京の下町（両国）の生菓子屋に生まれた小林信彦の自伝的小説によれば、太平洋戦争が始まるまで両国は「モダン都市・東京」の只中にあり、小林は「米英的なもの」の影響を強く受けて育った（『一少年の観た〈聖戦〉』筑摩書房、一九九五年）。この傾向は太平洋戦争開始後もさまざまな形で残り、アメリカへの憎しみと親しみが共存していたことが小説のなかで強調されている。ただし、小林はモダニストであった父親から影響を受けた映画少年であり、「当時としては中の上の生活」をしていた。こうした点を考慮すると、小林信彦の例もまた下町の子どもを代表するわけではない。代表的な子どもとは、地域と階層を組み合わせた接点に想定できるのではないだろうか。

（3）「教育家族」については、前掲、沢山「教育家族の成立」（「はじめに」注（14））を参照。なお、中野区全体の尋常小学校卒業生進路は、一九三五年の男子で中学校二九・〇％、商業・工業学校二三・〇％、高等小学校三一・九％、実業に従事六・七％などであり、女子は高等女学校四〇・九％、実科高等女学校一〇・四％、高等小学校三一・四％、実業に従事一〇・三％などとなっていた。ここから、中野のなかでも桃園第二小学校は中等学校進学者の多かった地域であることが確認できよう。ちなみに、同じ年の全国平均の中等学校進学率は、男女あわせて二一%であり、東京市の平均は三六%であった(前掲『椎の木の下で』六四頁、『中野区民生活史』二巻、一七九頁)。

(4) 桃園二小が参加した健康週間がどこによって主催されたのか、残念ながら不明であるが、「先づ健康」という標語が使われていたことからすると、一九二九年三月一日から東京日日新聞社によって開始された健康増進運動であった可能性がある。この健康増進運動の標語が「先ず健康」であった。

(5) 江口圭一『十五年戦争の開幕』小学館、一九八二年、参照。

(6) 以下は、前掲、沢山「生活綴方と子ども観」(第3章注(29))、前掲、河原『子ども観の近代』(「はじめに」注(9))に依拠している。

(7) 「童心主義的子ども観」という表現は、前掲、沢山「生活綴方と子ども観」による。

(8) 佐藤忠男「少年の理想主義」(同『大衆文化の原像』岩波同時代ライブラリー、一九九三年所収、同論文の初出は一九五三年)、岩橋郁郎『「少年倶楽部」と読者たち』(刀水書房、一九八八年)など。

(9) 前掲、佐藤『大衆文化の原像』一三六頁。なお、『少年倶楽部』の「自由投書欄」を分析した岩橋郁郎によれば、投書者の分布は、「全国(外地・外国を含む)にまんべんなく流布」しており、雑誌の購読者は「大都市部はもちろんのこと、周辺のいわゆる『田舎』の地域にも流布」していたことが予想される、と指摘している(前掲、岩橋『「少年倶楽部」と読者たち』八二~八四頁)。同書に掲載された投書者の地域別分布表からすれば、たしかに投書者は全国に分布していたが、その中心は関東・中部・近畿にあり(三地域で全体の六一％)、この点からすれば『少年倶楽部』の読者の中心は大都市・地方都市にあったと考えたほうがよさそうである。

(10) 佐藤は、『少年倶楽部』の思想を「少年の理想主義」と表現した。佐藤は『少年倶楽部』をさらにファシズムと関連づけて批評し、「少年の理想主義」こそが、子どもを「ファシズムに結びつけた力」だと指摘している(前掲、佐藤著書、一一九〜一二二頁)。佐藤の指摘は的確だと思うが、しかし子どもを戦争へと結びつけたのは、『少年倶楽部』のような「理想主義」だけでなく、子どもの「純粋さ」もまた子どもを戦争に動員する材料に利用されたものと思われる。この点については、本書第7章を参照。

(11) その点でいえば、佐藤忠男の『少年倶楽部』分析もまだ十分ではない。『少年倶楽部』の評価にあたって大事なことは、子どもは立身・英雄主義と童心主義のどちらに引きつけられたかを問うだけでなく、『少年倶楽部』はなぜ童心主義の対象になった都市の子どもにもよく読まれたのかを問うことである。この点で佐藤忠男の論評には、まだ課題が残されている。

(12) 『ももぞの』二七号には、このほかに東北大凶作に関する綴方が四点掲載されている。それらのなかには、ぜいたくを戒めるものが一点あったが、四点ともすべてが東北の凶作と幸福な自分たちを対比するものであり、本章で引用した綴方の構図と基本的に同じである。

(13) 戦時下の母性については、鹿野政直『戦前・「家」の思想』(創文社、一九八三年)、若桑みどり『戦争がつくる女性像』(筑摩書房、一九九五年)を参照。

(14) 滝野川は、一九三二年まで東京府北豊島郡滝野川町であり、同年に東京府北区滝野川になった。

(15) 前掲『北区教育史』通史編(第2章注(11))二三二頁。

(16) 同前、二三五〜二三六頁には、子どもたちの休日が「家庭生活の内実に大きく左右」されていたとして、日曜日の過ごし方を記した二つの綴方が紹介されている(二三五〜二三六頁)。それによれば、「比較的生活に余裕のある家庭」の子どもは、「いいふくをきて」松屋(デパート)に出かけた嬉しさを綴っていたが、菓子製造を家業とする子どもの日曜日は、朝五時からの家の手伝いで始まっており、松屋に出かけた子どもの過ごし方と大きく異なっていた。本文で記したように、中等学校進学者の多い新中間層は滝野川でおよそ三割、高等小学校進学の多かった在来的職人・農業・労働者はおよそ七割であり、多くの子どもの日曜日は後者の綴方と似通っていたものと思われる。この点からすれば、滝野川で家庭教育がとり入れられる条件は限られていたといえよう。

## 第5章

(1) 大門正克『明治・大正の農村』(岩波ブックレット、一九九二年)、前掲、大門『近代日本と農村社会』など。

(2) 地域社会のなかに太陰暦が長く残り、太陽暦が容易に浸透しなかったことについては、前掲、大門『明治・大正の農村』を参照のこと。

(3) 新潟県古志郡東竹沢村の一青年の日記による(松井憲四郎『当用日記』一九二四年)。

(4) 内山節は、山形県金山町を例に、地域社会に時計時間が導入されていく興味深い聞き取りを紹介している(『子どもたちの時間』岩波書店、一九九六年、九一〜一〇一頁)。それによれば、この町にはじめて時計が入ったのは日露戦後のことであり、日露戦争に召集されたある兵士が時計を知り、帰村後に腕時計を購入したという。その後、昭和に入ってから時計は村内で徐々に普及し、時計を基準にした村の暮らしがおこなわれるようになったが、一九五〇年代半ば頃になると村に電灯線が敷かれ、ラジオが普及するなかで、時計の役割はラジオの時報にとってかわられたという。ただし、村人の話によれば、学校に時計があった記憶はないという。内山はこうした事柄がわかっていないことに驚き、学校への時計の導入を含めて、時間と学校・教育のかかわりを検討する必要性を強調している。学校の時間にはまだ未解明の点が少なくない。今後の課題であろう。

(5) トマス・C・スミスは、E・P・トムソンを批判した論文「日本における農民の時間と工場の時間」のなかで、日本の「農民の時間」に独自の評価を与えている(『日本社会史における伝統と創造』ミネルヴァ書房、一九九五年所収、大島真理夫訳)。トムソンは、伝統的な時間観念と近代的な時間観念とのあいだに文化摩擦が生じることを論じたが、こうしたトムソンの議論では日本の事例を解くことはできないとスミスは批判している。スミスは、日本で機械時間の文化摩擦がおきなかった理由を近世の「農民の時間」の成立に求めた。近世の農家は時間の計画・管理をおこなうことで時間観念を発達させ、それが近代にも引き継がれたというのである。スミスの議論はとても興味深いが、近世の「農民の時間」をそのまま移行させて近代の「工場の時間」を説明するのは、やや無理があるように思う(しかもスミスの紹介した「工場の時間」は、一九二〇年代の会社の風景であり、近世の「農民の時間」と一九二〇年代の「会社の時間」ではタイムラグがありすぎる)。スミスの議論の詳細な検討は、今後に委ねられるが、私は「農民の時間」と「工場の時間」を接続する位置に、日本では「学校の時間」があり、近代的な時間観念の普及にとって「学校の時間」のはたした役割は大きかったのではないかと考えている。

(6) 社会移動、および夜学校・講義録について詳しくは、前掲、大門「学校教育と社会移動」、大門正克「農村から都市へ――青少年の移動と『苦学』『独学』」(『近代日本の軌跡9 都市と民衆』吉川弘文館、一九九三年)を参照されたい。

(7) 中央職業紹介事務局『東京大阪両市への出稼求職者調 春季』一九二八年。

(8) 少年雑誌に掲載された講義録の広告を整理した研究によれば、一九一四年から四四年に発刊された『少年倶楽部』には一六八種類もの講義録の広告が登場し、この間の広告掲載回数はのべ二二八八回、年平均でみれば七〇回におよんでいた(菅原亮芳・吉田文『近代化過程における遠隔教育の初期的形態』放送教育開発センター、一九九二年)。

(9) 前掲、大門「農村から都市へ」一八三頁。

(10) 早稲田講義録の付録『新天地』(一九一九年一二月号二)に載った懸賞当選者五六名の住所と、早稲田講義録全体の機関誌『早稲田春秋』(一九三三年一〇月)に掲載された中学科修了生一三二名の住所から検討した(前掲、大門「農村から都市へ」一八四頁)。なお講義録については、菅原亮芳「『独学』史試論――中学講義録の世界をめぐって」(『近代日本における知の配分と国民統合』第一法規出版、一九九三年)も参照されたい。

(11) 一九九二年八月六日聞き取り。

(12) 飯窪三千雄の戦後については、以前に論じたことがある(大門正克「地域史の水脈をさぐる——戦後五〇年の現在から」『静岡県近代史研究』二二号、一九九六年）。

(13) 独学のもつ「クールアウト」機能のこと（竹内洋『立志・苦学・出世』講談社新書、一九九一年、参照）。

(14) 見田宗介「『立身出世主義』の構造」『現代日本の心情と論理』筑摩書房、一九七一年。

(15) 前掲、大門『明治・大正の農村』、大門『近代日本と農村社会』を参照。

(16) 一九三〇年代に入ると、講義録による独学が困難になっていく過程については、天野郁夫「日本の近代化過程における非学歴主義的選抜」（『学歴主義にかかわる社会的選抜システムの探索』昭和六三年度科学研究費補助金総合研究(A)研究成果報告書、一九八九年）を参照。

(17) 講義録による独学が戦後まで続いていた例を紹介しておく。一九二一年に栃木県で生まれ、大阪市今宮で高等小学校を卒業したJ・Oは、軍隊で敗戦を迎えた後の一九四六年、将来の生計を考えるために『栄光』を購読した。『栄光』は、一九四六年六月に革新社から創刊された「専検受験者の総合学習指導誌」であり、一部三円の月刊誌であった。J・Oは創刊号から購読していたようであり、J・Oの手元には一九四六年八月発刊の第三号が残されている。第三号の特集は、「新制度による数学と物象」と「秋季専検試験発表」であった。J・Oの例は、高等小学校卒業生が人生設計を立てる際に、敗戦後にあってもまだ講義録が一つの選択肢だったことを物語っている。

(18) 以下、青年団・農民組合青年部・農村経済更生運動の詳細は、前掲、大門『近代日本と農村社会』を参照のこと。

(19) もちろん、民衆自身が獲得したといっても、その歴史的前提には自由民権運動以来の演説会があり、青年団の討論会も民権運動の影響を受けたところから出発した。なお、青年団の討論会については、同前のほかに、大門正克「日本の近代化と農村青年の世界」(『信濃』四五巻四号、一九九三年)、大門正克「農民自治とデモクラシー――農民日記を題材にして」(南亮進・中村政則・西沢保編『デモクラシーの崩壊と再生』日本経済評論社、一九九八年)も参照のこと。

(20) 農民運動の二つの世代、および農村経済更生運動の担い手については、前掲、大門『近代日本と農村社会』を参照のこと。

(21) 前田愛『近代読者の成立』有精堂、一九七三年(のちに、岩波同時代ライブラリー、一九九三年)、永嶺重敏『雑誌と読者の近代』日本エディタースクール出版部、一九九七年。

(22) 一九〇六年に山梨県中巨摩郡落合村に生まれ、県立農林学校に入学して甲府の親戚の家に寄寓した新津隆は、当時の日記に読書形態に関する次のような興味深い記述を残している。「夜昨年二月号の太陽、小川未明氏の『夜の群』を家の人に聞かせる」(一九二三年二月一六日)、「夜はつまらない講談本を人々に読まされる」(同年三月一二日)。ここでの「聞かせる」とか「読まされる」は、明かに音読を意味していよう。他方で新津隆は、甲府の県立図書館に足繁く通い、文学を中心にした読書に励んでいた(この読書はいうまでもなく黙読であろう)。ここには読書形態をめぐる世代間の相違と、二つの読書形態の併存がはっきりと示されていた(新津隆については、前掲、大門「日本の近代化と農村青年の世界」、および前掲、大門「地域史の水脈をさぐる」で紹介したことがある)。なお、農村で個人的読書形態が成立する背景には、柳田国男のいう行灯・ランプから電灯の導入にいたる「火の分裂」が大きな影響を与えたものと思われる。（柳田『明治大正史世相篇』平凡社（東洋文庫）、一九六七年、七九頁）。

（23）前掲、永嶺『雑誌と読者の近代』二五頁。

（24）前掲、大門「農民自治とデモクラシー」参照。同論文では、日記を書いた九名の農民について検討している（一五〇～一五二頁）。

（25）鹿野政直「大正デモクラシーの思想と文化」『岩波講座日本歴史 近代五』岩波書店、一九七五年、三六二頁。ガリ版文化については、田村紀雄・志村章子編著『ガリ版文化史』（新宿書房、一九八五年）も参照。

（26）この時期の中央における社会運動出版に着目した研究として、梅田俊英『社会運動と出版文化』（お茶の水書房、一九九八年）がある。

（27）埼玉県入間郡南畑村の渋谷定輔日記によれば、渋谷は農民自治会の出版物を印刷するためにたびたび小学校を訪れてガリ版を借りていた（たとえば一九二五年五月二日など、渋谷定輔『農民哀史』勁草書房、一九七〇年）。当時は、農村で自主的な活動のために催しを開いたり、機関誌を作成しようとすれば、どうしても小学校の施設や器材を借りざるをえなかった。小学校は村の文化の統合機関としての性格ももっており、自主的な活動と対抗する側面があった。

（28）落合村青年団の『団報』および『耕す人々』の内容については、前掲、大門『近代日本と農村社会』第四章と第八章で検討してある。

（29）本章の注（22）で紹介した新津隆は、昭和恐慌期に落合村の農民運動に参加し、読書会を組織して農民組合関係出版物の輪読をおこなった。新津隆のもとには、自ら作成した読書会のテキストが残されている。

(30) 民衆運動のなかのリテラシーが固有の意味をもったのは、いつからいつまでなのだろうか。この点は今後の課題だが、いまのところ、第一次世界大戦後から戦後の高度成長期頃まででは ないかと考えている。戦後の労働者文学、農民文学の消長がそのことを示しているだろう。このことは、民衆のリテラシーの歴史的意味を考えることにも通じるテーマである。

**第6章**

(1) 「学童疎開文献目録」全国疎開学童連絡協議会編『学童疎開の記録』一巻、大空社、一九九四年。

(2) 企画展「品川の学童疎開」(品川区立品川歴史館、一九八六年三月)、学童疎開展「戦争と子供たち」(学童疎開実行委員会、一九八六年一一月)、特別展「さやうなら帝都勝つ日まで」(豊島区立郷土資料館、一九八七年夏)、特別展「子どもたちの出征」(豊島区立郷土資料館、一九八八年夏)など。

(3) 品川区立品川歴史館『品川の学童集団疎開資料集』一九八八年、豊島区立郷土資料館『豊島の集団学童疎開資料集』(1)~(6)、一九九〇年~一九九五年、大阪市教育センター『学童集団疎開史研究』I~VI、一九八九年~一九九六年。

(4) 前掲『学童疎開の記録』全五巻、大空社、一九九四年。

(5) 青木哲夫「集団学童疎開・序説」(『生活と文化』四号、豊島区立郷土資料館、一九九〇年)、青木「疎開させる側の論理」(同前、八号、一九九四年)、逸見勝亮「日本学童疎開史研究序説」(『北海道大学教育学部紀要』五一号、一九八八年)など。なお学童集団疎開については、柘植信行「学童疎開誌編纂の動き」（『岩波講座日本通史』別巻二、岩波書店、一九九四年）で研究史の整理がなされている。

（6）逸見勝亮『学童集団疎開史』大月書店、一九九八年。

（7）以下は、前掲『田無市史』第二巻、同第三巻（第五編第四章、北河賢三執筆分）を参照。

（8）田無尋常高等小学校「学事報告」各年。

（9）寺崎昌男・戦時下教育研究会編『総力戦体制と教育』東京大学出版会、一九八七年、寺崎昌男「総力戦体制下の子ども・女性・教育」東京歴史科学研究会婦人運動史部会『女と戦争』昭和出版、一九九一年。

（10）前掲『総力戦体制と教育』三三六頁。

（11）岐阜県師範学校附属小学校『国民学校経営の方途』一九四〇年。

（12）三つの調査は、それぞれ復刻されている。Aは『日本児童問題文献選集』一二巻（日本図書センター、一九八三年）、Bは『日本〈子どもの歴史〉叢書』一六巻（久山社、一九九七年）、Cは『現代日本児童問題文献選集』二七巻（日本図書センター、一九八八年）。

（13）戦前の児童調査で農村と都市を明確に区分したものがあらわれるのは、戦時期のこれらの史料がはじめてのように思われる。この点について、三つの調査のうちでもっとも早くおこなわれたCでは、「我国学童の生活を代表させ得ると共に、地域的特色をも見出し得る様に全国各地域にわたり各種の環境にある学校を選択した」（前掲復刻版、一二頁）と指摘されている。なおCの調査を実施した教育研究同志会事務局の編輯兼発行人は宮原誠一であり、調査者のなかには労働科学研究所にいた桐原葆見の名前も見える。またAの調査を主導したのは青木誠四郎であり、そこでは「生活内容の時間的布置は、児童の生活環境の如何によって異なることが予想される」(前掲復刻版、九頁)ので、農村と都市山手、都市下町に区分したとある。Bの調査では地域に関する言及はない。以上からすると、なぜ戦時期の児童調査で農村と都市が区分されたのかは必ずしも判然としないが、現在のところ、少国民を強力に育成しようとしたとき、あらためて都市と農村での生活スタイルの差が浮き彫りになり、それをふまえた調査が求められたのではないかと考えている。戦時期は、一般に平準化を強力に進めるだけでなく、そのもとでの差異もまた明瞭にする傾向をもっているが(前掲、大門・柳沢「戦時労働力の給源と動員」)、少国民教育の徹底もまたその例だといえよう。なお、以上の三調査を用いている文献に、牛島義友『農村児童の心理』(巌松堂書店、一九四六年)と、新井真人「子どもの手伝いの変化と教育」(『教育社会学研究』五三集、一九九三年)がある。

(14) Bの調査項目には、少年団活動が含まれており、都市では「未だ形式的」だが、農村では「生産に結びつき、確実なる発展の地歩」を築いているといわれていた(三一頁)。また、ここではとりあげていないが、一九四一年一〇月に農山漁村の国民学校高等科と青年学校に在学する生徒について調査したものでは、書物や新聞の読書のなかに戦争に関連したもののあることが指摘されている(青木誠四郎編『青少年社会生活の研究』朝倉書店、一九四二年)。

(15) Aの調査によれば、平日の起床時間は、農村で五時一〇分から五時三〇分、都市山手で五時四〇分から六時、都市下町で五時三〇分から六時であった(六三頁)。

(16) A、四〇頁。

(17) A、六二〜六三頁。

(18)　A、四〇～四一頁。
(19)　A、六四頁。
(20)　A、四〇頁。
(21)　A、三九頁。
(22)　B、一～二頁。
(23)　日中戦争以降の都市商工業者全体の動向については、前掲、大門・柳沢「戦時労働力の給源と動員」を参照のこと。
(24)　B、一九頁。
(25)　前掲、大門・柳沢「戦時労働力の給源と動員」参照。
(26)　「富岡寅吉日記(一九三九年)」埼玉県比企郡嵐山町教育委員会『嵐山町博物誌調査報告』第二集、一九九七年(森山茂樹・稲田滋夫校注)、「富岡寅吉日記(一九四〇年～一九四二年)」埼玉県近代史研究会『埼玉県近代史研究』第三・四号、一九九七年(稲田滋夫校注)、「富岡寅吉日記(一九四三年～一九四五年)」埼玉県近代史研究会『埼玉県近代史研究』第五号、一九九八年(稲田滋夫校注)。
(27)　富岡家の農地については、寅吉日記を校注された稲田滋夫氏に教示していただいた。復刻された寅吉日記にはていねいな注が付されており、日記の理解を助ける内容となっている。校注された稲田氏に感謝したい。なお、富岡家については、「富岡寅吉日記(一九三九年)」に付された「凡例」「解説」「資料」を参照した。
(28)　たとえば、大田堯「一人前になること」(『岩波講座　教育の方法』一巻、岩波書店、一九八七年)参照。
(29) 前掲「富岡寅吉日記(一九四〇年〜一九四二年)」。五月の平日登校日は、二一日間である。
(30) 富岡家では一九三九年七月一日から新聞を購読しはじめた(「富岡寅吉日記(一九三九年)」)。
(31) 一九九七年七月四日、有井金弥氏からの聞き取り。
(32) 前掲、大門・柳沢「戦時労働力の給源と動員」参照。
(33) 同前。
(34) 暉峻義等・吉岡金市・内海義夫「農村労働力の現状」日本労働科学研究所『農業労働調査所報告』四四号、一九三九年。
(35) 同前、二八頁。
(36) 近藤康男「事変下の農村問題」『産業組合』一九三九年五月。
(37) 以上の引用は、同前、二六頁。
(38) 吉岡金市『日本農業と労働力』白揚社、一九四二年、二七〇頁。
(39) 青木誠四郎・角田武雄「農繁期と農村児童の労働」『児童保護』九巻六号、一九三九年。
(40) 内海義夫「秋期農繁期における農村の児童労働について(其一)」前掲『農業労働調査所報告』五五号、一九四二年、七頁。
(41) 前掲、吉岡『日本農業と労働力』二七三〜二七四頁。ただし、吉岡は児童の勤労奉仕についてはその効果を疑問視している(二七五〜二七六頁)。

（1）前掲、逸見勝亮『学童集団疎開史』。
（2）前田一男「学童疎開史研究ノート」『立教大学教育学科研究年報』三五号、一九九一年、三三三頁。
（3）同資料は、正確には、豊島区立郷土資料館『豊島の集団学童疎開資料集(3)日記・書簡編Ⅲ——長崎第二国民学校(その1)』一九九二年。以下、『資料集(3)』に収録された吉原幸子の日記は、吉原幸子日記、あるいは吉原日記と略記する。なお、同資料集には、詳細で要を得た「註」と「解説」が青木哲夫の手によって付されており、大変参考になった。
（4）吉原幸子「自作の背景——Ⅰ」『吉原幸子全詩Ⅰ』思潮社、一九八一年、三七七頁。
（5）吉原自筆による「年譜」『現代の詩人12　吉原幸子』中央公論社、一九八三年、二三二頁。
（6）前掲、吉原「自作の背景——Ⅰ」三七八頁。
（7）同前、三七七頁、吉原幸子「私の中の幼年」一九七二年(『現代詩文庫　吉原幸子詩集』思潮社、一九七三年に所収、一二三頁)。
（8）前掲、吉原「自作の背景——Ⅰ」三七七頁。以下、吉原幸子の経歴は、引用のない限り、同前「自作の背景——Ⅰ」、前掲「年譜」、吉原幸子「河に注ぐ川」(吉原『花のもとにて春』思潮社、一九八三年、所収)、吉原幸子「私が詩を書き初めた頃」(『恋唄　吉原幸子詩集』沖積舎、一九八三年)、吉原日記による。
（9）前掲、吉原「河に注ぐ川」一三九頁。
（10）前掲「年譜」。
（11）前掲『資料集(3)』の註によれば、海洋少年団の前史は海軍関係者が一九二四年に結成した大日本東京海洋少年団であり、その後、一九三八年に発足した大日本海洋少年連盟が青少年団の統合に加わらず、敗戦まで続いたとある(一五八頁)。幸子の組からは、一九四四年五月二三日、海洋少年隊員が三名選ばれ、幸子もその一人となった。

(12) 一九四四年の東宝映画作品。監督島津保次郎。大学教授がすすんで隣組の組長から南方戦線の通訳になり、そのなかで戦時下の庶民生活を描いた(前掲『資料集(3)』註、一五八頁)。

(13) 前掲、吉原「自作の背景――Ⅰ」三七七頁。

(14) 国民学校では、修身・国史などでの「皇国の道」教育とともに、科学教育が盛んにおこなわれており、理科教育もその一環であった。この点については、前掲、寺崎「総力戦体制下の子ども・女性・教育」参照。

(15) 吉原日記のこの個所は、前掲『資料集(3)』の解説に引用されている(一七一頁)。

(16) 同前。

(17) 『資料集(3)』の解説によれば、他の学校では経済的に余裕のある親が子どもの集団疎開先の近くの旅館に縁故疎開する例があった(同前、一七〇頁)。

(18) 同前、一七〇頁。

(19) 同前。

(20) 前掲、逸見『学童集団疎開史』一一四～一一七頁。

(21) 豊島区立郷土資料館『戦争と豊島区』一九九五年、四七頁。

(22) 同前、五〇～五七頁。

(23) 『資料集(3)』で引用された、長崎第二国民学校『山形市疎開学童名簿』による(一七五頁)。

(24) 幸子は帰京後に集団疎開に関する文章をいくつも書き、それを「山形市での疎開生活」と題してまとめ、一九四四年九月一日の日記の後に貼っている。ここでは、そのなかから「寮での日課」(一九四五年三月一三日記)と「山形市第五国民学校」(同年三月一七日)を用いる。

(25) ここでの引用は、前掲「山形市第五国民学校」による。幸子は疎開中の決意を秘めたこのような文章を、実際には疎開後に書いていた。このことは、幸子が疎開中を思い出して書いたともいえるが、こうした決意の文章の意味についてはのちに検討する。

(26) 帰京後に幸子の書いた「食事、おやつ」という文章によれば、「私達の寮は、山形市で一番よいとかいふことで、食事等も他の寮よりよく、おやつも、全然出ない寮もあるが、光明寺は殆んど毎日出る」とある(前掲「山形市での疎開生活」に含まれており、一九四五年五月一九日に書かれたもの)。たしかに吉原日記には空腹を訴える個所はないが、バターの配給のあった日に、トーストやチーズが食べたいと思った幸子は、それを打ち消す次のような文章を書き留めている。「何か食べるために勝つのであってはならない。大東亜の為、日本の為に勝つのだ。何でも我慢して、『欲しがりません、勝つまでは』で行かう」(一九四五年一月二〇日)。

(27) ただし、手紙は受信も発信もすべて先生が目を通した。

(28) 前掲「山形市第五国民学校」。

(29) 「山形市の疎開生活」におさめられたもの。

(30) 一九四五年元旦の吉原日記には、「仕事をためないやうにし、病気をしないでこの一年間、毎日の仕事に励むつもりだ」とある。

(31) 『吉原日記』一九四四年一二月八日、一九四五年一月七日。

(32) 先に紹介した光明寺寮則は、この事件後の一月一二日につくられており、この事件と関係があったものと思われる。
(33) 一九八八年七月一六日開催。この座談会については、豊島区立郷土資料館に保存されているカセットテープで確認した。
(34) 前掲「自作の背景――I」三七七~三七八頁。吉原のいう〝いい子振り〟については、本章第5節でまたとりあげる。
(35) グァム島のこと。日本軍の占領中は、大宮島と呼んだ(『資料集(3)』註、一六三頁)。
(36) 縁故疎開が家族や女性・子どもにどのような影響を与えたのかについては、今後の研究の進展にまつところが多いが、現在のところ、『銃後史ノート』復刊五号(女たちの現在を問う会、一九八三年)がもっとも重要な問題を提起している。その提起とは、縁故疎開の縁故とはいったい何なのかという問いを発していることであり、従来問われることのなかった縁故の内容に徹底してこだわっていることである(むらき数子「疎開とは女にとって何だったのか」)。そこでのアンケート結果によれば、妻の望んだ妻方の実家に疎開できた例は三分の一にすぎず、独立して炊飯のできない疎開も二~四割あった。このように、縁故疎開には家と女性をめぐる問題がもっとも集約された形であらわれており、戦争末期の民衆研究にとって縁故疎開は残された課題となっている。
なお、本章脱稿後の二〇〇〇年二月、ある研究会の場で一條三子氏に偶然会い、それがきっかけで、一條「学童集団疎開、『地方』からの解題」(『生活と文化』九号、豊島区立郷土資料館、一九九五年)を知った。吉原幸子については、いままで本格的に検討した研究がなかったが、そこでは、吉原幸子の女学校進学問題がとりあげられており、疎開をめぐる東京と「地方」の温度差について検討している。本論文の存在を教えてくれた一條氏に感謝したい。

(37) 山中恒『ボクラ少国民』辺境社、一九七四年、二六六頁。

(38) 中山博子「孤立することを極度に恐れていた日々」『別冊一億人の昭和史　学童疎開』毎日新聞社、一九七七年。

(39) 以上、同前、二九二、二九五頁。

(40) むらき数子「或る解体」前掲『銃後史ノート』復刊五号。

(41) 豊島区立郷土資料館『豊島の集団学童疎開資料集(4)　日記・書簡編Ⅳ——高田第三国民学校・高田第五国民学校』一九九三年、同前『豊島の集団学童疎開資料集(5)　日記・書簡編Ｖ——高田第五国民学校(続)』一九九三年。発信数は、前掲『豊島の集団学童疎開資料集(5)』の「解説」(青木哲夫執筆)による。

(42) 前掲の「解説」参照。

(43) 同前。なおこの巻の解説は、佐藤静子の往復書簡の歴史的意味を的確に指摘しており、参考になった。

(44) 佐藤静子の手紙の大部分には、教師の検閲による押印やサインがあり(同前、一二一頁)、また静子発の葉書には最後の行を空けてそこに教師が書き込みをしているものがあった。教師の書き込みには、たとえば、「名班長振りを発揮して良くやって居ります。精神力には時々驚かされる事があります」(一九四四年一〇月一一日)、「毎日元気に強く頑張っております」(同年一二月七日)といったものがあり、家族との往復書簡が教師と家族の合作であったことがよくわかる。

(45) たとえば、のちにとりあげる東京都滝野川国民学校の場合、一九四五年三月には九三人の残留児童が存在し、その主な理由は「虚弱」三五人、「疾病」二四人、「家庭の事情」一八人であった(滝野川国民学校『疎開関係資料綴』)。

(46) 眉村卓「戦時中の学校のこと」前掲『別冊一億人の昭和史 学童疎開』七〇～七一頁。

(47) 清水保『ボクの戦争』教育史料出版会、一九九三年。

(48) 前掲、吉原「自作の背景――I」三七八頁。

(49) 前掲、吉原「私の中の幼年」一二三頁。

(50) 同前。吉原の回想によれば、「純粋病」とは幸子がアヌイの戯曲に登場する主人公たちに名づけたものであり、その言葉がやがて自分自身に対しても向けられるようになったという(前掲「自作の背景――I」三八〇頁)。

(51) 前掲、吉原「私の中の幼年」一二二～一二三頁。この文章は一九七二年に書かれたものだが、第一詩集執筆当時の心情と理解してもまちがいではなかろう。以下、「私の中の幼年」の引用は、ページを省く。

(52) 前掲『吉原幸子全詩I』三八頁。

(53) 二冊の詩集のあとがきにあたる「NOTE」(前掲『現代詩文庫 吉原幸子詩集』一一〇頁)。以下の引用も同じ。

(54) 前掲「自作の背景――I」三八〇～三八一頁。

(55) 同前、三八三頁。

(56)　石原吉郎は、吉原の第一詩集二冊について印象的な読後感を語っている。それによれば石原は、「なによりもここには『うた』がある」といい、吉原の「うた」は「古今以後の女性」の系譜に連なること、「幼年を『えうねん』と綴るとき、ことばとうたへの彼女の信頼のやすらかさ」が伝わってくると指摘した(前掲『現代詩文庫　吉原幸子詩集』一四四～一四五頁)。石原の批評と同様に、私もまた言葉への信頼による幼時の回復が『幼年連禱』を貫く大きな特徴だと感じた。ただし、日記とのかかわりを含めた場合、吉原の詩は石原のいうような「古今以後の女性」に連なるのではなく、むしろ近代の問題として考えるべきではないかと思っている。

(57)　吉原は、自分が「〈大人になったからこそ〉幼年について書いた」(前掲「私の中の幼年」一二二頁)ことをよく知っていた。幼時の回復にあたって、吉原が述懐した〈ほんとうの幼年〉とは、あくまでも大人の吉原の発見したものであった。その意味でいえば、記憶をたどってあらわれた〈ほんとうの幼年〉と日記のなかの幸子の、どちらかが本当の幸子だったわけではない。そのどちらもが本当の幸子だったのであり、〈ほんとうの幼年〉だけでなく、日記のなかにも子ども時代が反映していたことはまちがいない。吉原は〈ほんとうの幼年〉を発見することではじめて、小学校時代の日記の位置を確認することができたのである。

(58)　詩集『仮面の声』土曜美術社、一九八七年、所収(『日本現代詩文庫　高良留美子詩集』土曜美術社、一九八九年に再録)。

(59)　『幼年連禱』には、集団疎開や縁故疎開、空襲の様子をうたった「吊し柿」「疎開の秋」「空襲」などの詩がある。吉原は、そこで光や音、匂いといった感覚の記憶を頼りに戦時中を想い起こし、「汽笛の遠ぼえ」や「うすい煙」「日向ぼっこ」といった情景のなかに戦時中を描いた。これらの詩は、戦争や死者が子どものすぐ近くにあったことを教えてくれるが、しかしそこに他者とのかかわりを見出すことは難しい。

(60) 吉原の長い発酵期間を考えるうえで、五つの詩編から構成された『幼年連禱』の四番目の詩編が、全編を「J」と名づけた「あたらしいいのち」に捧げられていたことは印象深い。「J」とは一九六二年に生まれた吉原の長男と考えてまちがいない。この点について吉原の作品論を書いた石原吉郎は、「一人の幼児の出生にうながされて、彼女はみずからの出生へさかのぼろうとする。幼児にとって幼年は未来であり、彼女にとって幼年とは過去であるのに、奇妙な混同がここで行われる。そしてその混同が、ある倫理的なきびしさで行われるところに、『幼年連禱』の特異さがあるように私には思われる」と書いており、「一人の幼児の出生」の意味を的確に指摘している(前掲『現代詩文庫　吉原幸子詩集』一四五頁)。幼時にさかのぼって自分の問題をほりさげた吉原は、最後にJにたどりついた。吉原にとってJとは、自分の子どもであるとともに他者でもある。自分の問題から自分と他者とのかかわりへ、『幼年連禱』にはそうしたひろがりが含まれている。

(61) 本章注(58)参照。なお、吉原と同じ年に生まれた高良留美子もまた戦時中の体験を詩にうたった一人であり、ここでとりあげた「赤鉛筆」と、「焼跡」「県立女学校」「集団疎開」といった詩をおさめた高良の『見えない地面の上で』(一九七〇年刊行)を比較する作業は、吉原との対比を考えても興味深い課題である。

(62) 吉原は、一九八三年から新川和江とともに季刊の『現代詩ラ・メール』を共同編集し、多くの女性詩人の育成につとめた(『現代詩ラ・メール』は、当初は思潮社で、途中からは現代詩ラ・メールの会で発行され、一九九三年、四〇号まで刊行された)。また吉原は、一九八三年に「核に反対する文学者の会」に参加するなど、それまでにない活動をはじめた。吉原は、一九八八年に次のような印象的な言葉を書き留めていた。「そして、思います。〝女たちの時代〟が、本当に、来つつあるのかも知れない——と」(『今をはばたく女たち　吉原幸子対談集』思潮社、一九八八年、二三〇頁)。こうした活動や発言に一九八八年の座談会での言葉を加えてみると、一九八〇年代の吉原は、戦前や幼時、人間関係をそれまでとはちがった目でみるようになったのではないかと思われる。『幼年連禱』から一九八〇年代にいたる吉原の歩みは、戦後史と無縁にあったのではない。吉原の戦後の歩みは、明らかに戦前と戦時に規定されたところから出発したのであり、逆にいえば吉原のような体験と行為を含めて戦後史を理解する必要がある。と同時に、一九八八年の印象的な言葉にふれてみると、吉原の戦後の歩みは、『まだ「フェミニズム」がなかったころ』という加納実紀代の本のタイトルにふさわしい側面があるように思える(加納の本は、インパクト出版会、一九九四年)。

## おわりに

(1)　前掲、土方『近代日本の学校と地域社会』によれば、長野県五加村の場合、女子の不就学の大きな理由は製糸工場への出稼ぎであった。この点も加えて考えれば、女子の不就学には、家事や家族の世話などで家に残る場合と女工出稼ぎの二つのパターンがあったことになる。

(2)　敗戦後の田無町の教育事情、新制中学校について詳しくは、大門正克「戦後教育の出発」

（前掲『田無市史』第三巻）を参照されたい。

（3）ここでは、岩波文庫版（一九九五年）によっている。

（4）佐野真一『遠い「山びこ」』（文藝春秋、一九九二年）、川村湊『作文のなかの大日本帝国』（岩波書店、二〇〇〇年）など。

（5）第6章での有井金弥氏聞き取りを参照。

（6）中学校への一元化により、中学校と職業安定所が強く結ばれたことに注目した新しい研究として、苅谷剛彦・菅山真次・石田浩編『学校・職安と労働市場』（東京大学出版会、二〇〇〇年）がある。

（7）実際には一二名収録されているが、そのうち、当時一年生の人の回想記は除いた。当時の学年別では六年生二名、五年生三名、四年生四名、三年生二名である（『学童疎開の記録』三一三〜三三二頁、三八七〜三八八頁）。月光原小学校では一九四四年九月に甲府市に集団疎開し、一九四五年六月には南巨摩郡穂積村に再疎開した。

（8）同前、三一八頁。

（9）同前、三二一頁。

（10）同前、三一九〜三二一頁。

（11）同前、三一八〜三一九頁。

（12）同前、三一八頁。

（13）同前、三二一頁。

（14）同前、三二三頁。

(15)　同前、三三二頁。

(16)　同前、三八七〜三八八頁。

(17)　八名の当時の学年は、六年生二名、五年生一名、四年生二名、三年生三名であった。ここでの回想は新聞社のインタビューに応えたもの(『別冊一億人の昭和史　学童疎開』二八〜三二頁)。

(18)　都市新中間層とくらべると、農民家族の子どもの三つの層は異なっていたように思われる。何よりも家族労働によって規定された生活、それゆえに絶大な刺激を与えた学校の重要な存在、農民家族の子どもの日々はこの二つによって成り立っていた。ただし、本書では農民家族の子どもの戦後について検討できなかったので、農村についての三つの層の考察は今後の課題として残されている。

(19)　「子ども」についての問題関心の背後には、国民国家論をめぐる思考があり、この四、五年間、私は、主体をどのようにとらえたらいいのか、受動的ではない形で主体をとらえるにはどうしたらいいのか、といったことを考えつづけてきた。この思考のなかで私は、「つながりの中で矛盾する存在」として主体を考えるべきだと思うようになった(大門正克「歴史意識の現在を問う」『日本史研究』四四〇号、一九九九年、大門正克「〈歴史への問い／現在への問い〉、その後」(『評論』日本経済評論社、一一二号、一九九九年)を参照のこと。なお、大門正克「〈歴史への問い／現在への問い〉」①〜③(『評論』一〇一〜一〇三号、一九九七年)も参照されたい)。この視点を子どもに即して考えるとどのようになるのか、子どもについての思考をあらためて主体の把握方法にいかすとどうなるのか、本書を執筆しながら、以上のようなことを私は考えていた。

(20) この点でいえば、安田常雄・天野正子編『戦後体験の発掘』(三省堂、一九九一年)のような試みがもっとなされていいと思う。

## 補章

(1) 山中恒『ボクラ少国民』辺境社、一九七四年。

(2) 長浜功『国民学校の研究』明石書店、一九八五年、寺﨑昌男・戦時下教育研究会編『総力戦体制と教育』東京大学出版会、一九八七年、逸見勝亮『学童集団疎開史』大月書店、一九九八年、駒込武『植民地帝国日本の文化統合』岩波書店、一九九六年、川村湊『作文のなかの大日本帝国』岩波書店、二〇〇〇年、日本植民地教育史研究会運営委員会編『植民地教育史像の再構成』植民地教育史研究年報01、皓星社、一九九八年、など。

(3) 学童疎開の体験記や小説には、この点を記したものが多い。たとえば小説として、柏原兵三『長い道』(講談社、一九六九年)、小林信彦『冬の神話』(講談社、一九六六年)、同前『東京少年』(新潮社、二〇〇五年)がある。

(4) 米田俊彦「戦前・戦中の各種学校」久保義三ほか編『現代教育史事典』東京書籍、二〇〇一年。

(5) 各種学校が国民学校に組み込まれた背景には、障害児教育の義務制実現などを要求する民間団体の障害児教育改革運動もあった(高橋智「戦前・戦中の障害児教育」前掲、『現代教育史事典』)。

（6）http://www.showakan.go.jp/（二〇〇六年一月一五日現在、昭和館のホームページに第八回企画展の紹介がある）。

（7）毎日新聞社『別冊一億人の昭和史 学童疎開』毎日新聞社、一九七七年。

（8）以下は、断りのない限り、光明学校の学童疎開を記録する会編『信濃路はるか――光明養護学校の学童疎開』（田研出版、一九九三年）による。

（9）同前、七九頁。

（10）「適性」は四年生以上の学年に設置された初歩的な職業教育の時間であり、子どもたちは文科・理科・図工・手芸・音楽などの科を選び、毎日、午後の最後の時間を「適性」の科に分かれて授業を受けた。のちに俳人になった花田政国（春兆）は、光明学校で受けた「適性」の時間の楽しさを縷々つづっている（花田春兆『いくつになったら歩けるの』ミネルヴァ書房、一九七四年、七一～七五頁）。

（11）松本保平「太平洋戦争と光明学校」障害者の太平洋戦争を記録する会編（仁木悦子代表）『もうひとつの太平洋戦争』立風書房、一九八一、二一〇頁。

（12）一九三二年に東京に生まれ、私立の尋常小学校に通った山北厚は、一九四三年ごろから学校で始まった分列行進の訓練に熱心に取り組んだが、山北が加わると行進が乱れるために先生に見学を命じられた。軍配属の教官は、いつも見学をしている山北に問いただし、「こんな馬鹿は学校に来る必要はないのだ」と言って立ち去ったという（山北厚「戦争が私を小さくした」前掲、『もうひとつの太平洋戦争』）。

（13）前掲、松本保平「太平洋戦争と光明学校」二一一～二一二頁。

(14) 前掲、『別冊一億人の昭和史 学童疎開』に紹介されている例を参照。
(15) 金沢智世編『遺書 光をもとめて』ルック社、一九七六年。
(16) 防空演習のときなど、光明学校の生徒は一班(よく歩ける者)、二班(次に歩ける者)、三班(歩くのが不自由な者)に分れ、一班から行動している。金沢英児は一班であった(一九四五年八月一二日の日記)。
(17) 朝鮮総督府『朝鮮人労働者の教育施設』一九二四年。
(18) 兵庫県協和教育研究会『協和教育研究』一九四三年(樋口雄一編『増補新版 協和会関係資料集Ⅳ』緑蔭書房、一九九五年、四四一〜四四三頁)。
(19) 樋口雄一『日本の朝鮮・韓国人』同成社、二〇〇二年、八〇〜八一頁。
(20) 江東・在日朝鮮人の歴史を記録する会編『増補新版 東京のコリアンタウン 枝川物語』樹花舎、二〇〇四年。
(21) 戦時・戦後の『週刊少国民』について詳しくは、大門正克「子どもたちの戦争、子どもたちの戦後」(『岩波講座アジア・太平洋戦争6 日常生活の中の総力戦』岩波書店、二〇〇六年)を参照のこと。
(22) 今泉裕美子「南洋群島」具志川市史編さん委員会『具志川市史』第四巻、「移民・出稼ぎ論考編」具志川市教育委員会、二〇〇二年、同「南洋へ渡る移民たち」大門正克・安田常雄・天野正子編『近代社会を生きる』吉川弘文館、二〇〇三年。
(23) 前掲、今泉裕美子「南洋群島」。
(24) 同前、六七一頁。

(25) 同前。

(26) 同前。

(27) 吉原の戦後については、本書第7章を参照。金沢の戦後は、前掲、大門「子どもたちの戦争、子どもたちの戦後」で検討した。そこでは、金沢の戦後に戦時の経験と戦後の契機の両方をみている。戦時の経験は、すでに指摘したことであり、戦後の契機は、学校新聞の編集・印刷に発揮された自主性であり、そのうえで、金沢の場合には戦後の新しい契機の比重が高く、その系譜をたどれば、「個性を尊重する」光明学校の教育方針に結びつく面があると指摘している。戦後に大きな断絶があった吉原と金沢では、戦時・戦後の推移が大きく異なる。これらの対比も今後のさらなる検討課題である。

# 参考資料
## 「〈シリーズ　日本近代からの問い〉刊行のメッセージ」について

本書の原本は、〈シリーズ　日本近代からの問い〉(青木書店)の一冊として刊行されたものであり、その冒頭には、「〈シリーズ　日本近代からの問い〉刊行のメッセージ」(一九九八年二月)が置かれていた。今回、文庫に収録するにあたり、このメッセージは省略したが、「おわりに」では、メッセージで指摘した三つの問いに言及しているので、三つの問いについて簡潔に説明しておく。

三つの問いとは、「歴史からの問い」「社会からの問い」「著者にとっての問い」である。一つ目の「歴史からの問い」とは、歴史における人びとの体験のなかに解答を見いだそうとする方法的態度のことであり、現在とは歴史的過程の総和であり帰結であること、しかし歴史には現在と異なる体験が含まれていること、この二つをふまえて現在という時代を歴史的に照射すること、これが「歴史からの問い」である。二つ目は「歴史からの問い」を受けとめる方法としての「社会からの問い」であり、メッセージでは、国家と個人(国民)を直接結びつけるのではなく、社会領域における人と人のつながりに視点をおいて歴史をみること、そのつながりに含まれた葛藤・軋轢の歴史過程を丁寧に分析することに「社会からの問い」の意味を見いだしている。三つ目は、「著者にとっての問い」であり、著者自身がなぜ日本近代を研究するのかについてあらためて述べる必要があるとする。

本書の原本は、〈シリーズ 日本近代からの問い〉の一冊として、以上の三つの問いをふまえて刊行された。

# あとがき

この本は、いくつかの結び目のなかで誕生した。その結び目について記して、あとがきに代えたい。

一つ目はこのシリーズの母体になった近代日本社会研究会である。「シリーズ刊行のメッセージ」にもあるように、この研究会は一九九〇年九月に発足し、その後、現在にいたるまで続けられている。この間、三三回の研究会、六回の合宿を開き、私の原稿もその場で何度となく検討してもらった。この研究会こそは、この本誕生のもっとも強い結び目であった。原稿の最終盤で目を通し貴重な意見を伝えてくれた柳沢遊氏をはじめ、研究会のメンバーに感謝したい。

二つ目の結び目は、調査で聞き取りに応じてくれた数多くの農村の方々である。たしか、一番最初のときはいまから二〇年ぐらい前、岐阜県農民運動の共同研究のときであったと思う。ある農民の方に話をうかがっているときに「講義録」という言葉を耳にした。恥ずかしながら、その時、私は講義録の存在を知らなかったが、その後何人かの聞き取りのなかで同じ講義録という言葉に接し、農村の人びとがなぜ講義録で勉強したのかが気になるようになった。農村史研究から出発した私が教育に関心をもち、教育経験ということを考えるようになった原初的な体験は、右のような聞き取りの場であった。こうした体験をへた頃から、私は聞き取りの際に、できるだけその人のライフヒストリーを詳しく話してもらうようにしている。そのなかでは、私の思いもよらないようなことがあったり、常識的に思っていたことが決してそうでないことを発見したりすることもある。本書で直接使わせていただいた聞き取りはごく一部だが、多くの農民の方の話に耳を傾けたことが本書誕生の導きの糸になった。

三つ目は吉原幸子との出会いである。一九九八年の夏の終わりに、私は東京池袋にある豊島区立郷土資料館に出かけて吉原幸子の疎開日記が収録されている『豊島の集団学童疎開資料集(3)』を購入し、その後同じ池袋にある私の実家に立ち寄った。実家には、一九七〇年前後、高校から大学時代によく読んだ本が残されており、そのなかに『現代詩文庫』(思潮社)も並んでいる。その日、必要があって『現代詩文庫』を手にとっていた私は、偶然そのなかに『吉原幸子詩集』をみつけた。吉原幸子詩集を買った記憶は残っていなかったが、ページをめくるうちに当時の記憶がかすかによみがえってきた。詩集の裏表紙には、大きな目で少し遠くを見る吉原の印象的な写真が載っており、この写真はよくおぼえていた。郷土資料館の資料集を読むと、吉原は私の実家のすぐ近くの豊島区高松で育っており、私はいくつかの偶然に後押しされるようにして、資料集と吉原幸子詩集を読みくらべてみた。そうすると、資料集に掲載された吉原日記は、他の疎開日記とくらべてもとびぬけて詳しく書かれていること、しかも本書に記したような特徴をもっていること、それだけでなく、戦後の吉原の詩人としての出発は戦前や戦時期と深くかかわっており、吉原の疎開日記と詩集は、戦時体験と戦後体験を関連づけて検討するためのまたとない史料だということがわかった。吉原一人をとりあげて集団学童疎開を描くことにはためらいもあったが、しかし吉原幸子の日記や詩集を徹底して読み解くことが、戦時から戦後を考える大事な糸口になるはずだと思い、吉原幸子についてとりくむことを決めた。

四つ目は、ある出版社とのかかわりで始めた「子ども史」という小さな研究会である。沢山美果子、成田龍一、牧原憲夫、森田伸子の諸氏と私の五人で始めたこの研究会では、研究方法を含めて多くの議論を重ねた。この研究会はすでに終了してしまったが、ここでの議論がなければ私が子どもを対象にして書くこともなかったように思う。

本書は、『田無市史』第三巻、通史編(一九九五年)に執筆した「教育の普及と子どもの生活」と「学校教育と『青年期教育』」を第2章に用い、また第1章には「学校教育と社会移動」(中村政則編『日本の近代と資本主義』東京大学出版会、一九九二年)の一部を用いた。それ以外は、本書のために書き下ろしたものである。

本書で用いた史料については、豊島区立郷土資料館、北区行政資料センター、中野区立桃園第二小学校、田無市立中央図書館、一橋大学経済研究所日本経済統計情報センター、東京大学社会科学研究所の諸機関、ならびに、青木哲夫、山辺昌彦、稲田滋夫、岩井サチコ、内藤幾次、菊池誠樹、長沼裕の諸氏にお世話になった。

最後に三人の方々への謝辞を述べて終わりとする。一人は林宥一さん。一九九九年夏、このシリーズのメンバーであった林さんは忽然とこの世から去ってしまった。林さんは執筆のなかなか進まない私をつねに心配してくださり、本書のテーマに関する文献を送ってくれたりした。本書ができて何よりも残念なのは、林さんから辛口のコメントを聞かせてもらえないことだ。ただ一つ、林さんは口ぐせのように、大門より先に自分の本(シリーズのなかの『「無産階級」の時代』)は絶対に出さないと言って私を叱咤激励してくれていた。ともかくもいまは林さんより先に本を出せたこと、また林さんの本も本書に続いて発刊予定であり、ほっとしている。

もう一人は島田泉さん。一九九三年二月に島田さんに相談し、このシリーズを青木書店で引き受けてもらって以来、島田さんはその後の研究会・合宿にほぼ毎回参加してくれた。その意味で近代日本社会研究会は、島田さんを含めて成り立ってきたといっていい。青木書店編集部の原嶋正司、末松篤子の両氏にもお世話になった。感謝しています。

最後は私のつとめる都留文科大学の教職員の方々。私はあまり意識していなかったが、いまにして思えば、教員養成課程をもつ都留文科大学につとめたことが、この本のテーマを考えつづける素地になっていたのかもしれない。大学改革や学内の諸問題で多忙をきわめるなかでも、互いに刺激し合って仕事をしてきた同僚の方々に感謝したいと思う。

この本の原稿にとりくみながら、私は何度となく自分自身の教育経験がどのようなものだったのかをふり返った。教育経験というテーマは、歴史学の対象として新しいものであろう。本書について、読者諸氏の忌憚のない意見が聞けることを願うとともに、今後、教育経験をめぐる歴史研究と議論が活発になることを期待している。

束の間の春休みに

二〇〇〇年三月二八日

大門正克

# 岩波現代文庫版あとがき

二〇〇〇年に『民衆の教育経験――農村と都市の子ども』（青木書店）を刊行したとき、「民衆の教育経験」は耳慣れない言葉であるが、人びとが教育をどのように受けたのか、また教育を受けたことがその後の人生にどのような影響を与えたのかを考えるために用いると述べた。本書は、『民衆の教育経験』（以下、前著と略記）に、それ以後に執筆した「子どもたちの戦争、子どもたちの戦後」（『岩波講座アジア・太平洋戦争6 日常生活の中の総力戦』岩波書店、二〇〇六年）の一部を編集した補章を加え、『増補版 民衆の教育経験――戦前・戦中の子どもたち』としてひとつの本にまとめたものである。「農村と都市の子ども」を対象にした前著に、肢体不自由児、内地の朝鮮人の子ども、南洋占領地の子どもを補章で加え、より広い視野のなかで「戦前・戦中の子どもたち」を叙述した。

前著発刊より二〇年近くが経過した。のちに述べるように、「教育経験」をめぐる議論は、その後、必ずしも活発ではないが、私は、「教育経験」はあらためて歴史の大事な課題であると思っている。一九七〇年代末以降、日本の一九三〇年代における農村の社会経済史から研究をスタートさせた私は、なぜ二〇〇〇年に「民衆の教育経験」を主題にする本を発刊したのか、その時代背景と私の研究の接点を振り返ることで、「教育経験」をとりあげる意味について考えておきたい。前著刊行の意味を考えるために、前著だけでなく、当時、私が書いた文章と関連する文献をあらためて読み直し、同時代のもとで前著の検証を試みてみた。

前著発刊の意味を振り返るとき、もっとも大きな契機は、時代と学問の変貌過程であり、その変貌と私自身の研究の接点であった。一九九〇年代に入り、時代と学問をとりまく状況は大きく変わろうとしていた。ソ連の解体による米ソ冷戦構造の崩壊のもとでグローバル化時代に突入し、新自由主義の時代状況が明瞭になってきた。他方で学問の世界では言語論的転回が大きな影響を与え、日本近現代史では国民国家論を含めて歴史認識をめぐる議論が盛んに行われていた。前著はこのようななかで刊行された。

一九九〇年代における時代と学問の変貌過程のもとで、私は思考の根拠地を探るために、いくつかの試みを始めた。一九九七年以来、『評論』(日本経済評論社)や『瓦版なまず』(震災・まちのアーカイブ)などの小さな媒体に、歴史と現在をめぐるエッセイを執筆するようになったのは、その試みのひとつである。現在に至るまで、私は数多くのエッセイを書いてきたが、その出発点はこのころにある。英語の essay は、フランス語の「試みる」を意味する動詞 essayer から発している。私は、文字通り、エッセイに私の考えの試行錯誤の過程を刻んできた。一九九〇年代に始めたエッセイのなかで、一九九九五年の阪神・淡路大震災と震災経験について思考をめぐらすようになり、歴史と現在における生と死について考えるようになった。

勤めていた都留文科大学文学部比較文化学科で居心地の良さと悪さを感じていたのも、このころのことである。比較文化学科では、教育課程の編成のなかでジェンダーやマイノリティを取り上げていた。当時としては全国的にみても新しい試みであった。居心地の「良さ」とは、比較文化学科では研究・教育上の制約がまったくなかったからであり、「悪さ」とは文字通りの悪さではなく、座りの悪さとでもいったことである。農村の社会経済史から研究を始めた私にとって、比較文化学科の教育課程の編成は、当初、座りの悪いものであったが、この座りの悪さこそ、私の研究方法を問い返し、刺激を与えてくれた要因だった。私は、座りの悪さから多くの恩恵を受け、担当していた講義「現代社会論」の構成を、当初の現代日本社会史から、一年間を経済成長、国民国家、ジェンダー、エコロジーの四つのテーマに分け、国民国家やジェンダーを教育や研究に取り入れる試みを重ねた(大門「居心地の良さと悪さと――比較文化学科での八年間」都留文科大学比較文化学会『比較文化の視点』第二号、二〇〇一年)。

こうしたなかで私は、いくつかの足がかりを得て、新たな研究に向かおうとしていた。そのひとつが、一九九〇年代後半から二〇〇〇年代初頭にかけて、新自由主義時代の現在への問いと歴史への問いを往還する歴史批評を書き続け、歴史意識や時間認識、時期区分などをめぐる思考を反芻・更新したことである。のちに、『歴史への問い／現在への問い』(校倉書房、二〇〇八年)としてまとめた本には、この間の試行錯誤の過程が刻まれている。

歴史批評を重ねた私は、そのなかでしだいに「教育経験」という問いを携えるようになった。これが二つ目の足がかりである。一九七〇年代末からの農村調査のなかで聞き取りに取り組み、そこで講義録や、書く、読むといったことに関心をもったこと、一九八〇年代にかかわった自治体史で教育分野を担当したこと(『田無市史』)、教員養成課程をもつ都留文科大学に勤務したこと、エッセイや歴史批評を書き続けたことなどが結び目となり、歴史のなかの教育について考えるようになっていた。

とはいえ、歴史のなかの教育は、単に記述すればいいテーマには思えなかった。そもそも、教育には複雑な作用があるはずであり、また当時、鹿野政直氏が指摘していたように、歴史意識と歴史学は大きな変化の渦に巻き込まれており、過去を問うことは自明のことではなくなっていた(鹿野『化生する歴史学——自明性の解体のなかで』校倉書房、一九九八年)。当時の私は、新自由主義の時代状況が学問に大きな影響を与えていると観測しており(『歴史への問い／現在への問い』)、過去にたずねるという今まで自明であった歴史学の作法自体を再定置しなくてはならないと考えるようになっていた。

そこから携えるようになったのが「教育経験」という視座である。時間には複数の層があること、教育の受容過程には、教育を「とらえ返す」過程が含まれること、これらを考えるためには、教育が行われたこと、教育を受けたことだけでなく、教育を受けたことがその人の人生に影響を与えるというような「教育経験」の視座をもつことが不可欠だと考えるようになった。ここから、農村と都市の家族の社会経済的条件やジェンダー編成をふまえるとともに、過去と現在を結ぶ複雑なつながりに留意し、歴史における人びとの「教育経験」を問う前著が構想されることになった。

三つ目の足がかりとして、史料読解への留意があった。過去を問うために史料が重要な役割をはたすことはいうまでもない。とはいえ、歴史認識をめぐる議論や「経験」という視座からすれば、史料は単に過去の事実を示すものではなく、史料をどう読み解くかといった史料読解が重要だと私は受けとめるようになっていた。前著では、「民衆の教育経験」にかかわるさまざまな史料を収集して使うだけでなく、史料の読解に留意し、史料を読み解くことを含めて叙述をしたのは、史料読解の重要性に注意を喚起したかったからである。

たとえば、前著の冒頭では、東京府北多摩郡田無町の田無小学校の史料を取り上げ、検証をしている。一九〇一年から一九一二年の不就学申請書の末尾には、必ず「生活極めて困難故に本人を要す」という一文が書かれていた。この文章は、町役場(行政)が用意したテンプレートと考えられるものであるが、私はここに不就学の申請を受けつける行政の対応をみるだけでなく、生活上どうしても子どもが必要なので不就学を認めてほしいという保護者の意向も読み解き、行政と保護者の接点のなかに史料があると考えた。このような史料については、現在、西洋史研究のなかでエゴ・ドキュメントとして注目され、テンプレートを含む貧者の手紙などに光があてられ、検討されている(長谷川貴彦『現代歴史学への展望――言語論的転回を超えて』岩波書店、二〇一六年)。

前著では、不就学申請書以外にも、小学校の綴方や試験答案、記念写真、戦時期の児童生活調査、農村と都市の子どもの日記などを活用し、史料の読解を含めて叙述している。学童集団疎開に出かけ、戦後に詩人になった吉原幸子の集団疎開日記は、戦後の詩作などを含めてとくに詳しく検証した。これらはいずれも、「教育経験」を問うために必要なことであり、前述の「とらえ返す」という視点は、不就学申請書や吉原日記の読解を通じて考えるようになったことであった。

このようにして私は、時代と学問が大きく変貌する一九九〇年代において、文字通り、歴史への問い、現在への問いを重ね、新自由主義の時代に抗する道(根拠地)を探り、あらためて歴史を問うための「経験」という視座を携え、「民衆の教育経験」を検証する作業を重ねた。史料読解をふまえた前著と『歴史への問い／現在への問い』の二冊のなかに、当時の私の反芻・更新の思考過程が反映されている。

前著発刊以降、「経験」の視界を農村・都市から拡張する必要性を受けとめた私は、先述の「子どもたちの戦争、子どもたちの戦後」を二〇〇六年に執筆して、肢体不自由児、内地の朝鮮人の子ども、南洋占領地の子どもを検討した。その後、この視点は、東アジアのなかで戦争と戦後の経験を検証する『全集日本の歴史15　戦争と戦後を生きる』(小学館、二〇〇九年)や、在日朝鮮人の子どもを含めて戦後の子どもの作文を検討した『Jr. 日本の歴史7　国際社会と日本』(小学館、二〇一一年)につながっている。またこのなかで「経験」の視座は、さらに「生存」の視座につながり、議論を続けている(『戦争と戦後を生きる』など)。

今回、国立情報学研究所の書籍・雑誌・論文検索サービスCiNiiを用いて「教育経験」を検索したところ、一番古くに使われていたのは一九六四年であり、そのころは授業を受けた経験や教育を受けた年数などを指して使われていた。前著発刊時にはCiNiiはまだなかったので確認できなかったが(CiNiiの試行運用は二〇〇四年から)、今回の検索によれば、「教育経験」という言葉が、教育を受けたことだけでなく、教育を受けたことの意味やその後の人生への影響を問うようになったのは、前著のころからではないかと思う。前著以降の、「教育経験」をめぐる議論について簡略にふれておけば、「教育経験」を問う研究では、オーラル・ヒストリーや自叙伝を用いた場合が多い。オーラル・ヒストリーでは、台湾や朝鮮の植民地経験、戦後日本の開拓地の教育経験などを検討した研究があり、自叙伝ではイギリスを事例にした研究がある。[*]「教育経験」を深く問おうとすれば、個人に即することが有効であり、そこからオーラル・ヒストリーや自叙伝が題材になっていると思われる。個人を対象にして経験を問うために、できるだけ長い時間軸で検討したり、他の個別史料と比較したりするなど、さまざまな工夫をして議論が発展すればと思う。

右の研究に対し、「教育経験」という言葉は使われていないものの、教育の「支援」と「排除」の関係を問う教育比較社会史の研究があり、そこには、「教育経験」を問う芽や可能性が含まれているように思う。[**]とくに、戦後の福祉教員へのインタビューをくりかえし問い直した倉石一郎の研究は、教育にかかわった者の経験の意味を深く問うものになっている。

「教育経験」の意味を考えようとするとき、「経験」の意味を深く問うた研究があり、むしろそれらから学ぶことが多い。戦前の農民運動家であり、詩人でもある渋谷定輔と他者の「出会い」から渋谷の経験の意味を問うた安田常雄氏の研究、中国人強制連行の経験と思想を反芻・更新するように問いつづけた杉原達氏の研究、ライフヒストリー論の観点からハンセン病者の「病いの経験」を聞き取ろうとした蘭由岐子氏の研究、移動、場、生存といった視点を組み合わせ、ある沖縄女性をめぐる経験の歴史学を深く掘った冨永悠介氏の研究がそれである。[***]

以上のほかに、本書にかかわる学童集団疎開については、その後、受入地域の側からの研究と、豊島区を事例に学童集団疎開の過程を詳細に検証する研究が出されている****。

本書には、解説として安田常雄氏と沢山美果子氏の文章を掲載させていただいた。前著は〈シリーズ　日本近代からの問い〉の一冊として刊行されたが、その各冊には[栞]が付されており、[栞]にはシリーズで直前に刊行された巻の書評が掲載されていた。前著の書評は安田常雄氏が執筆してくださり、書評を掲載した[栞]は、シリーズの荒川章二『軍隊と地域』(青木書店、二〇〇一年)に収録された。本書に掲載した安田氏の解説はそのときのものである。今回は、前著発刊から二〇年近くが経過しており、新たに沢山氏にも解説を執筆していただいた。本書の発刊にあたっては、岩波書店編集部の吉田浩一氏にお世話になった。それぞれの方に深くお礼を述べたい。

前著の「あとがき」の最後に、「今後、教育経験をめぐる歴史研究と議論が活発になることを期待している」と書いたが、その後、「教育経験」や「経験」をめぐる歴史の議論は必ずしも活発ではない。ただし、あらためて前著発刊のころを振り返った私は、いまの歴史研究にこそ「経験」の視座が必要であると思うようになった。それは、一九九〇年代から現在に至るまで新自由主義の時代状況が続いているからであり、歴史家はこの時代状況の磁場を自覚して歴史研究に向かう必要があると思うからである。

現在を重視する新自由主義的な評価軸がますます強まり、過去は新自由主義にとって都合のいい内容だけが動員されたり、過去を問うこと自体が新自由主義的な現在主義にたえず蚕食されたりしている。このような時代状況であればこそ、歴史への問いは、たえず現在への問いと往還して反芻・更新する必要があるし、歴史には複数の時間が流れていることや、史料は単純な読解が許されないことなどへの留意も必要になる。「経験」はこれらのいずれの論点にもかかわる視座である。あらためて、「経験」や「教育経験」をめぐる議論がおきてほしいと願うとともに、「経験」の視座を携えた本書を多くの読者に届けたく思っている。

二〇一九年五月

大門正克

＊ オーラル・ヒストリーを用いた研究として、牧野篤「生きられた教育、生きられる歴史——台湾民衆の教育経験から歴史の主体性を探る(ノート)」(『名古屋大学大学院教育発達科学研究科紀要(教育科学)』第五二巻第一号、二〇〇五年)、樋浦郷子「植民地期朝鮮半島における初等教育経験——鄭淳泰氏への聞き取り記録から」(『教育フォーラム』第三号、二

〇〇八年)、山本和行・樋浦郷子・須永哲思「インタビュー記録　戦中戦後台湾における教育経験――宜蘭・李英茂氏への聞き取り記録から」(『天理大学学報』第六七巻第二号、二〇一六年)、飯倉江里衣「満洲国陸軍軍官学校と朝鮮人――口述資料を通してみる教育経験」(『朝鮮史研究会論文集』第五四号、二〇一六年)、高瀬雅弘「戦後開拓地における学校と地域社会(1)――一九七〇年代の小学校分校における教育実践と地域社会の相互作用に関する事例研究」(『弘前大学教育学部紀要』第一二〇号、二〇一八年)。自叙伝を用いた研究として、小野征夫『民衆は学校とどう向き合ったのか――イギリス教育社会史断章』(大月書店、二〇一三年)。そのほか、瀬川大「明治三〇年代前半における農村青年会の歴史的位置――初期下伊那青年会における教育経験・地域性・修養」(『信濃』第六二巻第一号、二〇一〇年)は、明治期の青年会員の教育経験を中等教育とのかかわりで検討している。

＊＊　三時眞貴子・岩下誠・江口布由子・河合隆平・北村陽子編『教育支援と排除の比較社会史――「生存」をめぐる家族・労働・福祉』(昭和堂、二〇一六年)、倉石一郎『増補新版　包摂と排除の教育学――マイノリティ研究から教育福祉社会史へ』(生活書院、二〇一八年)。

＊＊＊　安田常雄『出会いの思想史＝渋谷定輔論――『農民哀史』の世界』(勁草書房、一九八一年)、杉原達『中国人強制連行』(岩波新書、二〇〇二年)、蘭由岐子『「病いの経験」を聞き取る――ハンセン病者のライフヒストリー』(皓星社、二〇〇四年、新版として生活書院、二〇一七年)、冨永悠介『〈あいだ〉に生きる――ある沖縄女性をめぐる経験の歴史学』(大阪大学出版会、二〇一九年)。

＊＊＊＊　一條三子『学童集団疎開――受入れ地域から考える』(岩波書店、二〇一七年)、青

木哲夫「学童集団疎開(八)——再疎開の続行」(『生活と文化』豊島区立郷土資料館研究紀要、第二八号、二〇一九年)に至る青木の一連の研究。

# 解説

安田常雄

本書は、ほぼ日露戦後から敗戦までの時期における子どもの歴史的経験のさまざまな断面を描き、もう一つの社会史をめざす意欲的な研究である。日本近代史研究においていわゆる「社会史」的研究はきわめて少ないのだが、本書は歴史学の領域からこの課題に向かって提出された鋭い問題提起の作品となっている。著者によれば、本書のモティーフは、農村家族史、都市と農村の比較史というこれまでの著者による研究の上にたち、近年の戦時期研究に対する批判的視点（具体的には戦時期の統合が単なる「平準化」「制度化」「近代化」ではなく、「平準化」と「差異化」の矛盾を含む重層性を特徴とすること）を組み込んで立論されている。

まず表題である「民衆の教育経験」について、著者は「人びとが教育をどのように受けたのか、また教育を受けたことがその後の人生にどのような影響を与えたのかを考えるために用いた言葉」（一頁）と定義する。つまりその基軸は学校教育であり、特にその受容過程をていねいに検討すること。この教育の受容過程への着目という視点は二つの点で方法的に重要である。一つはしばしば教育史(あるいはイデオロギー注入論)などにみられた、教えようという内容はそのまま子どもが受け入れるという単純な「模写論」的前提に対する批判を意味するからであり、そのことは著者の言葉によれば「とらえ返す過程」(一二頁)、私流にいえば「注入を裏切って学ぶもの」への注目を喚起するからである。また第二は本書が「子どもの社会史」への強い意欲をもちながら、学校教育の周辺が対象とされ、そこには「学校の子ども」以外の子ども、「家庭の子ども」は部分的に叙述されているが、「街頭の子ども」などは含まれていない。おそらくここには、史料的制約と「子どもの社会史」という方法の模索段階が反映されていると思われる。

それでは本書の方法的特徴はどこにあるのだろうか。それは一言でいえば、二重の複合的構成にある。その第一は、いわばマクロの視点とミクロの視点との複合であり、第二は、歴史時系列的分析と論理構造分析の複合である。しかも基本的には前者を軸に後者が組み込まれている構成になっていることである。

マクロの分析は、第1章(日露戦争期〜第一次世界大戦期)、第2章(一九二〇〜三〇年代)、そして中間総括ともいうべき第5章でつないで第6章(戦時期)へと展開されている。そこでは著者が強く意識する「都市と農村」の地域社会の構造およびその変容との関連のなかで、「都市の子どもと農村の子ども」の教育経験の差異が詳細に明らかにされる。具体的には、まず日露戦争前後における女子の不就学に着目し、「男女を含めた初等教育の定着」は通説のような日清日露戦争期ではなく、第一次世界大戦後と押さえられる。またこの時期の福井・京都・名古屋などの比較を通して、都市部における中学進学の増大、農村部における教育への自覚のたかまりに対応した上級の学校への求心が明らかにされている。

こうした「初等教育の定着」は、ある画一化された「子ども像」を創出し、しかも学校と家庭との密接な連絡のもとに行なわれたことが強調されている。著者はこうした緊密なネットワークが形成される時期を、一九二〇年代と推定しているが、こうした着実な時期の確定に本書の大きな特徴の一つがある。こうした公認の「子ども像」は、日清日露戦争期の「公益」(富国強兵、工業、天皇など)への献身を基軸とする時代から、「規律を守る子ども像」(生活態度、作法、行儀、衛生など)を軸に都市では「家庭の子ども」イメージが生み出されていった。ただこの場合、この「公益」への献身と「規律」への求心が単純に歴史的変化ではなく、複合する構造関係におかれていたのではないかという感想をもった。またこうした歴史の基本線を確認しながら、日清日露戦争期にも、他方で「公平観」や世界の国々や科学への認識を育てる側面をもった多元的性格に注意を喚起しているのが重要である。このような多様な要素の検出とその矛盾をはらんだ並存という分析視点は、本書を奥行きのあるものにしている方法上の特徴である。

戦時下については、寺崎昌男に拠って国民学校の特徴が「皇道の道」「錬成教育」「教科の統合」の三点で特徴づけられ、特に国民学校は「旧来の小学校を、地域・家庭との連関のもとに再編成しようという試み」とされる。そのなかで子どもたちは戦争体制のなかに組み込まれていくが、一方では子どもの生活は戦争一色に塗りつぶされたわけではなく、手伝い・学校・受験などはそのまま続くことが強調されている。さらに戦争体制の進展とともに、特に農民の子どもには家事育児労働の子どもへの転嫁、農繁期における子どもの欠席早退率の上昇、農業労働の手伝い、応召農家に対する勤労奉仕などの矛盾が累積していったことが説得的に明らかにされている。

こうして本書は、都市と農村のちがいに焦点をおいて、日清日露戦争後から戦時体制期までの支配的「子ども像」と歴史的変化のアウトラインを大きな脈絡で描きだした。しかも前述したいくつもの慎重な留保によって、「子ども像」の矛盾を含んだ多元的イメージを落とさずに描きこんでいくことによって、複合的な「子どもの社会史」への一歩を刻んだ。

しかし私にとって、最も興味深かったのは、第二の観点であるミクロの分析の部分であった。それは第3・4章、第7章で個別地域の事例を組み込んで展開されるが、特に第4章「都市の子ども像の輪郭」と第7章「学童集団疎開から戦後へ」が力作である。ここに著者のいう「個人的体験に徹底して内在することで、そこに普遍的意味を見出すこと」(二一五頁)という方法の一つの結実がある。

第4章の叙述は、何よりも東京中野の桃園第二小学校後援会誌『ももぞの』の作文による子どもの感覚のリアリティによって支えられているが、これを基礎に同時代の都市中間層の子どもの特徴が多角的にしかも感覚的なふくらみをもって解析されている。

まず第一に二〇年代後半から三〇年代の前半にかけて、「規律を守り、次代の国民として育ち、『純粋、無垢』であって、受験勉強に励むという四つの輪郭」(一一四頁)をもった子ども像が生まれること、第二に三〇年代後半になると、「健康、鍛錬」の要素がこれに加わっていくが、この時代には「赤い鳥」の個性主義に支えられてそれなりに自由な私的世界が子どもたちには残っていたこと、第三にそうした都市中間層の子ども像はいわば「ブルジョワ」の「よい子」イメージとして、他方の極に、「東北のかわいそうな子ども」を助けてあげるという「優越意識」と、やさしい「母の愛」に対置された「野蛮な生蕃」の対比にみられるように、植民地の人々への差別的な「帝国意識」を内蔵するようになっていった。

これに対して、第7章はのちに詩人となる吉原幸子の経験した「学童疎開」の体験を基礎に、その戦中から戦後への心的転換を克明に追った分析である。ここで本書の分析は、マクロの地域社会構造に基づく教育の分析から、集合表象としての子どもの分析をへて、個(孤)としての子どもの内面を照射することになる。そこでは典型的な都市中間層の「優等生」＝「よい子」であった吉原幸子の疎開体験が復元され、いわば「私的な時間・空間」の領域が切り縮められ、学校＝戦争一色になっていく過程が分析される。特に注目されているのは、単なる被害者としての疎開という視角ではなく、「優等生」＝「よい子」であることが「模範的な」少国民を準備するという連続性の側面であり、この連続性が「日記」を書きつづけることと深く結びついていることである。つまり克明に日記を書きつづけることは、自らを少国民に鍛えていく手段となるのであり、私流にいいかえれば、モノを書くことは、誰よりもその本人に影響を与え、強く拘束するからである。また家族も子どもの健康を気遣いながら、「しっかり」した少国民として過ごすように督励しつづけるという両義性の中で生きざるをえなかったのである。

つまり、ここで問われているのは何か。

それは一言でいえば、子どものなかにあるスキマのような自由とは何かという問いであるようにみえる。前述したように本書はあらゆる場面で、両義的な矛盾の同時存在ともいうべき視点に注意して叙述され、それが本書のすぐれた方法を構成しているのだが、その両義性の先にどのような視界が透視できるかについてはあまり明示的にふれられていない。それは、同時代に可能であった子どもの自由な感覚をどれだけ探り出すことができるかにかかってくるのだが、その意味で、史料的な困難などを承知でいえば、本書が「よい子」の特徴を見事に描き出したのと対照的に、「悪い子」の分析が欠落していることと連動しているように思われる。なぜならば、スキマの自由の実質とは、たとえば「街頭」や「原っぱ」や「押し入れの中」など学校規範の周縁領域にマージナルな断片として姿を隠しているからである。もし今後、「子どもの社会史」が構想されていくとすれば、そこには時代に規定された「逸脱」空間の分析は不可欠となるにちがいない。

加えて今後の「子どもの社会史」構想との関連でいえば、一方でマクロなシステム的・制度史的分析は必要だが、その分析の基本的方位は、子どものミクロな意識の分析、とくにその感受性の深層をいわば宇宙論的にとらえるスタンスが重要ではないだろうか。なぜなら、自分たちのなかに住む「たくさんの子ども」というスキマの自由が、社会的に「大人」であることを強いられている私たちを、いつも批判的に見返しているからである。おそらく「子どもの社会史」には、作者一人ひとりの「子ども」論を根底におくことが要請されているのではないか。

（やすだつねお・近現代日本思想史）

＊荒川章二『軍隊と地域』（青木書店、二〇〇一年）付録の［栞］に掲載された「書評」を再録した。

# 解説

沢山美果子

この本を手にしたあなたはきっと、読みながら、たびたび、自分自身の教育経験をふりかえることとなるだろう。

本書は、今から二〇年近く前、二〇〇〇年に刊行された。「教育経験」という耳慣れない、しかし印象的なタイトルを持つこの本を初めて手にして読んだときの新鮮な驚き、そして近代の教育や、子ども、家族についての新しい領野を切り拓く研究が登場したという興奮を今でも鮮明に思い出す。

その、今では入手困難な『民衆の教育経験』が現代文庫として刊行されることとなり、解説を依頼された。読み込まなければ解説は書けない。二度、三度と読み返した。そのたびに、自分自身の理解の不充分さを知るとともに新たな発見があった。また、問いに向き合い、物事を単純化せず考え抜こうとする大門さんの思考の過程を辿るなかで、自らの問いも生まれた。だから、繰り返し読んだ。

この本は、様々な読み方が出来る、折りにふれて何度でも読み返す価値のある本だと改めて思った。非常勤講師として担当する岡山大学の日本近現代史のゼミでも、学生たちとともに読んだ。「尋常小学校、高等小学校って何?」という学生たちからは、学生自身の言葉で言うなら「今の当たり前が通じない」時代を描いたこの本について、自分たちの当たり前を問い直す必要を感じさせる本との感想がよせられた。

深く考え抜かれた歴史書である本書は、自らが歴史のなかに生きる人間の一人であることを感じさせ、自らが生きてきた歴史や人生を振り返らせる。また若い世代には、祖父母よりさらに前の時代に生きた人々の姿を思い起こさせることで今を問い直させる。本書は、そんな力を持つ。

歴史家としての大門さんの、問いにまっすぐに向き合う姿勢は、「民衆の教育経験」に即して近代日本に問いを発することが課題であるとする「はじめに」から、「何度となく自分自身の教育経験がどのようなものだったのかをふり返った」という言葉で閉じられる「あとがき」に至るまで揺らぐことなく貫かれている。そこでは、ものごとを単純化せず緻密に、そして自分自身の問題として考え抜こうとする思索が積み重ねられ、読者もまた、自分自身を歴史の広い文脈のなかで振り返る思索に誘われる。この解説の冒頭に記した読者への呼びかけの言葉も、そうした大門さんの思索の姿勢に呼び覚まされるようにして浮かび上がってきた。

＊　　　＊　　　＊

「教育経験」という言葉は、本書の鍵となっている。この「教育経験」という視座を設定したことが持った意味は、本書執筆前に書かれた『明治・大正の農村』（一九九二年、岩波ブックレット）、「近代日本社会の構造――学校教育の成立と民衆」（『歴史学研究』六二八号、一九九二年、のち「学校教育の成立と民衆」と改題し『歴史への問い／現在への問い』校倉書房、二〇〇八年に収録）と比較するとき、より明らかとなる。

この二つの仕事では、日本の近代化を考える上で、学校教育が近代日本の社会と民衆にどのような特徴を刻印したかを明らかにすることが重要な課題であると指摘される。なぜなら近代日本の特質は、近代化の早い時期、欧米が公教育制度を成立させたのとほぼ同時期に公教育制度を成立させた点にあるからである。しかし、この段階では「教育経験」という言葉は登場していない。

それに対し「教育経験」という視座を設定した本書では、学校教育ではなく民衆や子どもが主語として浮上し、学校教育が、民衆や子どもによってとらえ返される過程や、子ども自身の自己認識が分析の対象となる。また、学校教育が持った意味を、学校教育を直接受けている時だけでなく学校を終えた後の人生のなかで、そしてたんに国家に統合されてゆく「国民化」の側面だけでなく、「反発、対抗、とらえ返し」といった「複雑な反復関係」のなかでとらえることが意図される。さらに子どもが生きる場である農村と都市双方の家族の意向との関わりで学校教育の持った意味が考察されていく。農民家族の問題は、すでに『明治・大正の農村』でも取り上げられていた。が、本書ではさらに、都市の家族と農村の家族との比較やジェンダーの視点からの男女差の問題へと考察が展開する。

本書が刊行された二〇〇〇年当時は、大門さんも指摘するように、近代日本社会の特質の解明という視点からの教育史研究は緒に就いたばかりであった。他方、歴史学の分析では、「奇妙なことに」教育の問題が独自にとりあげられることは少なかった(前掲「学校教育の成立と民衆」)。また当時は、日本における近代家族論の隆盛期であったが、「近代家族」モデルという「規範」が、近代国家のなかでどのように形成されていったのかを追究する言説分析が主流で、規範と実態の落差には眼が向けられていなかった。まして、「近代家族」に生きた女・男・子どもの生活世界や人口の多くを占めた農民家族や都市下層家族に生きたそれぞれの当事者たちの現実に接近する研究は未開拓の領野であった。

そうした研究状況にあって、歴史のなかに生きた一人ひとりを、それぞれの生の原点である「経験」とそれぞれが生きた生の営みが見える「現場」を拠点にしてとらえようとする本書の刊行は画期的であった。今、改めて読み直してみると、そこには、「経験」

と「現場」から考えていかなければ、歴史から学ぶことはできない、歴史学が生きた歴史学にならないという大門さんの覚悟が、ひそかに、しかし力強く込められていたことが見えてくる。

大門さんは、その後、歴史学の再生の意味も込めて「生存の歴史学」を提起していくこととなるが、本書はその原点に位置すると言えよう。本書の価値は、今も失われていないどころか、現在の学校教育や家族、そして歴史学の研究状況に照らして、改めて本書から学ぶべきものは何かを考える必要がある。そこで、ここでは、特に「教育経験」という視座を設定することで本書が切り拓いた成果とは何であり、そこからさらに発展させるべき課題は何かを示すことで解説としたい。

＊　＊　＊

成果の一つは、何よりも「子ども」にとっての「経験」に焦点を当てたことで、子どもの自己認識も含む「教育経験」に迫るための新たな史料を発掘するとともに、史料読解や歴史叙述の方法を示した点にある。本書では、就学猶予の申請書や「児童生活調査」、子どもについてのルポルタージュ、教師の記録や小学校の後援会誌、子どもたちの写真や子どもたち自身が書いた綴り方や日記など、性格の異なる様々な史料が用いられる。そして、それらの史料がどのようにして生まれたかに注意を払い、史料のなかに教師、親、子どもそれぞれの意向を読みとりつつ、歴史的・社会的な文脈に位置づける分析が意図される。また、様々な調査を、ルポルタージュや子ども自身の記録と重ね合わせることで、調査のなかの数字が実態を持ったものとして浮かびあがるよう史料相互を重ねあわせつつ読み取る工夫がなされる。

本書で展開される史料の読み解きと歴史叙述はスリリングである。一例だけあげておこう。日清・日露戦争期に出された就学猶予の申請書で何度も繰り返されるのが「生活困難故に本人を要す」という文言である。大門さんは、その文言のなかに、親だけでなく、行政の側からも、生活のために子どもを必要とすることが不就学の理由として広く認められていた現実、不就学の家庭の職業、不就学者の多くが女子であったことなどを読み解いていく。さらに、家計補助や家族の世話、家事のために尋常科の女子が高学年になると不就学になっていったことを、六年生の卒業記念と五年生の日常の写真(四四頁)に女子の姿が少ないことからも見て取る。イメージを喚起させる上で大きな力を持つ写真と文字史料とを重ね合わせた分析は、斬新であり、歴史史料として写真が持つ意味を教える。

二つには、学校教育の定着と家族の意向との関係を考える際、人々が生きていくうえでもっとも基礎的な単位である家族の重要な要素として労働と扶養の機能を重視し、さらに家族の労働のあり方が、家族労働から雇用労働へと歴史的に変化したことに注目した点である。そのことで、子どもの「教育経験」は、農民家族、都市新中間層家族、都市下層家族の、どの家族に生まれたかによって大きく異なっていたことが鮮明に浮かび上がる。家族労働の有無により家での子どもの生活時間、とりわけ手伝いの男女差がもたらされた。戦時期の生活時間調査によれば、家族労働のある農民家族では年齢に応じた役割分担がなされていた。それに対し、新中間層家族では、男子は手伝いから離脱していたのに対し、女子は休日には手伝うなど、新中間層家族における男女の性別役割分業の再生産構造が明らかとなる。

三つには、子どもたちの「多様で矛盾する自己意識」の世界に焦点を当て、新中間層の子どもたちの、自己と他者との比較のなかで生まれる「よい子」意識と受験に励む心性の連続性や、「子ども役割」の自覚という面での「よい子」と「少国民」の連続性など、初等教育がその後の人生にとって持った意味を明らかにするとともに、戦時期研究の視点と方法を切り拓いた点である。

＊　＊　＊

次に本書の構成にふれておこう。1章から6章までは、子どもの「教育経験」とそのとらえ返しが、日露戦争前後から第一次大戦後の民衆運動のリテラシーの獲得と民衆の主体形成、そして少国民形成のプロセスに至るまで、時代を追い、農村と都市を対比させつつ、学校、教師、親の望む子ども像と子どもの自己認識相互のズレにも注意しながら、様々な史料を駆使して論じられる。それに対し7章では、それまでの章とはバランスを失するほど多くの頁をさき、吉原幸子という一人の少女に徹底してこだわることで、戦時下の子どもが抱え込んだ矛盾の解明がめざされる。この6章までと7章の対比は、本書の特徴であるとともに大きな魅力でもある。その対比から、読者は様々に思いをめぐらすこととなるだろう。

「あとがき」によれば、一九九八年の夏の終わりに、『疎開日記』と『吉原幸子詩集』との出会いがあった。豊島区立郷土資料館で吉原の『疎開日記』に出会った帰りに実家に立ち寄った大門さんは、実家に残された高校から大学時代によく読んだ本のなかに『吉原幸子詩集』をみつける。吉原一人を取り上げることには「ためらい」もあった。しかし大門さんは、この偶然に後押しされるように二つを読みくらべ「日記や詩集を徹底して読み解くことが、戦時から戦後を考える大事な糸口になるはずだと思い、吉原幸子についてとりくむことを決めた」という。

近年、歴史学では、自叙伝や日記、書簡など、エゴ・ドキュメント(自己文書)と呼ばれる一人称で書かれた「個人の語り」が、個人としての主体形成のプロセスを明らかにするための恰好の素材として注目されている(長谷川貴彦『現代歴史学への展望——言語論的転回を超えて』岩波書店、二〇一六年)。しかし本書刊行当時は、日記や詩集を歴史の史料として読み解くことには、ある決意と覚悟が必要であった。大門さんの「とりくむことを決めた」という文章からはそのことがうかがえる。

と同時に、大門さんのなかには、戦時期の問題は、具体的な個人の体験の内部に分け入ることでしか、また戦時下の経験と戦後の経験を重ね合わせることでしか明らかに出来ないのではないか、そして子ども自身もひと括りにされることを拒んでいるのではないかという、ある確信があったように思う。吉原の日記の細部に分け入っての徹底した読み解きと歴史叙述は熱を帯び読み応えがある。具体的な個人の経験にこだわって戦時下から戦後という時代を読み解くというここでの方法は、その後『全集日本の歴史15戦争と戦後を生きる』（小学館、二〇〇九年）に引き継がれていくこととなる。

＊　＊　＊

「教育経験」という視座は、以上のような豊かな成果を生み出した。しかし、「教育経験」として何をどこまで含むのか、また子どもの「教育経験」が、どのように民衆の主体形成につながっていくのか、という点については、まだ課題が残されているように思う。

例えば、吉原幸子の戦後は、「よい子」の証しとなった日記、「しっかりとした少国民」へと導いた日記をやめること、吉原自身の言葉で言うなら「七年間続けた習慣を自ら閉ぢ」ることから始まり、やがて詩を書くことで自己の回復が図られる。吉原にとって日記を書くことは、良い子、少国民になっていくことにつながっていた。が他方で、そうした自分を振り返り、良い子、少国民から抜け出す途もまた、日記を書くことで培われた。大門さんは、そのことを、「言葉との決別と言葉による自己の回復。それは近代を受け継ぐなかで近代と格闘する行為だったといっていいだろう」(二七四頁)という印象的な言葉で評している。吉原の例は、学校教育による規範化の意識的なとらえ返しの過程が明確に見える例として説得的である。

それにしても、吉原の自己の回復は、同じ「書く」行為ではあっても、なぜ詩だったのだろう。日記を書きはじめた頃から「読書の虫」だったという吉原は、「兄姉の本棚から、白秋、春夫、朔太郎、中也などをのぞき読む」(二一七頁)子どもであったという。新中間層家族は、「教育家族」と性格づけられるほど教育熱心な家族であり、子ども部屋をはじめ、家庭での教育環境や子どもに与える文化にも細やかに気を配り、公立の小学校ではなく、わざわざ転居してまでも、子どもの個性と子どもの能動的活動の尊重を説く「新学校」に進学させる親も少なくなかった(沢山美果子『近代家族と子育て』吉川弘文館、二〇一三年)。そうした新中間層家族の一つに育ち、詩集を「のぞき読む」環境にあったことが、吉原を詩に向かわせた淵源だったのではないだろうか。そこには家庭の文化的環境が子どもに与えた影響が垣間見える。

家庭の影響の大きさは、新中間層の子どもが多く通う学校の後援会誌『ももぞの』に掲載された綴り方からも見て取れる。子どもたちの綴り方の特徴は、一九二〇年代から日中戦争の時代に至るまで「家族関係が半分前後の比率をしめていたこと」(一二四頁)だという。子どもの領分のなかで家族関係が大きな比重を占めていたとすると、子どものその後の人生のなかには、学校教育だけではなく、家庭での教育をとらえ返す過程も、辿れるのではないだろうか。新中間層の子どもたちが、大人になって子ども時代を振り返った文章のなかには、純粋無垢な子どもであることを願う家庭での教育は、囲いのなかの風通しの悪い孤独を感じさせるものだったと記したものもある(前掲、沢山)。

吉原の例は、さらに新たな問いへと私を導く。「書く」ことの習慣化が個人の人生にもたらすものは何か。「国民化」や「少国民化」へと飼いならされることも、そこからの離脱も「書く」ことによってもたらされたのなら、その分かれ目は、どこにあるのか。子どもの「教育経験」が、どのように民衆の主体形成へとつながっていくのか。大門さんは、この点について、「第一次世界大戦後の民衆運動や地域社会では、それまで学校教育のなかで制約されていた「話す」という行為を新たに獲得し、さらには学校教育で付与された「読む」「書く」という行為をとらえ返す過程があらわれた」(一六八頁)と指摘している。大正デモクラシーという時代の影響もあり、小作農家に生まれ小学校卒業後も村に残った青年たちは自己形成と小作農家の現状改善のために日記をつけ、村の青年団の「団報」には短歌の欄も設けられた。

こうしたことを考え合わせると、近代学校による国民としての基礎学力の形成が子どもにもたらした多様で複雑な影響を、その後の人生のなかでとらえ返す過程を含めて動的に検討する「教育経験」の視座をさらに有効にするためには、「教育経験」の領域を、例えば「語る」「読む」「聞く」といった具合にいったん分節化したうえで、それがどのようなとらえ返しを経て、あるいはどのように統合されて、時代や自己を相対化する力になっていくのかを考えてみる必要があるのではないだろうか。そのときに、なぜ、その表現が吉原の詩であり、農村青年の短歌であったのかが見えてくるように思う。その意味で「教育経験」は、実に魅力的な、常に検討され、そして更新される問いとしてある。

＊　＊　＊

さて、今回の補章のもととなった「子どもたちの戦争、子どもたちの戦後」執筆の契機は、本書刊行の後、在日朝鮮人の院生から発せられた「俺たちがいない」という言葉にあったという。農村と都市の子どもだけで戦前日本の「教育経験」の全体像が描けるのか、そんな歴史認識で良いのかと問うその言葉は、その後長く、首先につきつけられたナイフのように意識に残り、二〇〇〇年代の大門さんは、在日朝鮮人を視野に入れ、在日朝鮮人に即して書くとはどういうことかを考え続けることとなったという（「杉原達『越境する民―近代大阪の朝鮮人史研究』」歴史学研究会編『歴史学と、出会う――41人の読書経験から』青木書店、二〇一五年）。本書に増補として収められた章は、一読者からの問いに応えようとする思索のなかで書かれたものである。

作品を最後に作り上げるのは、本を手にする一人ひとりの読者にほかならない。今まで読者との応答に誠実に応えるなかで自らの研究を深めてきた大門さんが、本書を読んだ読者との応答のなかで、どのような新たな研究を展開させていくのだろうか。楽しみに待ちたい。そして、この解説が、新しい読者が本書を手にとるための、そのささやかな入口となれば、望外の喜びである。

（さわやまみかこ・近世近代女性史）

『民衆の教育経験――農村と都市の子ども』は「シリーズ 日本近代からの問い」の一冊として二〇〇〇年に青木書店より刊行された。補章「戦時下の本土と占領地の子どもたち」は、倉沢愛子ほか編『岩波講座アジア・太平洋戦争6 日常生活の中の総力戦』(岩波書店、二〇〇六年)の一部を編集したものである。岩波現代文庫への収録に際し、書名を『増補版 民衆の教育経験――戦前・戦中の子どもたち』とした。

増補版 民衆の教育経験――戦前・戦中の子どもたち

2019年9月18日　第1刷発行

著　者　大門正克《おおかどまさかつ》

発行者　岡本　厚

発行所　株式会社 岩波書店
〒101-8002 東京都千代田区一ツ橋 2-5-5
案内 03-5210-4000　営業部 03-5210-4111
https://www.iwanami.co.jp/

印刷・精興社　製本・中永製本


ISBN 978-4-00-600411-8　　Printed in Japan

# 岩波現代文庫の発足に際して

新しい世紀が目前に迫っている。しかし二〇世紀は、戦争、貧困、差別と抑圧、民族間の憎悪等に対して本質的な解決策を見いだすことができなかったばかりか、文明の名による自然破壊は人類の存続を脅かすまでに拡大した。一方、第二次大戦後より半世紀余の間、ひたすら追い求めてきた物質的豊かさが必ずしも真の幸福に直結せず、むしろ社会のありかたを歪め、人間精神の荒廃をもたらすという逆説を、われわれは人類史上はじめて痛切に体験した。

それゆえ先人たちが第二次世界大戦後の諸問題といかに取り組み、思考し、解決を模索したかの軌跡を読みとくことは、今日の緊急の課題であるにとどまらず、将来にわたって必須の知的営為となるはずである。幸いわれわれの前には、この時代の様ざまな葛藤から生まれた、人文、社会、自然諸科学をはじめ、文学作品、ヒューマン・ドキュメントにいたる広範な分野のすぐれた成果の蓄積が存在する。

岩波現代文庫は、これらの学問的、文芸的な達成を、日本人の思索に切実な影響を与えた諸外国の著作とともに、厳選して収録し、次代に手渡していこうという目的をもって発刊される。いまや、次々に生起する大小の悲喜劇に対してわれわれは傍観者であることは許されない。一人ひとりが生活と思想を再構築すべき時である。

岩波現代文庫は、戦後日本人の知的自叙伝ともいうべき書物群であり、現状に甘んずることなく困難な事態に正対して、持続的に思考し、未来を拓こうとする同時代人の糧となるであろう。

（二〇〇〇年一月）

G393
## 不平等の再検討
—潜在能力と自由—

アマルティア・セン
池本幸生
野上裕生 訳
佐藤仁

不平等はいかにして生じるか。所得格差の面からだけでは測れない不平等問題を、人間の多様性に着目した新たな視点から再考察。

G394-395
## 墓標なき草原(上・下)
—内モンゴルにおける文化大革命・虐殺の記録—

楊海英

文革時期の内モンゴルで何があったのか。体験者の証言、同時代資料、国内外の研究から、隠蔽された過去を解き明かす。司馬遼太郎賞受賞作。〈解説〉藤原作弥

G396
## 過労死・過労自殺の現代史
—働きすぎに斃れる人たち—

熊沢誠

ふつうの労働者が死にいたるまで働くことによって支えられてきた日本社会。そのいびつな構造を凝視した、変革のための鎮魂の物語。

G397
## 小林秀雄のこと

二宮正之

自己の知の限界を見極めつつも、つねに新たな知を希求し続けた批評家の全体像を伝える本格的評論。芸術選奨文部科学大臣賞受賞作。

G398
## 反転する福祉国家
—オランダモデルの光と影—

水島治郎

「寛容」な国オランダにおける雇用・福祉改革と移民排除。この対極的に見えるような現実の背後にある論理を探る。

2019.9

## 岩波現代文庫［学術］

G399
### テレビ的教養
―一億総博知化への系譜―
佐藤卓己

「一億総白痴化」が危惧された時代から約半世紀。放送教育運動の軌跡を通して、〈教養のメディア〉としてのテレビ史を活写する。〈解説〉藤竹暁

G400
### ベンヤミン
―破壊・収集・記憶―
三島憲一

二〇世紀前半の激動の時代に生き、現代思想に大きな足跡を残したベンヤミン。その思想と生涯に、破壊と追憶という視点から迫る。

G401
### 新版 天使の記号学
―小さな中世哲学入門―
山内志朗

世界は〈存在〉という最普遍者から成る生地の上に性的欲望という図柄を織り込む。〈存在〉のエロティシズムに迫る中世哲学入門。〈解説〉北野圭介

G402
### 落語の種あかし
中込重明

博覧強記の著者は膨大な資料を読み解き、落語成立の過程を探り当てる。落語を愛した著者面目躍如の種あかし。〈解説〉延広真治

G403
### はじめての政治哲学
デイヴィッド・ミラー
山岡龍一
森達也 訳

哲人の言葉でなく、普通の人々の意見・情報を手掛かりに政治哲学を論じる。最新のものまでカバーした充実の文献リストを付す。〈解説〉山岡龍一

2019.9

G404
## 象徴天皇という物語
赤坂憲雄

この曖昧な制度は、どう思想化されてきたのか。天皇制論の新たな地平を切り拓いた論考が、新稿を加えて、平成の終わりに蘇る。

G405
## 5分でたのしむ数学50話
エアハルト・ベーレンツ
鈴木 直訳

5分間だけちょっと数学について考えてみませんか。新聞に連載された好評コラムの中から選りすぐりの50話を収録。〈解説〉円城 塔

G406
## デモクラシーか 資本主義か
―危機のなかのヨーロッパ―
J・ハーバーマス
三島憲一編訳

現代屈指の知識人であるハーバーマスが、最近十年のヨーロッパの危機的状況について発表した政治的エッセイやインタビューを集成。現代文庫オリジナル版。

G407
## 中国戦線従軍記
―歴史家の体験した戦場―
藤原 彰

一九歳で少尉に任官し、敗戦までの四年間、最前線で指揮をとった経験をベースに戦後の戦争史研究を牽引した著者が生涯の最後に残した「従軍記」。〈解説〉吉田 裕

G408
## ボンヘッファー
―反ナチ抵抗者の生涯と思想―
宮田光雄

反ナチ抵抗運動の一員としてヒトラー暗殺計画に加わり、ドイツ敗戦直前に処刑された若きキリスト教神学者の生と思想を現代に問う。

G409
# 普遍の再生
―リベラリズムの現代世界論―

井上達夫

平和・人権などの普遍的原理は、米国の自国中心主義や欧州の排他的ナショナリズムにより、いまや危機に瀕している。ラディカルなリベラリズムの立場から普遍再生の道を説く。

G410
# 人権としての教育

堀尾輝久

『人権としての教育』(一九九一年)に「『国民の教育権と教育の自由』論再考」と「憲法と新・旧教育基本法」を追補。その理論の新しさを提示する。〈解説〉世取山洋介

G411
# 増補版 民衆の教育経験
―戦前・戦中の子どもたち―

大門正克

子どもが教育を受容してゆく過程を、国民国家による統合と、民衆による捉え返しとの間の反復関係(教育経験)として捉え直す。
〈解説〉安田常雄・沢山美果子

2019.9